中國石窟

克孜尔石窟

一

新疆维吾尔自治区文物管理委员会
拜城县克孜尔千佛洞文物保管所 编
北 京 大 学 考 古 系

文 物 出 版 社

目　次

图版目录

克孜尔部分洞窟阶段划分与年代等问题的初步探索——代序

宿白

中国石窟的调查与研究，近年来比较多的力量投入新疆维吾尔自治区拜城县的克孜尔石窟①。这是由于：一、佛教东渐，自中亚首及我国新疆地区。在新疆天山南麓塔里木盆地北沿一线，历史上佛教最盛的地点是古龟兹，即今库车、拜城一带。克孜尔石窟分布于拜城县克孜尔镇东南七公里木札提河北岸的悬崖间，其地东南距库车县城六十七公里，西距拜城县城六十公里，位置适在库车、拜城两县城之间。二、克孜尔石窟是古龟兹境内规模最大的石窟群，已编号的窟数达二百三十六窟②，类型齐备，延续的时间较久。克孜尔石窟内容丰富，位置重要，既可作为龟兹石窟的典型代表，又是联系中亚和东方佛教遗迹的纽带。因此，石窟研究者瞩目于此，是非常自然的。

对石窟的研究，首先是要解决分期与年代的问题，但克孜尔石窟迄今没有发现同修建石窟有关的纪年铭记和文献记载，较系统的可以直接对比的资料也极为罕见。因此，考虑它的分期与年代问题是颇为困难的。本世纪三十年代以前，德国人从新疆各地攫去了大量的石窟资料。他们根据印度犍陀罗和西亚方面的艺术特点，以分析壁画的风格为重点，参考克孜尔石窟有关的供养人题名、壁画中的婆罗谜字体以及在克孜尔第67窟（RotkuppeLhöhLe A红穹顶窟——德人拟名〔以下略〕）发现的龟兹文古文书和据说是十三至十四世纪西藏佛教徒的记录等，拟定了新疆地区石窟壁画的分期与年代至少有三种③。这三种分期与年代的共同点是：既未细致地考察新疆各地的历史包括佛教流传的历史背景，又没有参照新疆以东一些主要石窟的情况。其推论之可议，是毫不足怪的。1946—1947年，我国朝鲜族画家韩乐然先生两次到克孜尔临摹壁画，工作之余，也进行了克孜尔石窟壁画分期对比的探讨。遗憾的是，他的文稿、画本和他本人都在解放前夕遭到了意外的灾难④。解放后，参加1953年西北文化局新疆文物调查组的常书鸿先生和1961年参加中国佛教协会与敦煌文物研究所合组的新疆石窟调查组的阎文儒先生，全面考察了新疆各地石窟，并各自提出了新的克孜尔石窟分期与年代的推测⑤。常、阎两先生的工作，都是在多年研究敦煌石窟和敦煌以东各重要石窟的丰富经验基础上进行的，所以得出了与德国人不同的论断。1979—1981年，在原国家文物事业管理局、新疆维吾尔自治区文化局和自治区文管会的支持下，北京大学历史系石窟考古实习组与拜城县克孜尔千佛洞文物保管所合作，开始了对克孜尔石窟的考古调查。在记录、清理部分洞窟遗迹的同时，进行了龟兹地区石窟类型与阶段划分的初步探索。这一时期中，北京大学历史系考古教研室实验室承担了C^{14}同位素年代测定工作，其结果与上述类型和阶段划分的初步小结基本一致。现将有关克孜尔石窟阶段划分与年代的一些尚待修正的粗浅认识择要刊露，盼望得到国内外留心克孜尔石窟的同好的批评指正。

① 库车、拜城地区的石窟遗迹，我国很早就有调查记录了。1726-1736年，谪居乌里雅苏台（今蒙克人民共和国扎布汗省会）的谢济世，曾奉大将军平郡王福彭之命，巡视库车地区。其《戎幕随笔》有云："丁谷山千佛洞（即库木吐喇石窟）白衣洞，即唐书所谓阿羯田山。山势自西北迤逦趋东南，天山所分一大干也。白衣洞有奇象十余，剥落不可识，洞高广如夏屋，屋隅有泉流出，洞中石壁上镌白衣大士像，相好端正，衣带当风，如吴道子笔。洞左复有一洞，如曲室，深窈不可穷，前临断崖，见西南诸峰，无名而秀异者甚众，西日照之，雪光耀晃，不能久视。上下山谷，佛洞以百数，皆元人所营，佛像亦喇嘛所为，丑怪百出，不堪寓目。壁镌楷书轮回经一部，字其拙，亦元时物，或指唐人刻者，谬也。……自石浮屠至千佛洞可五、六十里，东南斩崖一带，横亘如城。城上复叠两重城，渐隘至顶，下层望上层呼之可应，然陡绝不可登，须远出山背，盘道行回几十里乃得到。有潭水亩许，不涸不盈。唐时有关隘以防御突骑施。塔下旧有两截碑，文字可辨者三之一，唐开元三年（715年）安西都护吕休璟为监察御史张孝嵩平阿了达干纪功碑也。孝嵩以奉使至，愤吐蕃之跋扈，念拔汗那之式微，以便宜征兵戎落，出安西数千里，身当矢石，俘斩凶夷，故碑碣多以常惠、陈汤比之，今仆以大将军之命，奉使至此，其有慁于古人多矣。"（自俞诰《西域考古录》卷十二转引）其后，又有七十一（字椿园，满州正蓝旗人，1754年进士）在其所著《异域琐谈》卷三中记库车克孜尕哈石窟和库木吐喇石窟云："凿穴而绘佛像"，"凿洞四五百处，内皆金粉五彩，绘西蕃佛像庄严"，并有"西蕃字迹"。1816年，徐松自喀什噶尔（今喀什）经乌噜木齐（今乌鲁木齐）回伊犁时，既记录了克孜尔石窟，又记录了库木吐喇石窟。其所著《西域水道记》卷二云："赫色尔（即克孜尔）河又南流三十余里，经千佛洞西，缘山法像尚存金碧，壁有题字曰惠勤，盖僧名也。河流经岩下，雅尔干河来汇，是为渭干河。渭干河东流折而南，凡四十余里，经丁谷山西，山势斗绝，上有石室五所，高丈余，深二丈许，就壁凿佛像数十铺，璎珞香花，丹青斑驳……隶书梵字镂刻回环……又有一区是沙门题名。西岸有故城……"徐松以后，更不断有人前来参观调查。民国以来迄新疆解放前，较重要的记录，有谢晓钟的《新

一　类型与阶段划分的初步探索

我们从洞窟形制、组合和壁画内容、风格，特别是洞窟本身的改建和相互的打破关系，初步考虑了克孜尔石窟的类型和部分洞窟的阶段划分问题。

克孜尔石窟的类型，目前大体可分为中心柱窟、大像窟、僧房窟和方形窟四种。这些不同类型的洞窟，在某些阶段出现了组合情况，还出现了后期改变前期洞窟类型的情况。

克孜尔石窟可以较为明显地划分出三个阶段。现以阶段为纲，分类型举例叙述我们考虑的初步结果。

第一阶段

这一阶段的洞窟大部分分布在克孜尔石窟的谷西区。其类型以中心柱窟、大像窟和僧房窟为主，而以僧房窟数量较多，大像窟数量较少。各类型窟多单独存在，组合情况不甚显著。

① 中心柱窟　中心柱窟一般分主室、后室和中心柱三部分。个别有具前室的，大都已崩毁。中心柱位于后室前部正中。现选两个典型洞窟即第38（HöhLe mit dem Musikerchor伎乐窟）、13窟为例（插图一：1、2），表解其具体情况如下：

		主　　室	后　室	中　心　柱
形制		有主室与后室同宽和主室窄于后室两型。前、左、右壁与顶部相接处，界以简单的叠涩出檐。券顶，曲线较平缓。38窟前壁两侧各开一龛。	低窄。券顶。左右通道券口无装饰。38窟前壁即中心柱开大龛。后壁中部开二龛。	中心柱平面近方形。前壁即主室后壁，正中。
塑像和壁画	后壁	即中心柱前壁，大龛内原塑坐佛一，大龛上原影塑出菱形山峦。	38窟绘涅槃。	
	前壁	前壁正中窟口上方画兜率天说法，窟口左、右侧各绘供养人行列。38窟窟口两侧龛内原各塑立佛。	绘焚棺或绘舍利塔。38窟中部两龛内原各塑坐佛一。	
	左右壁	不分栏，或分上下栏。各栏绘二或三铺因缘佛传。铺间无界。壁上端叠涩下沿多绘流水。38窟左、右壁上端绘天宫伎乐。	绘舍利塔	绘舍利塔
	顶部	正中一行绘天空，其表现内容，由日神、风神、立佛、双首金翅鸟、月等组成。左右绘以菱格山峦为背景的本生或本生、因缘佛传相间布置。13窟正中一行只存立佛、余俱残毁。	绘菱格山峦	
	地面		13窟绘莲花文地衣	

疆游记》（1922）和黄文弼《塔里木盆地考古记》（1958）。《新疆游记》云："民国六年（1917年）六月六日，住库车。上午七时，偕（林）烈夫、（陈）绮园、（杨）庆明策马赴丁谷山，访千佛洞佛迹……托和拉旦达坂西南麓，俗呼丁谷山，亦名千佛洞，沿河上下前后凿洞四五百处，极其壮丽，皆以五彩金粉绘西方佛像，高不盈寸，墙壁皆满，惜多为游历外人刳刻携去，莫窥全豹。最西石室五楹，高皆丈余，深二丈许，就壁凿佛，工颇细致，年久剥蚀，无有完佛。中间一室，就壁刻隶书梵文五方，螺旋斜行，莫发其义。余乃拓之，

备质专家。闻有壁凿白衣大士像及汉楷轮回经，偏索未见，或在最高洞中……由此向西北行，逾山约三四十里，拜城辖境亦有佛地多处与汉字碑刻，视此间为完好。冬令河水冻结，可踏而赴，方今冻解，不能飞渡，须绕大道至拜城和色尔（即克孜尔），折绕前往。又城东二十里有小佛洞，六十里苏巴什有大佛洞，皆有凿穴绘佛，惜无时间，未获逐一瞻仰。"《塔里木盆地考古记》系黄先生1928-1929年在塔里木盆地考古调查的报告。关于石窟遗迹，该书记录了焉耆锡科沁明屋、库车库木土拉千佛洞（即库木吐喇石窟）、克内什

（即森木塞姆）佛洞、苏巴什克城（即雀黎大寺）佛洞、拜城特特尔佛洞和克子尔明屋（即克孜尔）石窟、吉克地里克沟佛洞等。其中以克孜尔石窟的调查较为细致，计工作十六天，对克孜尔洞窟进行了分区编号，并测绘一部分洞窟立面、平面图和绘制了全部洞窟的分布简图；同时还清理了一批洞窟的积沙，发现不少重要遗迹：在第18窟发现的被推测是唐开元年间（713-741年）书写的有"碛（西）行军押官杨思礼请取……（于）阗镇军库讫被问依……"字样的残文书，第105窟发现的有"贞元七年（791年）西行牛二十一头"字样的残纸，第49窟发现的一枚"大历元宝"（769年）铸和第220窟发现的"天宝十三载"（754年）题记等，都是研讨克孜尔石窟衰微时期的旁证资料。

② 1953年原西北文化局新疆文物调查组统计编号二百三十五窟。见《介绍新疆文物调查工作组发现的几件文物古迹》，刊《文物参考资料》1954年第3期。此次调查，武伯纶先生曾经撰有简报《新疆天山南路的文物调查》，刊《文物参考资料》1954年第10期。王子云先生撰有简介《新疆拜城克孜尔石窟》，刊《文物参考资料》1955年第2期。1973年克孜尔保管所于第69窟西侧又清理出一大型中心柱窟，编号为新1窟。

③ 参看本书第3卷《本世纪初德人对克孜尔石窟的考察与研究》一文。

④ 韩乐然先生两次来克孜尔。第10窟主室后壁遗有他的题记。"余读德·勒库克（von-Le Cog）著之《新疆文化宝库》及英·斯坦因（Sir-Anrel Stein）著之《西域考古记》，知新疆蕴藏古代艺术品甚富，随有入新之念，故于一九四六年六月五日，只身来此，观其壁画琳琅满目，并均有高尚艺术价值，为我国各地洞庙所不及，可惜大部墙皮被外国考古队剥走，实为文化上一大损失。余在此试临油画数幅，留居十四天即晋关作充实准备。翌年四月十九日携赵宝麟、陈天、樊国强、孙必栋二次来此。首先编号，计正附号洞七十五座，而后分别临摹研究、记录、摄影、挖掘，于六月十九日暂告段落。为使古代文化发扬光大，敬希参观诸君特别爱护保管！韩乐然六·十。最后于十三号洞下，挖出一完整洞，计六天，六十工，壁画新奇，编为特一号。六·十六。"他对克孜尔石窟的对比排年和他的遇难，是五十年代闻之于向达先生和画家赵望云先生的。

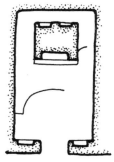

一：1　第38窟平面图

⑤　常先生的克孜尔石窟分期与年代，见所著《新疆石窟艺术》（未刊）。阎先生论文《新疆天山以南的石窟》，刊《文物》1962年7、8合期。新疆石窟调查组在第220窟发现"大康□□□四月"题记，在第222窟发现"贞元十年"（794年）题记，给克孜尔石窟衰微时期的具体年代又提供新的旁证。

⑥　参看注③。

⑦　德人主张第一种画风早于第二种画风，参看注③。这两种画风最大的不同处，在于人物面部：第一种画风面部眼鼻位置舒展，第二种画风面部眼鼻距离逼近，这应是以不同民族的面型为蓝本的反映。在用色上，第二种画风比较强调对比，喜用冷调的蓝色；而第一种画风则喜用红赭色，这种红赭色，有的浓重，但较淡雅者为多。关于两种画风问题，我们将另文讨论。

一：2　第13窟平面及主室正壁立面图

②　大像窟　一般无前室，只有主室、后室和中心柱三部分。大像立于中心柱前壁正中。这一类型窟实际也属中心柱窟的一种。它在形制布置上稍异于中心柱窟者，主要是突出地安排了大立像，并扩大了后室。大立像早已全部无存，但可据排列在壁面上的有规律的凿孔予以推测。现以第47窟为例（插图二），表解其具体情况如下：

		主　　室	后　　室	中心柱与大像
形制		主室窄于后室。券顶。后壁即中心柱前壁，壁面遗有凿孔多处。前壁崩毁。顶部大部崩毁。后壁前有半圆形大像台。左、右壁前砌列像台。	券顶。左、右通道券口无装饰。后壁前有涅槃台。左、右壁前砌列像台。	中心柱平面近方形，位置偏前，两侧的通道前端低窄。前壁即主室后壁，未开龛。左、右、后壁各开大龛一。后壁龛上和两侧各有凿孔。
塑像和壁画	后壁	据凿孔分布情况，知正中原立高约十米左右的大塑佛一。佛上部原似塑有供养天人。	涅槃台上塑大涅槃像。上层壁画后绘，下层内容不明。	后壁大龛原塑坐佛一。龛上原塑涅槃像，龛侧原塑立像。
	左右壁	据遗迹知原分六栏绘塑佛像。自下第一栏原于列像台上塑立像七，二栏不明，三栏绘坐像七，四栏似绘坐像两列，五栏绘坐像一列，六各塑立像七，各栏最上栏绘供养天人。	上层壁画后绘，下层不明。左右像台上原塑坐像七，右壁外侧下层壁画露出一头像，其画风与德人所谓的第一种画风⑥相似。	左、右壁大龛内原各塑坐佛一，右壁外侧下层壁画露出一头像，其画风与德人所谓的第一种画风⑥相似。
	顶部		壁画似后绘	

③　僧房窟　一般入口为长条形平顶或券顶的门道。门道后壁有的设置略呈方形的券顶小室，小室口原装木门。门道后方的左或右侧开短甬道，甬道内为主室。主室券顶，顶壁相接处界以简单的叠涩出檐。主室口原装木门，主室口一侧的侧壁于近室口处设灶。灶对面壁前多砌矮炕。主室前壁中部开窗。此类窟无塑像、壁画，但窟内壁面涂饰的墙皮，往往层次较多。这阶段僧房窟的实例，我们选择了第6窟（插图三：1）；比第6窟为晚的第80窟（Höllentopfhöhle 地狱油锅窟）（插图三：2），其原来类型也是僧房窟，入口后端的小室的左侧壁上另开了一个小窗，是颇特殊的一例。

第一阶段各类型窟的共同特征：形制上，壁、顶接连处的结构线脚简洁；塑绘中作为主要礼拜对象的有释迦坐像、倚坐像、立像和弥勒交脚坐像（兜率天说法），其次有坐或立的列像；在画风方面，第47窟下层壁画与过去德国人所谓的第一种画风近似，第38窟则是典型的第二种画风，两种画风的先后关系，看来第二种画风的发展可能比第一种画风为早⑦。大约在第一阶段后段，克孜尔出现了改变旧有洞窟类型的情况，上述第80窟僧房窟被改建为中心柱窟即是一例。这个事例，一方面说明克孜尔石窟中单独存在的僧房窟，有的很可能比我们现在划分的第一阶段还要早些；另一方面这种改变洞窟类型的作法，也给我们探索克孜尔石窟阶段的划分问题提供了重要的实证。

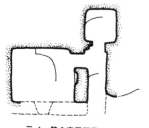

三：1　第6窟平面图

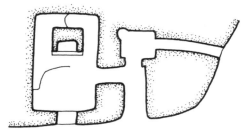

三：2　第80窟平面图

第二阶段

这一阶段的洞窟，较普遍地分布在克孜尔石窟所属各区。其类型除了与第一阶段情况相似外，方形窟发展很快。不同类型窟的成组情况似是这个阶段流行起来的。

① 中心柱窟 窟内布局略同于第一阶段，有的后室采用了第一阶段第47窟那样的大像窟的后室布局；还有主室宽于后室的。现选三座典型洞窟即第171、104、17窟（Höhle "mit dem Bodhisattvagewölbe" 菩萨顶窟）为例（插图四：1－3），表解其具体情况如下：

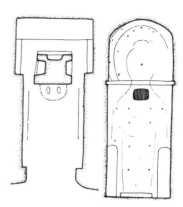

二　第47窟平面及主室正壁立面图

		前室	主室	后室	中心柱
形制		现已大部崩毁，仅104窟尚存残迹。	除与第一阶段相近者外，较多的使用了主室宽于后室的形式。前、左、右壁与顶部相接处的出檐线：有的同于第一阶段，但更多的是在叠涩之外，还使用了枭混线脚；券顶，曲线的作出装饰线脚，较凸起。 104窟左、右壁上部各凿椽孔一排，应是立像台的遗迹。	壁上端与顶部相接情况与主室相似。其左、右通道口有的同于第一阶段。 104窟后部置涅槃台，台前两侧各置立像台。 17窟左、右壁后端各开一龛。	中心柱平面多扁方形。前壁正中开大龛。
塑像和壁画	后壁前壁	均无存	即中心柱前壁，大龛内原塑坐佛一。	绘或塑涅槃。	
			窟口上方绘兜率天说法，左、右侧各绘供养人行列。	绘舍利塔。	
	左右壁		分上下两栏，各栏又分绘二或三铺因缘佛传。铺间多有界格。壁顶相接处的叠涩、枭混部分绘图案边饰。 104窟上栏上方原立像台上，原塑立像一列。	绘舍利塔或立佛。17窟后端左、右龛内原塑坐佛一，左壁绘佛（卢舍那）。 104窟左、右立像台上原塑立像，左、右壁绘供养人行列。	绘舍利塔
	顶部		正中一行绘天空，左、右绘以菱格山峦为背景的本生、因缘佛传，略同第一阶段。菱格边线渐趋整齐。	绘菱格	

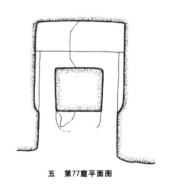

五　第77窟平面图

② 大像窟 形制略同于第一阶段，和上述中心柱窟中采用了第一阶段大像窟的布局者更为近似。其例如第77窟（Höhle "der statuen" 塑像窟）（插图五）；出现了后室低窄的大像窟，如第139窟（插图六）。两窟具体情况如下表：

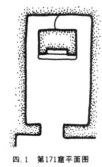

四：1　第171窟平面图

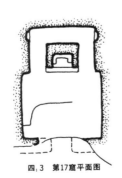

四：3　第17窟平面图

四：2　第104窟平面及主室正壁立面图

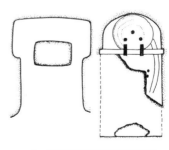

六　第139窟平面及主室正壁立面图

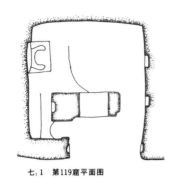

七:1　第119窟平面图

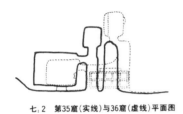

七:2　第35窟(实线)与36窟(虚线)平面图

		主　室	后　室	中心柱与大像
形制		主室略窄于后室，进深较上阶段缩短。后壁即中心柱前壁，壁前有大立像遗迹。左、右壁前部、顶部和前壁皆崩毁。	77窟后室宽高。梯形顶。后壁前砌涅槃台。左、右壁前端砌列像台。139窟低窄，无涅槃台和列像台	中心柱平面方形或扁方形。柱四壁皆未开龛。
塑像和壁画	后壁	中部原立大塑佛一。	77窟涅槃台上方塑大涅槃像，像上部后方绘伎乐。壁上端边饰中有列椽图案。139窟绘涅槃。	
	左右壁	据遗迹知原皆分多栏绘塑列像。77窟原分三栏，下二栏原各塑立像一列，上栏原似塑出供养天人。139窟原分五栏，自下第一栏不明，二栏原塑立像一列，三、四栏皆绘坐像一列，五栏即最上栏绘供养天人。	77窟像台上原塑立像七，像间原绘菩萨。	77窟左右壁上部边饰中有列椽，其下绘伎乐。右壁伎乐中有交脚菩萨，似为兜率天说法。
	顶部	139窟后部，即大立像顶上尚存供养天人壁画	77窟正中部分分格绘伎乐，左右侧格内原影塑伎乐。通道顶正中一行残存画面有蛇、鸟、风神、象天空，左右绘菱格本生。	

③　僧房窟　一般僧房窟形制略同第一阶段，唯门道后壁无小室者增多，还有较多的凿出了前室。壁顶相接处出檐线脚的复杂情况与中心柱窟同。出现了比一般僧房窟主室大得多的大型僧房窟，如第119窟（插

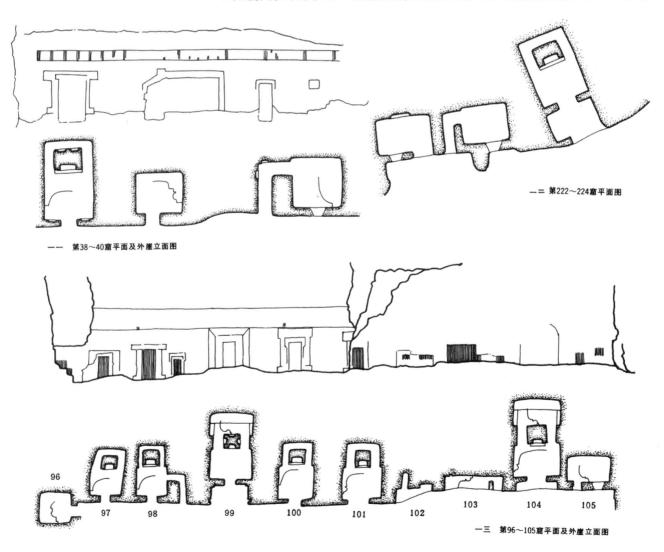

一二　第222～224窟平面图

一一　第38～40窟平面及外崖立面图

一三　第96～105窟平面及外崖立面图

图七：1）；还出现了两层的僧房窟,如第35—36窟（插图七：2）。

④ 方形窟 一般有前室,多崩毁,主室方形或矩形。前壁正中开门,或前壁一侧开门,另一侧开窗。正中开门的有的无窗,如第92窟（Höhle "mit der Ättin" 母猴窟）（插图八：1）。有的在门两侧各开一窗,如第118窟（Hippokampenhöhle鱼尾飞马窟）（插图八：2）。顶部和壁顶相接处的出檐曲线与中心柱窟、僧房窟相似,但也有更繁缛者,如第39窟（插图八：3）。这类方形窟, 主室正中有的砌佛坛,坛上原置塑像,壁面多分栏分格绘连续的佛传, 前壁上部绘兜率天说法,其性质应与中心柱窟相近,如第76窟（参看插图一五）。另一种主室正中不置坛,后壁多绘以菩萨或高僧为中心的壁画, 其性质约与前者有异, 可能是高僧宣讲的所在——讲堂窟, 如第49窟（插图八：4）。还有一种不置坛的方形窟, 后壁开龛原置坐像, 左、右壁绘因缘佛传, 与中心柱窟主室相类者, 如第14窟（插图八：5）。

⑤ 洞窟组合 这阶段出现的洞窟组合,就现存遗迹观察,类型较多：

序列	组合内容	例 窟	例窟组合过程
I	中心柱窟+僧房窟	171—172窟	171中心柱窟与172僧房窟为一新建组合（插图九）。172窟僧房窟后又被改造为中心柱窟。
II	中心柱窟+方形窟+僧房窟	2—4窟	新建2僧房窟、3方形窟与第一阶段的4中心柱窟连结成一组合（插图一〇）。
		103—105窟	103僧房窟与104中心柱窟、105方形窟为一新建组合。
		38—40窟	窟外遗迹表明新建39方形窟与第一阶段38中心柱窟、40窟僧房窟连结成一组合（插图一一）。
III	方形窟+僧房窟	222—223窟	222方形窟与223僧房窟系新建组合,两窟共一前室。223窟左侧有224中心柱窟（Mâyâhohle der 3. Anlage三区佛母窟）（插图一二）。
IV	双中心柱窟+方形窟	96—98窟	改建原僧房窟98为中心柱窟与新建的97中心柱窟、96方形窟连结成一组合（插图一三）。
V	多中心柱窟+方形窟	96—101窟	窟外遗迹表明96方形窟、97—101中心柱窟,在本阶段内曾连结成一组合（插图一三）。
VI	多中心柱窟+方形窟+僧房窟	96—105窟	在本阶段的后段,上一型组合（V）又增加了窟形不明的102窟、103僧房窟、104中心柱窟、105方形窟,成为一更复杂的新型组合（VI）。（插图一三）

从上表看出,这些不同类型的洞窟组合,有一个共同点,即都包括一座或多座中心柱窟。洞窟组合的发展顺序,有可能是 I→II、III→IV、V、VI。IV、V不保留僧房窟和VI这大组合中只有一座僧房窟,似可说明这类传统的僧房窟,已不像过去那样盛行,而谷内区那座宽约5.3米、深约7.6米的第119特大僧房窟（参看插图七：1）,或许就是在这种情况下出现的。传统的僧房窟不被重视, 较多地被改造为中心柱窟,是更直接的证明。其例除上述第98窟外,迹象显著的还有第34和198窟（Teufelshöhle-mit Annexen C妖魔窟C）（插图一四：1、2）。第198窟其前身僧房窟主室

八：1 第92窟平面图

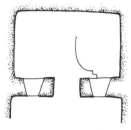

八：2 第118窟平面图

八：3 第39窟平面图

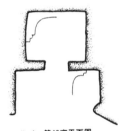

八：4 第49窟平面图

八：5 第14窟平面图

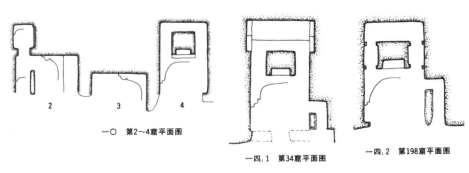

一〇 第2～4窟平面图

一四：1 第34窟平面图

一四：2 第198窟平面图

九 第171～172窟平面图

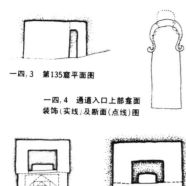

一四：3 第135窟平面图

一四：4 通道入口上部龛面
装饰（实线）及断面（点线）图

部分被改造为中心柱窟后，其门道部分并没有废弃，同样也绘制了壁画——菱格本生和因缘佛传（此窟即第198窟的门道部分未编号，德人拟名TeufeLshöhle mit AnnexenB妖魔窟B）。以前的僧房窟除被改造为中心柱窟外，也有被改造为方形窟的，如第135窟（插图一四：3）。

第二阶段各类型窟的共同特征：在形制上，壁、顶接连处的结构线脚逐渐复杂，通道口出现了龛面装饰（插图一四：4），顶部形式逐渐多样。除上述者外，中心柱窟的主室还有抹角叠砌式的斗四顶、圆顶、平棊顶，还有左、右、后壁上端向外雕出列椽，作挑出屋檐的样式（插图一五：1-4）；僧房窟主室还出现了高券顶、盝顶（插图一六：1、2），第36窟的上层外室还作出了平棊顶（参看插图七：2）；方形窟也有斗四顶、圆顶、盝顶、列椽顶等形式的窟顶（插图一七：1-3）。塑绘内容虽变动不大，但某些细部趋向图案化。德人所谓的两种画风，其并存的情况极为显著，如第77窟属第一种画风，第17窟属第二种画风。第二种画风着重了浓重的渲染，这可能是颜色变了色所造成的。正因为它变了色，才使我们可以更确切地了解当时对人物哪些部位使用了高光画法。这种渲染法和变色的情况，值得我们进一步分析研究，因为它与新疆以东的河西地区现存早期洞窟壁画的渲染和变色很相似。这阶段的另一重要标志是发展了洞窟组合。据对洞窟组合的初步分析，不仅反映了第二阶段本身发展演变的重要情况，而且反映了划分第二、三阶段的一些线索。在反映第二阶段洞窟本身发展演变的过程中，除了洞窟组合之外，我们还看到了另外一种形式，即本阶段较晚开凿的洞窟，破坏了比它略早开凿的较小的洞窟。如第76方形窟（Pfauenhöle孔雀窟），从它左壁遗留的残迹上考察，知道它开凿时，破坏了一座盝顶小型洞窟（插图一八）。洞窟组合的发展和破坏较小洞窟开凿较大洞窟的作法，应是开凿洞窟兴盛时期出现的现象。

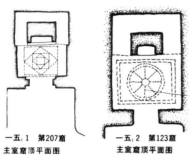

一五：1 第207窟
主室窟顶平面图

一五：2 第123窟
主室窟顶平面图

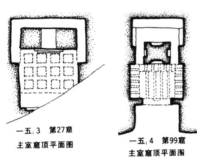

一五：3 第27窟
主室窟顶平面图

一五：4 第99窟
主室窟顶平面图

第三阶段

这阶段克孜尔新开和改建的洞窟，多分布在谷东区，其类型略同第二阶段，洞窟形制和绘塑内容都有简化的趋势，但也有少数的较大的洞窟。出现了一种第一、二阶段未见的小型窟。

① 中心柱窟　第二阶段的三种中心柱窟，都继续存在：主室与后室同宽者，例如第180窟和第107B窟（插图一九：1、2）；主室窄于备有涅槃台的后室者，例如第197窟和第8（Höhle der "Sechzehn Schwertträger十六佩剑者窟（插图一九：3、4）；主室宽于后室者，例如第107A窟和第201窟（插图一九：5）。现将以上诸例窟的具体情况表解如下：

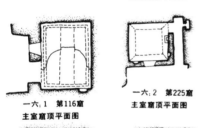

一六：1 第116窟
主室窟顶平面图

一六：2 第225窟
主室窟顶平面图

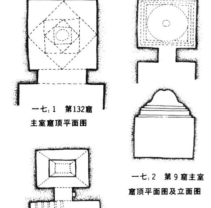

一七：1 第132窟
主室窟顶平面图

一七：2 第9窟主室
窟顶平面图及立面图

一七：3 第117窟主室窟顶平面图

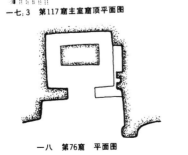

一八 第76窟 平面图

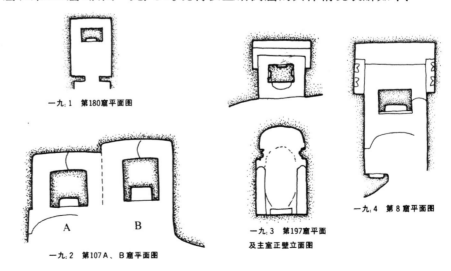

一九：1 第180窟平面图

一九：2 第107A、B窟平面图

一九：3 第197窟平面
及主室正壁立面图

一九：4 第8窟平面图

16

	前　室	主　室	后　室	中心柱
形制	除180窟，皆无前室痕迹。	壁顶连接处，多用简单的叠涩出檐作法，但也有少数在叠涩上加枭混线脚的。券顶。 　8窟左、右、前壁上部各凿椽孔一排，应是像台的遗迹。前壁两侧敞，后部各开一龛，现只存左侧龛。	壁顶连接处和顶部情况和主室相似。左、右通道券口无装饰，后部凿出涅槃台。8窟涅槃台前两侧各置立佛像台。 197窟平顶。 201窟后壁正中开龛。	中心柱平面多扁方形。前壁正中开龛。197窟前壁前砌像台，左、右、后壁各开一龛。
塑像和壁画　后壁		即中心柱前壁。107A窟、8窟、107B窟龛内原塑坐佛一。180窟龛内原塑立佛一，龛外和内侧绘千佛。197窟贴壁原塑立佛二。201窟龛高窄，原应置立佛一。	107A窟绘涅槃，180窟、107B窟绘千佛，107B窟千佛服装为双领下垂式，与以前的通肩服饰的千佛不同。197窟、8窟涅槃台上原塑涅槃像。197窟涅槃像上方绘千佛。201窟尚未绘制壁画。	107A窟绘舍利塔。180窟、197窟、107B窟绘千佛。201窟尚未绘制壁画。
前壁		180窟绘千佛。8窟窟口上方绘降魔变，其上像台上原置塑像一列。左侧龛内原置塑像。201窟尚未绘制壁画。	107A窟绘舍利塔。180窟、197窟、107B窟绘千佛。201窟尚未绘制壁画。	
左右壁		180窟、197窟、107B窟绘千佛。8窟各绘说法图三铺，其上方像台上原置塑像一列。201窟尚未绘制壁画。	107A窟、180窟、197窟、107B窟、201窟同前壁。8窟左右立像台上，原各置塑像两身。像间绘散花、宝珠，其上绘飞天。左右壁绘供养人行列，供养人服装上饰以联珠圈纹，圈中或绘野猪头，或绘团花（插图二〇）。	同后壁。
顶部		107A、B窟绘菱格，180窟绘千佛。8窟正中一行绘天空，左右绘以菱形格山峦为背景的因缘佛传和本生。201窟尚未绘制壁画。	107A窟绘千佛。180窟、107B窟绘直线菱形格。197窟绘持钵立佛五。201窟尚未绘制壁画。	

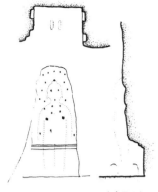

二一：1　第70窟平面、侧面及主室正壁立面图

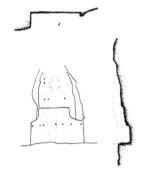

二一：2　第148窟　平面、侧面及主室正壁立面图

　　②　大像窟　主室已大部崩毁，中心柱已废除。据遗迹观察，知原来大立佛中部以上系贴崖面塑造，崖面下部向内凿出横长方形低窄的后室，原大立佛塑像的腿脚部位成为主、后室的分界。这样的大像窟，显然与一、二阶段不同，佛教徒进入窟内，不再是右绕中心柱礼拜，而是右绕大像礼拜了。这种新式的大像窟，也见于克孜尔石窟以外的龟兹石窟，如库车库木吐喇石窟沟口区第2窟和窟群区第52窟。值得我们注意的是，它和阿富汗巴米安东、西两大立佛窟的布置极为相似。现以第70窟和第148窟（插图二一：1、2）为例，表解其具体情况如下：

一九：5　第201窟平面图

二〇　第8窟后室东端壁供养人服饰上的联珠纹

二二　第234窟平面图

		主　室	后　室	大　像
形制		大部崩毁，从毗邻的洞窟推测，主室的进深较第二阶段又缩短了。	低窄、券顶。壁、顶连接处有的还作出装饰线脚。	现只存上部凿孔。
塑像和壁画	后壁		即大像正面，从上部保存的凿孔，知正中绘涅槃。原塑大立佛一。	
	左右壁	70窟左、右壁各存一龛，龛内原塑立像一。	70窟左、右端各开一龛，龛内原塑坐像一。	
	顶部		70窟壁、顶连接处，存有鳞纹边饰。	

③　僧房窟　略同第二阶段，但壁顶相接处没有了复杂的线脚装饰。主室出现了平顶和少数的纵券顶。有的废除了长条形门道，只剩了主室，如第234窟（插图二二）。

④　小型窟　小型窟有的是利用以前改建僧房窟后，所遗留下来的门道部分，如原是第189—190这座僧房窟的门道部分，即第190窟；又如第172原僧房窟的门道部分。这些长条形小型窟不开龛塑像，壁画内容主要是千佛。另外第189窟右侧的一些小型窟，如第187、185窟（Kleiner Tempel nebenan附窟），前部崩毁，形制不明；还有具有较小的前室的小型窟，如第182窟（Hochliegende Höhle小河谷高处窟）、第183窟（在第182窟左下方）；还有的很类似方形窟如第181窟（插图二三）。

⑤　洞窟组合　多上述的小型窟，是这阶段洞窟组合的特点。自第181窟开始，迄于第191窟这一组合，是较清楚的一例（插图二三）。

第三阶段克孜尔开凿的洞窟，形制虽然多种，但以较简单、较小的为多，大像窟出现了一种值得注意的新形式，洞窟组合的内容也发生了变化。主像立佛逐渐多于坐佛，壁画流行了千佛题材，出现了具有断年意义的联珠纹饰⑧。伴随这些新的情况，克孜尔石窟逐步进入了衰落时期。

以上我们从洞窟的形制、壁画和洞窟组合等方面，初步将克孜尔石窟部分洞窟划分为三个阶段。对这个尝试，我们认为：中心柱窟、方形窟改造僧房窟的现象，洞窟组合的发展和洞窟之间打破关系等，给我们提供了有力依据。为了突出这些依据，我们依阶段顺序，再重复一下有关各例：

（1）第一阶段晚期第80中心柱窟，是改造更早的僧房窟后出现的。

（2）第二阶段的第34、98、198等中心柱窟都是改造早于它的僧房窟后出现的。

（3）第二阶段的第135方形窟，是改造早于它的僧房窟后出现的。第135窟南侧尚存有以前僧房窟门道部分的残迹。

（4）第二阶段中第96—105窟组合的出现，较第96—101窟组合为晚；第96—101窟组合的出现，又较第96—98窟为晚。

（5）第二阶段的第76方形窟的开凿，破坏了一座略早于它的盝顶小窟。

（6）第172中心柱窟，是改造第二阶段的僧房窟后出现的。

（7）第171和172两中心柱窟之间的第三阶段的长条形小型窟，是利用第二阶段的原僧房窟的门道部分改建的。

（8）第三阶段的第189—190僧房窟，后被改造成为第189方形窟和第

⑧　第8窟供养人服装上的联珠野猪头纹和联珠团花纹，在吐鲁番阿斯塔那墓葬中都出有丝织品实物。59TAM325既出有联珠野猪头纹锦，又出有联珠团花锦。该墓出有显庆六年（661年）墓志。59TAM317、302两墓也出联珠团花锦，前一墓出永徽四年（653年）墓志，后一墓出龙朔二年（662年）墓志（见武敏《新疆出土汉—唐丝织品初探》，刊《文物》1962年7、8合期）。72TAM271也出有联珠团花锦（见新疆维吾尔自治区博物馆《新疆出土文物》图版147〔1975〕），同出有永徽三年（650年）、仪凤三年（678年）两墓志。以上丝织品实物年代与碳十四测定第8窟的年代极为相近。参看本文"二、各阶段年代的讨论"。又陕西三原开皇二年（582年）李和墓石棺盖上雕有联珠野猪头纹，这是现知有明确纪年的联珠野猪头纹的最早之例（见陕西省文物管理委员会《陕西省三原县双盛村隋李和墓清理简报》，刊《文物》1966年1期）。

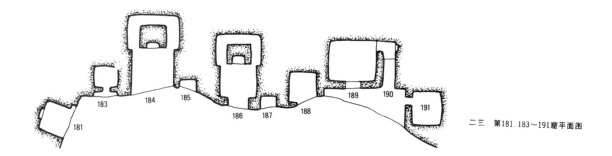

二三　第181.183～191窟平面图

190长条形小型窟。

二　各阶段年代的讨论

上面排出的克孜尔石窟部分洞窟的三个阶段，只是大致的相对次序。至于各阶段较为具体的年代问题，目前只有依靠 C^{14} 同位素测定的数据进行讨论。

六十年代开始在我国考古学界应用的 C^{14} 同位素测定技术，经过七十年代比较普遍的使用之后，七十年代后期被引进新疆石窟年代学研究的领域⑨。最初，从新疆石窟采取的标本多选用遗留在窟内原来为了安置塑像于壁面上开凿的孔罅中的木橛和其他木块，甚至朽木。这些木件大约斫截自较古老的木料或是较粗大木料靠近边缘的部分，所以测得的年代一般偏早⑩。1979—1981年，在北京大学历史系考古教研室实验室同志的建议下，克孜尔保管所同志从典型洞窟内的凿孔中选取直径不超过2厘米的树枝，又从采集的窟内下层墙皮中筛出麦秸，以此作为测定标本。测定的过程是在 C^{14} 测得的数据的基础上，再进行 C^{13} 和树轮的年代校正。现选一部分洞窟的测定结果列表如下⑪：

窟号	样品情况	C^{14}测定年代距今	C^{13} %	同位素分镏校正年代	树轮校正年代距今(1950)	树轮校正年代折合公元
38	后室甬道南壁内侧下层墙皮内的麦秸	1665±70	−22.73	1701	1640±80	310±80
6	主室前壁墙皮内的麦秸	1640±70	−21.14	1690	1630±80	320±80
47	后室涅槃台下层墙皮内的麦秸	1615±46	−22.31	1658	1600±60	350±60
171	主室后壁凿孔内的小树枝	1620±50			1555±65	395±65
3	主室后壁中部墙皮内的麦秸	1595±60	−23.97	1610	1545±65	405±65
17	后室东甬道内侧壁下部墙皮内的麦秸	1540±50	−24.36	1551	1485±65	465±65
190	门道南壁下层墙皮内的麦秸	1430±70	−22.80	1463	1405±75	545±75
190	门道南壁上层墙皮内的麦秸	1345±70	−23.46	1360	1295±75	655±75
8	后室涅槃台右端墙皮内的麦秸	1315±60	−23.458	1330	1265±65	685±65

为了验证上述测定的可信程度，我们又请库车县文物保管所的同志在库车西南三十公里的库木吐喇石窟选了一组壁面绘有大幅净土变壁画的洞

⑨　见文物保护科学技术研究所碳十四实验室《碳十四年代测定报告（二）》，刊《文物》1980年第2期。崔晓麟《碳十四测定年代的误差》，刊《文物与考古》1980年第4期。

⑩　参看中国科学院考古研究所实验室《碳14年代的误差问题》，刊《考古》1974年第5期。《文物》1982年4期所刊文物保护科学技术研究所碳十四实验室《碳十四年代测定报告四》中列举的克孜尔石窟年代较早诸例，我们认为亦属此类。

⑪　1979—1981年北京大学历史系考古教研室实验所测数据，将正式发表在北京大学历史系石窟考古实习组与克孜尔千佛洞文物保管所等单位合编的《克孜尔石窟考古报告》第一集中。

窟中采集了样品，也作了C^{14}测定，其例如下：

14	主室X壁下部墙皮内的麦秸	1210±35	−21.68	1266	1200±40	750±40

库木吐喇第14窟壁画具有显著的盛唐—中唐风格，与敦煌莫高窟盛、中唐洞窟的壁画极为相近，而测得的年代也适在盛、中唐时期。因此，库木吐喇第14窟C^{14}同位素的测定是可信的。所以，我们认为使用同样方法和同类样品，对克孜尔石窟测得的数据也应是可以相信的。事实上，上表所列克孜尔诸窟测定的结果也符合我们初步排定的三个阶段的先后顺序。因此，我们认为上表所列各窟的测定年代，可以供我们参考。

下面，我们把表中所列各窟按上述的阶段顺序划开，即可得出三个阶段的大致年代：

第一阶段：大约接近于310±80 — 350±60年[12]；
第二阶段：大约接近于395±65 — 465±65年，以迄六世纪前期；
第三阶段：大约接近于545±75 — 685±65年及其以后。

看来，第一、二阶段应是克孜尔石窟的盛期。最盛时期可能在四世纪后期到五世纪这一时期之间。第一阶段之前，似乎还应有一个初期阶段。第三阶段虽然渐趋衰落，但它和库木吐喇石窟的盛、中唐画风的洞窟之间，在时间上还有一段距离。不过，根据克孜尔谷内区第105窟主室北壁发现刻划的开元十四年（公元726年）和后山区第220窟北壁龛内发现刻划的天宝十三载（公元754年）的汉文游人题记，可以估计大约在八世纪初中期，克孜尔石窟至少已有部分洞窟荒废了。

三　克孜尔石窟的历史背景及其他

龟兹佛教之始，文献无证[13]。据可靠的汉文记载，三、四世纪之际，已有较多的龟兹佛教徒来内地译经[14]，可见当时龟兹本土佛教已盛。四世纪中期，"时龟兹僧众一万余人"（《出三藏记集》卷十四《鸠摩罗什传》[15]，其小乘阿含学者佛图舌弥于西域称大师。《出三藏记集》卷二记："晋简文帝时（公元371 — 372年），沙门释僧纯于西域拘夷（即龟兹）国（佛图舌弥处）得胡本《比丘尼大戒》"。同书卷十一《比丘尼戒本所出本末序》记岁在己卯（公元379年）译此书，并述龟兹佛像和佛图舌弥统领龟兹僧尼寺以及僧尼远集其寺的情况云："拘夷国，寺甚多，修饰至丽。王宫雕镂立佛形像，与寺无异。有寺名达慕蓝，百七十僧。北山寺名致隶蓝，五十僧。剑慕王新蓝六十僧。温宿王蓝七十僧。右四寺（即上述诸寺，下同——编者），佛图舌弥所统。寺僧皆三月一易屋、床、座，或易蓝者。未满五腊，一宿不得无依止。王新僧伽蓝九十僧，有年少沙门，字鸠摩罗，才大高，明大乘学，与舌弥是师徒，而舌弥阿含学者也。丽蓝百八十比丘尼。输若干蓝五十比丘尼。阿丽跋蓝三十尼道。右三寺，比丘尼统，依舌弥受法戒，比丘尼外国法不得独立也。此三寺尼，多是葱岭以东王侯妇女，为道远集斯寺。用法自整，大有检制。亦三月一易房，或易寺。出行非大尼三人不行。多持五百戒，亦无师一宿者，辄弹之。今所出《比丘尼大戒本》，此寺常所用者也。舌弥乃不肯令此戒东来，僧纯等求之至勤……乃得之[16]。"可见，龟兹当时已成为西域佛教一中心。公元385年吕光侵扰龟兹，公元446年魏太武帝废佛毁寺，似乎对龟兹佛教影响都不甚大。所以，《高僧传》卷三《宋上定林寺昙摩蜜多传》记罽宾僧昙摩蜜多（此云法秀）于五世纪初"适龟兹……王自出郊迎，乃请入宫，遂从禀戒，尽四事之礼"。同

⑫　第一阶段的第13窟，据文物保护科学技术研究所碳十四实验室根据新疆博物馆采集的克孜尔13窟龛上泥塑木芯所测得的年代是350±85年，见注⑩所引该窟公布的《碳十四年代测定报告四》。

⑬　参看羽溪了谛《西域之佛教》第五章《龟兹国之佛教》（贺昌群译本，1956）。

⑭　参看汤用彤《汉魏两晋南北朝佛教史》第七章《两晋际之名僧与名士》（1955）。

⑮　《出三藏记集》卷十四《鸠摩罗什传》记罗什自沙勒"还龟兹，名盖诸国。时龟兹僧众一万余人，疑非凡夫，咸推而敬之，莫敢居上"。罗什返龟兹之年，据上引《祐录》和《高僧传》卷二《晋长安鸠摩罗什传》的记载，可推知在358年左右。时龟兹人口无记录，但据《汉书·西域传》所记，"龟兹……口八万一千三百一十七"估计，此时最多也不过十余万。

⑯　关于《比丘尼戒本所出本末序》，据汤先生考订，"当是道安亲闻纯所言，而记出者"。见《汉魏两晋南北朝佛教史》第十章《鸠摩罗什及其门下》。

⑰　宝唱另一著作《名僧传》卷二十五《法惠传》亦记此事。见日释宗性《名僧传抄》。

⑱　参看注⑭

⑲　龟兹大乘佛教的流行，应受到罽宾疏勒和塔里木盆地南沿如莎车、于田诸国的影响。鸠摩罗什即因在沙勒迁罽宾僧佛陀耶舍和莎车僧须利耶苏摩而改奉大乘。在图象方面，克孜尔出现的大乘形象，如成列的立佛像、背光现千佛的壁画和千佛壁画以及卢舍那佛壁画等，都在于田一带的寺院遗址中有所发现。参看 Gerd Gropp: Arehäologische Funde aus Khotan Chinesisch Ostturkestam，1981。

20

书卷十《宋高昌释法朗传》记："魏虏毁灭佛法，朗西返龟兹，龟兹王与彼国大禅师结约，若有得道者至，当为我说，我当供养。及朗至，乃以白王，王待以圣礼"。《比丘尼传》卷四《伪高昌郎中寺冯尼传》也记五世纪中期龟兹金华寺高僧直月有名西域事[17]。以上记录，适与克孜尔石窟盛于第一、二阶段的情况相契合。又所记龟兹僧尼"三月一易房，或易寺"之制，似乎也可引作克孜尔第二阶段以前，多开僧房窟的一种解释。

龟兹佛教向重小乘，但也有大乘。三、四世纪之际，龟兹佛教徒在内地所译经中，即有大乘经典[18]。前引《比丘尼戒本所出本末序》记僧纯在龟兹时，龟兹"王新僧伽蓝，有年少沙门字鸠摩罗，才大高，明大乘学"，此鸠摩罗即龟兹有名的高僧鸠摩罗什（此云童寿）。罗什于公元359—385年间，在龟兹宣扬大乘佛教。《高僧传》卷二《晋长安鸠摩罗什传》记：罗什"广诵大乘经论，洞其秘奥，龟兹王为造金师子座，以大秦锦褥铺之，令什升而说法"，受到龟兹王白纯的特殊礼遇。又记当时"西域诸国咸伏什神俊，每至讲说，诸王皆长跪座侧，令什践而登焉。其见重如此。"因此，我们可以推测，至少在罗什停留龟兹期间（公元385年罗什东来），龟兹的大乘佛教应占有一定地位。事实上，我们从克孜尔第一、二两阶段洞窟中所反映的多佛情况，如第一阶段第38中心柱窟主室前壁两侧各置一立佛龛，第47大像窟中成列的佛像和第二阶段第27、99两中心柱窟主室左右壁面的千佛龛，第17中心柱窟后室左通道的卢舍那佛壁画等，说明罗什在龟兹宣扬大乘之前和罗什东行之后，克孜尔都有大乘佛教的图象。六世纪中期以后，龟兹大乘似更盛行。根据《续高僧传》卷二《隋东都雒滨上林园翻经馆南贤豆沙门达摩笈多传》所记，达摩笈多（此言法密）于公元584年前后，"又至龟兹国，亦停王寺，又住二年，仍为彼僧讲释前论（念破论、如实论）。其王笃好大乘，多所开悟，留引之心，旦夕相造"。可证克孜尔第三阶段洞窟壁画改重千佛，应该也是这种情况的反映[19]。克孜尔石窟的衰落，是伴随大乘佛教逐渐盛行而出现的。但龟兹都城即今库车附近，包括石窟在内的佛教寺院日益繁荣，恐怕是克孜尔石窟逐渐衰落的更重要的原因[20]。

克孜尔石窟位于佛教东渐的关键地点。就佛教石窟言，它正处在葱岭以西阿富汗巴米安石窟群和新疆以东诸石窟群之间。它所保存早期壁画的洞窟的数量，远远超过了巴米安，而其第一阶段的洞窟的具体年代至少要早于新疆以东现存最早的洞窟约一百年左右。因此，克孜尔石窟在中亚和东方的佛教石窟中，就占有极其重要的地位。克孜尔石窟是龟兹诸石窟中的代表。在古龟兹文化遗物存世稀少的今天，克孜尔石窟又是整理研讨久已沉埋了的古龟兹文化的丰富宝藏。

最后，想就大像窟和大立佛问题，探索一下克孜尔石窟的重要地位和龟兹文化的一个片断。

大像窟主室后壁均塑大立佛。克孜尔第47窟大立佛据遗迹测得，其身高在10米以上。除第47窟外，克孜尔大像窟尚有六处。按龟兹地区的石窟群中，都开凿有大像窟。库车东北四十公里的森木塞姆石窟南北崖各有大像窟二处；北崖第11窟原塑的大立佛身高15米左右（插图二四：1）。库车西南三十公里的库木吐喇石窟有四处大像窟，窟群区第63窟是其中较晚的一座（插图二四：2）。库车西北十二公里的克孜尔尕哈石窟也有大像窟四处，其中的第23窟原塑的大立佛高近10米（插图二四：3）。这种立佛像，据上引《比丘尼戒本所出本末序》记龟兹"寺甚多，修饰至丽·王宫

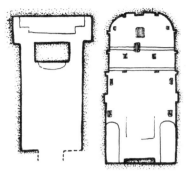

二四：1　森木赛姆第11窟平面及主室正壁立面图

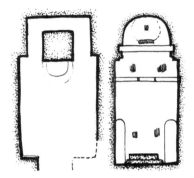

二四：2　库木吐喇窟群区第63窟平面及主室正壁立面图

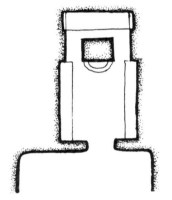

二四：3　克孜尔尕哈第23窟平面图

[20]　公元630年左右，玄奘曾于龟兹挂锡二月。《大唐西域记》卷一记龟兹佛教寺院云："伽蓝百余所，僧徒五千余人，习学小乘教说一切有部。经教律仪，取则印度，其习读者，即本文矣。尚拘渐教，食杂三净。"知当时龟兹小乘占绝对优势。但这种情况，在克孜尔第三阶段的洞窟中，反映并不强烈。

关于克孜尔石窟盛期以后的情况，参看拙著《调查新疆佛教遗迹应予注意的几个问题》刊《新疆史学》1980年第1期。

雕镂立佛形象与寺无异"，可知此为四世纪中期龟兹佛寺所习见。立佛兴建之盛，迄七世纪二十年代末，玄奘路出龟兹时，仍然如此。《大唐西域记》卷一："屈支（即龟兹）国……大城西门外，路左右各有立佛像，高九十余尺。于此像前建五年一大会处。"看来龟兹供奉大型立佛是有悠久的传统的[21]。现在我们再扩展一下视野，看看新疆以东和葱岭以西身高10米以上的大型立佛的情况。新疆以东的大型立佛，最早遗物是北魏和平初（公元460年）在平城（今山西大同）开凿的昙曜五窟中的第18窟立佛和第16窟立佛，前者身高15.5米，后者身高13.5米[22]。此两立佛晚于克孜尔最早的遗迹约一世纪。葱岭以西的大型立佛，以阿富汗巴米安高38米的东大佛和高53米的西大佛两处为最著。此两大佛的年代，近年学人多估计在四至六世纪[23]。如在四世纪，则或与克孜尔早期遗迹约略同时；如迟至五至六世纪，那就要晚于克孜尔早期遗迹了。即使两大佛或其中之一，属于四世纪，巴米安当时的大型立佛的数量也远逊于龟兹[24]。因此，我们推测开凿大像窟和雕塑大型立佛，或许是龟兹佛教艺术的一个特点。这个推测，如果可以成立，则龟兹型的佛教文化除了其他类型的石窟形制和壁画之外，还有一个以大型立佛为中心的大像窟这个重要内容。这个重要内容，给予葱岭以西和新疆以东的影响，当比其他类型的石窟形制和壁画的影响更为重要。

[21] 《大唐西域记》卷十二记瞿萨旦那（即于田）"王城西南十余里，有地迦婆缚那伽蓝，中有夹纻立佛像，本从屈支（即龟兹）国而来至此。昔此国中有臣被遣，寓居屈支，恒礼此像，后蒙还国，倾心遥敬，夜分之后，佛忽自至。其人舍宅建此伽蓝"。此为龟兹立佛像又一例。

[22] 参看山西省文物工作委员会、山西云冈石窟文物保管所《云冈石窟》图版76、88（1977）。近年来在大同城东和城北方山等北魏佛寺遗址中，发现了大批北魏塑像，其风格与古龟兹焉耆地方发现的残塑极为相似。按448年，北魏太武帝遣万度归攻焉耆、龟兹之后，449年龟兹即遣使朝献。孝文帝初，475—479年，几乎年年有龟兹使者来奉马、驼、珍宝，足见在五世纪中期以后，龟兹与北魏都城平城（今大同）联系密切。因此，平城佛寺遗址发现与龟兹相似的塑像并非偶然，而云冈第18、16两窟的大立佛与龟兹有关，亦非完全出自推测。此事容另文详述。

[23] 参看宫治昭《 一ミヤン研究史》（上），刊《名古屋大学文学部研究论集》LXIX，1976。《バーミヤン研究史》（下），刊《弘前大学教养部文化纪要》，1978。樋口隆康《バーミヤンの石窟》，1980。关于巴米安两大佛的雕造时间，最近又有均开凿于六世纪的议论。从克孜尔石窟进一步整理的初步结果看来，我们认为这个看法是值得重视的。

[24] 巴米安以西、以南，不闻有高10米左右的大立佛遗迹。但《大唐西域记》卷五记羯若鞠阇国说伽河伽蓝云："伽蓝东南不远，有大精舍，石基砖室，高二百余尺，中作如来立像，高三十余尺，铸以输石，饰诸妙宝。精舍四周石壁之上，雕画如来修菩萨行所经事迹，备尽镌镂。"此大立佛，玄奘未记兴建年代。

[25] 关于本世纪初外国人在克孜尔石窟的"调查"掠夺，我们将另有专文论述。现将许宛音未刊稿《克孜尔洞窟形制的研究》序章中《前人工作的回顾》一节内的有关部分，摘录如下，供注意此问题的研究者参考。十九世纪末到二十世纪初，新疆是外国列强探险家和考察队活动的舞台。1903年，日本第一次大谷探险队的渡边哲信和崛贤雄首先来到克孜尔，在4月15日到4月22日的七天中，进行了盗掘。从发表的材料看，工作十分粗疏，并且首开了割取壁画的恶劣先例，见渡边哲信《西域旅行日记》（《新西域记》卷上，1937）、崛贤雄《西域旅行日记》（《西域文化研究》第二、四、五，1959、1961、1962）。他们割走的壁画有第224窟八国国王争分舍利中的婆罗门独楼那像、第198窟的佛说法图等。第二次大谷队的野村荣三郎和第三次大谷队的吉川小一郎，分别于1909年和1913年到过克孜尔石窟. 见熊谷宣夫《西域の美术》《西域文化研究》第五。日本人在克孜尔还盗掘了不少木简和文书残纸。残纸中有一件书有"建中伍年"（即兴元元年，784年）字样。1906年和1913年，德国柏林民族学博物馆派出的"普鲁士皇家吐鲁番考察队"两次抵达克孜尔石窟。该队主要成员是格伦威德尔（A·Griin wedal）和勒考克（A·von Le cog）。在总计约 三个半月的时间里，他们根据壁画特征，给许多洞窟拟了名字，并对81个洞窟作了工作。德人所绘的洞窟平面图较之日人的要精确细致得多，但仍存在不少错讹，特别是在主、后室外壁的连接处以及主龛和龛台等地方。洞窟的纵剖面图也几乎完全被忽视了。德人虽然画了几组洞窟的连络平面图，但从文字记录看，他们这样做并非自觉地认识了洞窟的组合，而只是因为这些洞窟的位置彼此毗邻罢了。其最大的疏忽之处，是未注意石窟寺考古中至为重要的洞窟之间的打破关系与塑画重层问题。他们对克孜尔石窟所作的分期，是基于壁画的艺术风格和题记字体的早晚。列入分期序列的有33个窟，多为一般塔庙窟，其余是有壁画的少量方型窟；未包括大像窟，僧房窟也被排除在外。德国考察队虽然做了一些工作，但是他们割取了大量精美的壁画和塑像，盗掘了大批重要的龟兹文文书，劫往柏林，致使克孜尔这一珍贵的文化宝库遭到无法弥补的损失。（见A·Griin wedel ：Altbnddhis-che Knltstätten in Chinesisch-Tnrkistan，1912。A·von Le cog：Die Bnddhische Spä tantiKeih im Mittelasien，1922—1933）。继德人之后，俄人奥登堡（Odenburg）在1909年年初也到过克孜尔石窟，见加藤九祚《ロシアの東トルキスタン探检とオルデンブルグの佛教遗迹调查》（《续シルクロードと佛教文化》1978）。随后法人伯希和（P.Pe lliot）接踵而至，拍了一些照片，并记录了被割走的壁画在窟中的位置，见秋山光和《ペリォ调查团の中央アジア旅程上その考古学的成果》（《佛教艺术》第19、20期，1953）。1914年5月28日，英人斯坦因（A·Stein）对克孜尔石窟作了为时一天的短暂访问，见A·Stein：Inner most Asia，1928。

新疆地区的石窟，由于历史的、自然的和人为的原因，所遭破坏的程度比内地严重得多。尤其是本世纪初叶，大批珍贵的文物被盗，更令人痛惜。现在，我们所见到的已是斑斑斧痕，满目疮痍㉕。劫后残存的壁画，已成凤毛麟角，弥足珍贵。

《中国石窟》新疆部分，我们将分四卷陆续出版。前三卷的主要内容选入拜城克孜尔石窟；后一卷的内容主要是库车县的库木吐喇石窟。选择这些龟兹石窟作为西域佛教遗迹的重点，主要因为龟兹地区是中国佛教文化的摇篮之一。从现存的新疆石窟遗迹来看，这里的石窟比较集中，类型完备，壁画内容丰富；古代龟兹又地处丝绸之路上的中西交通要冲，随佛教东渐而出现的东西方文化的交融也有脉络可寻。因此，这套画册的出版，无异于为从事西域文化研究的学者，打开了一扇大门。广大读者从这些佛教遗迹中，也可大致窥见古代西域佛教流行的盛况以及西域与中原画风交聚的某些踪影。

龟兹石窟系统地出版，在国内还是首次。由于众所周知的原因，新疆石窟的研究工作仅仅是一个开端，用比较多的力量还是最近几年的事情。我们终于迈出了这可喜的一步，取得了一些初步的研究成果。但我们意识到要很好地开拓这个地区的石窟研究领域，摆在面前的任务还十分艰巨。因此，我们希望，通过本书的出版，能有更多的学者把注意力投入到这个领域中来，以便把新疆石窟的研究工作推向一个新的阶段。

一九八二年二月二十一日

1　晨曦中的雀尔达格山远眺

2　从木札提河北岸眺望雀尔达格山

3 谷内区东北隅——"泪泉"

4 谷西区石窟群远景

▶ **5** 谷西区石窟群第47——81窟外景

6 谷西区石窟群第 1 ——38窟外景

7 谷西区石窟群外景

8 谷西区石窟群外景

9 谷西区第 2 ——17窟近景

10　第4窟　主室西北隅内景

12　第4窟　西甬道外侧壁　立佛与金刚力士像

13　第 4 窟　西甬道外側壁　立佛像

14　第 7 窟　后甬道西端壁　度化善爱乾闼婆王图

15　第 8 窟　主室券顶前部及前壁壁画残部

16　第 8 窟　主室东北隅内景

17　第 8 窟　主室西南隅内景

18　第 8 窟　主室前壁门上圆拱壁左侧　飞天

19　第 8 窟　主室前壁门上圆拱壁右侧　伎乐飞天

22　第8窟　主室西壁　因縁仏伝図

21　第8窟　主室東壁　因緣佛傳圖

23　第 8 窟　主室东壁　因缘佛传图听法天人像

24　第 8 窟　主室东壁　因缘佛传图听法天人、弟子像

25　第 8 窟　主室东壁　因缘佛传图三弟子头像特写

26　第 8 窟　主室西壁　因缘佛传图听法天人、弟子像

28 第8窟 主室券顶东侧壁 菱形格因缘画局部

29 第8窟 主室券顶东侧壁 菱形格因缘画局部

31　第 8 窟　主室券顶东侧壁　菱形格因缘画局部

32　第 8 窟　主室券顶东侧壁　菱形格因缘及本生画局部

33　第8窟　主室券顶西侧壁　菱形格因缘及本生画局部

34　第8窟　主室券顶西侧壁　菱形格因缘及本生画局部

36　第 8 窟　主室券顶西侧壁　菱形格因缘及本生画局部

37　第 8 窟　主室券顶西侧壁　菱形格因缘及本生画特写

38 第13窟 主室券顶西侧壁 菱形格本生画局部

39 第13窟 主室券顶东侧壁下皮 水中人物像特写

41 第14窟 正壁龛左侧 听法菩萨像

43 第14窟 东壁 因缘佛传图

44 第14窟 西壁 因缘佛传图

45 第14窟 东壁 因缘佛传图特写

46 第14窟 券顶东侧壁 菱形格本生画智马本生特写

47 第14窟 券顶东侧壁 菱形格本生画局部

51　第14窟　券顶西侧壁　菱形格本生画大光明王本生特写

52　第14窟　券顶西侧壁　菱形格本生画马王本生特写

53 第14窟 券顶西侧壁 菱形格本生画兔王本生特写

54　第14窟　券顶西侧壁　菱形格本生画樵人背恩本生特写

58　第17窟　主室东壁　因缘佛传图残部

59　第17窟　主室西壁　因缘佛传图全景

60　第17窟　主室券顶东侧壁　菱形格本生画全景

62 第17窟 主室券顶东侧壁 菱形格本生画萨薄迦燃臂当炬本生特写

64 第17窟　主室券顶东侧壁　菱形格本生画设头罗犍宁王本生特写

65　第17窟　主室券顶东侧壁　菱形格本生画猴王以身作渡桥本生特写

66　第17窟　主室券顶西侧壁　菱形格本生画

68　第17窟　主室券顶西侧壁　菱形格本生画局部

69　第17窟　主室券顶西侧壁　菱形格本生画局部

70 第17窟 主室券顶西侧壁 菱形格本生画快目王施眼本生特写

71 第17窟 主室券顶西侧壁 菱形格本生画局部

72　第17窟　后甬道后壁　涅槃局部及西端壁小龛

73　第27窟　主室西南隅内景

75 谷西区第31——40窟外景

80　第34窟　主室券顶东侧壁　菱形格因缘画局部

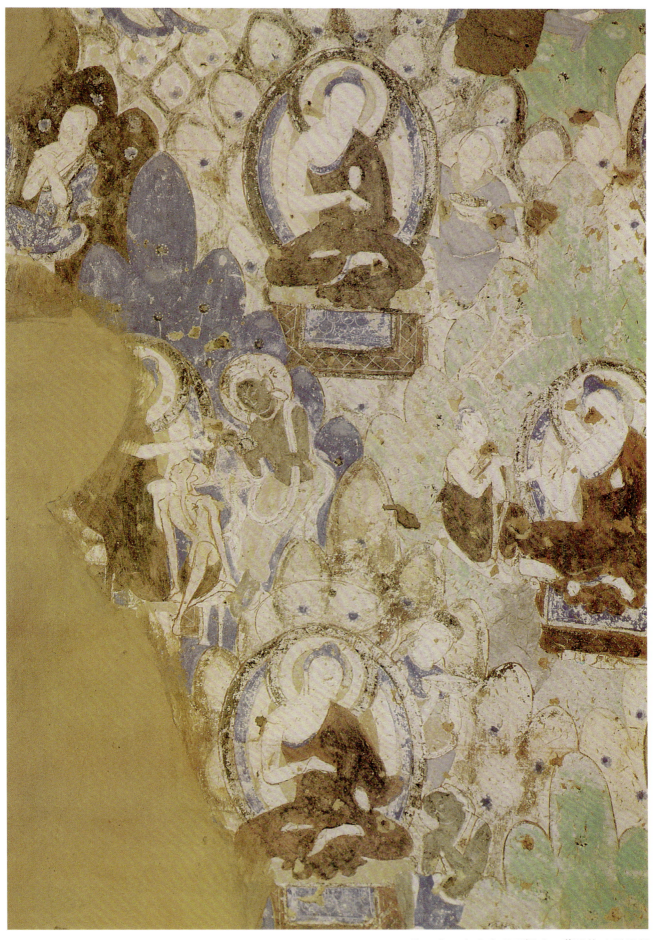

85　第38窟　主室前壁门上圆拱壁左侧　听法菩萨像特写

87　第38窟　主室前壁门上左侧　思惟菩萨像特写

88　第38窟　主室前壁门上右侧　思惟菩萨像特写

89　第38窟　主室东壁上部　天宫伎乐图特写

90　第38窟　主室东壁上部　天宫伎乐图特写

91　第38窟　主室东壁上部　天宫伎乐图特写

92　第38窟　主室东壁上部　天宫伎乐图特写

93 第38窟 主室东壁上部 天宫伎乐图特写

94 第38窟 主室东壁上部 天宫伎乐图特写

95 第38窟 主室东壁 因缘佛传图特写

96 第38窟 主室东壁 因缘佛传图特写

97　第38窟　主室东壁　因缘佛传图特写

98 第38窟 主室东壁 因缘佛传图特写

100 第38窟 主室西壁上部 天宫伎乐图特写

101 第38窟 主室西壁上部 天宫伎乐图特写

102 第38窟 主室西壁上部 天宫伎乐图特写

103 第38窟 主室西壁上部 天宫伎乐图特写

104 第38窟　主室西壁上部　天宫伎乐图特写

105　第38窟　主室西壁上部　天宫伎乐图特写

106　第38窟　主室西壁上部　天宫伎乐图特写

107　第38窟　主室西壁　因缘佛传图局部

108　第38窟　主室西壁　因缘佛传图特写

109　第38窟　主室西壁　因缘佛传图特写

110 第38窟 主室西壁 因缘佛传图特写

113 第38窟 主室券顶中脊前部 天象图

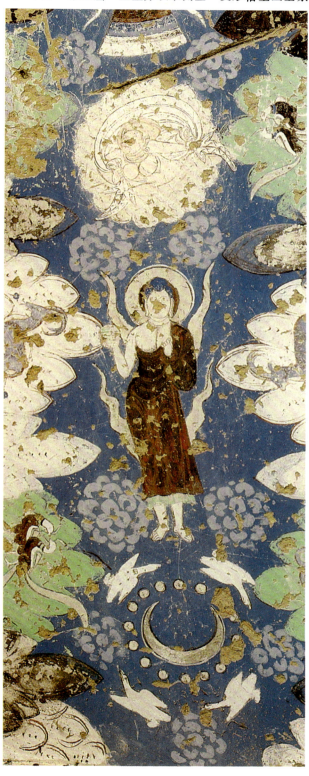

114 第38窟 主室券顶中脊后部 天象图

116　第38窟　主室券顶东侧壁　菱形格本生画萨埵饲虎本生特写

118 第38窟 主室券顶东侧壁 菱形格本生画驳足王本生特写

119　第38窟　主室券顶东侧壁　菱形格因缘及本生画局部

122 第38窟 主室券顶东侧壁 菱形格因缘及本生画局部

124 第38窟 主室券顶东侧壁 菱形格因缘及本生画局部

126 第38窟 主室券顶东侧壁下皮 水生动物装饰

125　第38窟　主室券顶东侧壁　菱形格本生画大光明王本生特写

▶ 127　第38窟　主室券顶西侧壁　菱形格壁画全景

128 第38窟 主室券顶西侧壁 菱形格壁画特写

129 第38窟 主室券顶西侧壁 菱形格本生画慕魄及大施抒海本生特写

130　第38窟　主室券顶西侧壁　菱形格本生画锯陀兽本生特写

131　第38窟　主室券顶西侧壁　菱形格因缘及本生画局部

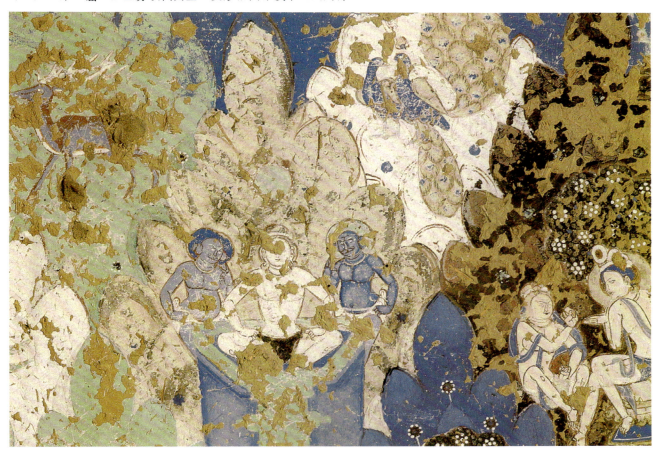

133 第38窟 主室券顶西侧壁 菱形格本生画弥兰商主本生特写

134 第38窟 主室券顶西侧壁 菱形格因缘及本生画局部

135　第38窟　主室券顶西侧壁　菱形格本生画狮王本生特写

136　第38窟　主室券顶西侧壁　菱形格因缘及本生画局部

137　第38窟　主室券顶西侧壁　菱形格本生画舍身闻偈本生特写

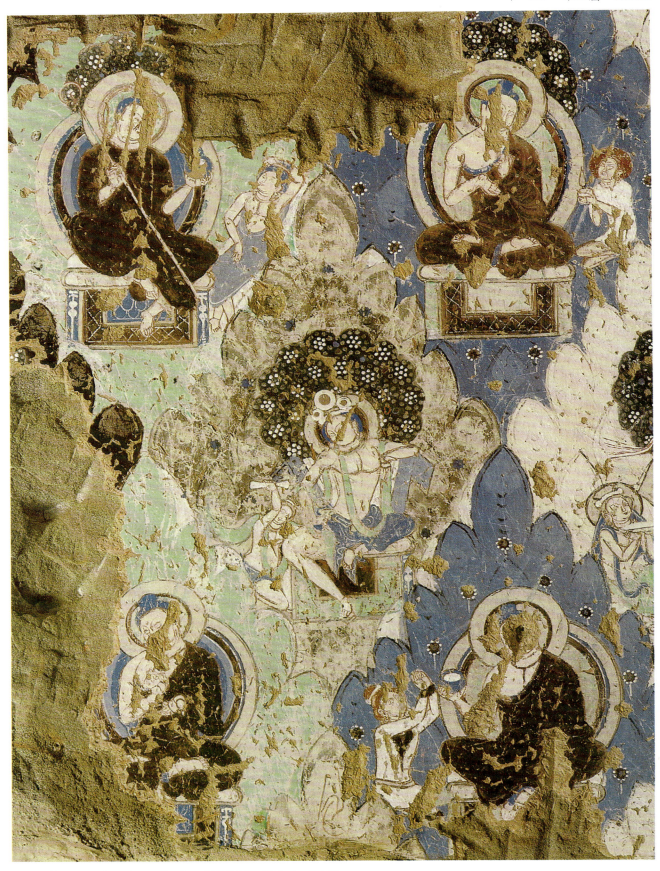

140 第38窟 主室券顶西侧壁 菱形格因缘及本生画局部

143 第38窟 后甬道后壁 涅槃及举哀弟子像

144　第38窟　后甬道后壁　涅槃头像特写

145　第38窟　后甬道后壁右侧　举哀弟子像

148　第47窟　后室

150　第47窟　后室东端壁　供养弟子像

151　第47窟　后室西端壁　萨埵太子饲虎本生画特写

152 第47窟 后室北壁 飞天特写

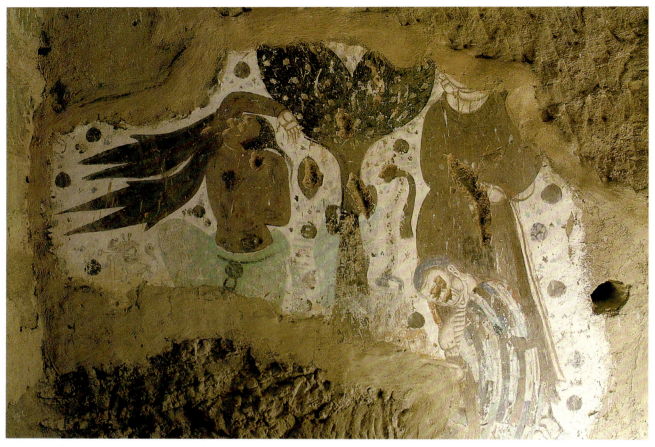

154　第48窟　后室东端壁　举哀弟子像残部

155　第48窟　后室东端壁　举哀弟子像特写

157 第48窟 后室东端壁 举哀弟子头像特写

161　第58窟　东甬道

163 第58窟 主室券顶东侧壁 菱形格因缘及本生画

164 第63窟 主室券顶东侧壁 菱形格因缘及本生画特写

166 第67窟 穹窿顶西北角窟顶下沿壁画

167 第67窟 穹窿顶东部下沿 纹饰

169 第67窟 穹窿顶西北角下沿 护法龙王像残部

170 台台尔石窟远眺

171　台台尔石窟　第13窟　主室东侧壁　舍利塔

172　台台尔石窟　第13窟　主室券顶东侧壁画

173　台台尔石窟　第13窟　主室券顶东侧迭涩内侧　供养天

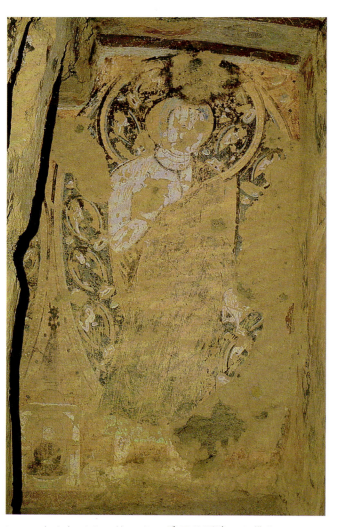

174　台台尔石窟　第16窟　后甬道西壁　立佛像　　　　175　台台尔石窟　第16窟　后甬道后壁　立佛像

176　台台尔石窟　第16窟　后甬道东壁　立佛像

177　台台尔石窟　第16窟　后甬道后壁　供养人

178　台台尔石窟　第16窟　东甬道外侧壁　供养人

179 台台尔石窟 第17窟 后甬道南端壁 舍利塔

180 台台尔石窟 第17窟 后甬道券顶 壁画局部

181 台台尔石窟 第17窟 后甬道券顶 壁画局部

182 台台尔石窟 第17窟 后甬道券顶 壁画局部

183 台台尔石窟 第17窟 后甬道券顶 壁画局部

184 台台尔石窟 第17窟 南甬道内侧壁 供养天

克孜尔石窟的佛传壁画

丁明夷　马世长　雄西

　　克孜尔石窟的壁画，除了各种尊像、世俗供养人像和装饰图案外，主要有三大类：即佛本生故事画、佛因缘故事画和佛本行故事画。这三类不同主题的故事画，基本上概括了克孜尔石窟壁画的主要内容。有关本生故事和因缘故事，本书的第二卷，将有专文论述。本文探讨的重点是克孜尔石窟的佛本行故事画，也即佛传画。

　　众所周知，克孜尔石窟的壁画，本世纪初以来曾数次遭到外国"探险家"的切割、盗劫，不少保存比较完好、艺术水平较高的精美画面已被掠至国外（可参见本书第三卷的有关文章）。而佛传壁画大多位于距洞窟地面不高的壁面上，故遭受人为的破坏和自然风沙侵蚀的机会相对增多。这种情况，必然给研究工作带来许多困难。这是每个到克孜尔石窟作实地调查的学者都能深切感受到的。因此，这篇以克孜尔石窟现场考古调查所得资料为对象的叙述文章，不可避免地会有遗漏和失误之处，尚有待今后进一步补充和订正。

　　限于篇幅，本文不能对克孜尔石窟的佛传壁画作详尽、全面的介绍，只能从以下三个方面作综合的叙述：佛传壁画中能辨识的题材内容；佛传壁画在不同形制的洞窟中的分布位置、特点和构图形式；佛传壁画所反映的龟兹地区流行的佛教思想。

　　本文依据的材料，主要是笔者近年几度在克孜尔石窟现场调查所得。对那些被掠走的完整、重要的佛传壁画内容，只能参考前人有关的著作和出版物，酌情予以补充。克孜尔石窟佛传壁画题材的考定，是根据画面情节提示的内容，参阅汉文佛籍来确定的。一种内容往往见于多种佛典，本文不一一备引，以免繁赘。所引汉文佛典文字，只是为了说明有关画面内容，并非画面必然出自该经之意。

　　为了方便读者阅读本文，我们从德人勒考克的《中亚与新疆古代晚期的佛教文物》等书中，选择了部分克孜尔石窟佛传壁画的线图或图版作为本文的插图。这是因为这些有关画面比较完整，比克孜尔石窟现存的壁画较有代表性的缘故。这是需要说明的一点。

一

　　克孜尔石窟的洞窟形制分中心柱窟（包括大像窟）、方形窟和僧房三种类型。佛传壁画均绘在前两种洞窟内。就佛传壁画的内容而言，大致有两种：一种是描述释迦牟尼从诞生前后至涅槃前后的"一生所有化迹"，即颂赞佛一生事迹的本传，一般通称佛传图或佛本行图；另一种是以说法为中心，描述释迦牟尼成道后说法教化之因缘，故称因缘佛传图或说法图。前一种重在表现佛陀的一生化迹的佛传类壁画，数量较少，大多见于方形窟中；构图比较自由，释迦不一定占据画面的中心位置。后一种着意宣扬佛陀传道生涯的因缘类佛传壁画，数量较多，主要分布在中心柱窟；但构图较呆板，以突出释迦的形体为主，仅是在其两侧配置形体较小的胁侍人物，用以区分不同的内容。这两种壁画，尽管一为强调佛本身的一生化迹，一为宣扬佛的神通教化，然而都与佛的行化事迹密切相关，某些画面内容又相同，故可总称为佛传壁画。

佛传壁画的位置，总的来说，在中心柱佛龛上方和主室入口的圆拱壁内，大多绘制成单独的画面。在主室的左右侧壁上，把壁面划分成上下数栏，每栏中又左右分割成方形或长方形的画格，画格内绘制连续性的佛传图。后室部分（包括后室后壁及左右壁、中心柱后壁及左右壁，以及左右甬道外壁），集中描绘佛涅槃的场面。此外，个别佛传图分布在后室两端壁上方的圆拱壁内或主室入口的两侧。佛传主要是用壁画的形式表现，间或有以龛中塑像与龛外壁画相结合的方法，可惜这些塑像仅存残迹了。方形窟的佛传壁画，以连续的构图形式，布满左右两侧壁和正壁上，个别洞窟的中央还遗有塑像的中心方坛。

我们对四十一个洞窟中的佛传壁画进行调查，大致能识别出来的约有六十多种，现分别叙述如下：

（1）梵志燃灯　　这一题材仅见于第110、163窟（图Ⅱ-170），画在主室的左壁或右壁上。画面作一儒童头燃一灯，两肩及双手也各燃一灯，站于佛旁。此即为梵志燃灯的故事。说的是一儒童梵志，头缠白氎，自手燃之，以供养佛，后授予燃灯佛。《六度集经》卷三："昔者菩萨，时为梵志……以坺盛麻油膏，净自洗浴，白氎缠头，自手燃之……令明彻夜……佛则授决：却无数劫，汝当为佛，号曰锭光，项中肩上，各有光明，教授拯济众生获度。"此外，还有转轮王为婆罗门剜身燃千灯供养的故事。据《经律异相》卷二十四曰："……时转轮王，夜于众前燃百千无量亿那由他灯，王顶戴一灯，肩荷二灯，左右手中执持四灯，两足跌上亦各一灯，昼夜供养。"这一题材，同时还见于克孜尔不少窟顶部的菱形格因缘壁画中。

（2）燃灯佛授记　　这一题材，见于第63、114窟主室的左壁或右壁。画面一善慧儒童，作解发布地，覆首而伏之状，此为燃灯佛授记的故事。说的是第二阿增祇劫终时，遇燃灯佛出世，释迦献五华之莲以供养之。时佛迎来，见地泥泞，用皮衣覆地，不足，又以发布地，请佛蹈之而过，因以受未来成佛之记别。《佛本行集经》卷三："时燃灯佛……从外来入莲华城中。我时赍此七茎莲花，遥见佛来，渐渐至近……我时即铺所有鹿皮，解发布散，覆面而伏，为佛作桥。一切人民，未得践过，唯佛最初，蹈我发上……时燃灯佛告比丘言，此摩纳婆，过阿增祇劫，当得作佛，号释迦牟尼……。"

（3）树下诞生　　这一题材，见于第76、99、175诸窟（图Ⅲ-35，插图一），画在主室右壁、左甬道外壁或后室右端壁。画面作摩耶夫人举右手立于无忧树下，身后有一女扶持，太子从右腋出，前跪帝释天，以天缯接取，此为释迦树下诞生的故事。说的是善慧儒童投胎迦毗罗卫国净饭王摩耶夫人腹内。十月满胎，入兰毗尼花园，手扶无忧树枝，太子从右腋降生。《过去现在因果经》卷一："……日初出时，夫人见彼园中有一大树，名为无忧，花色香鲜，枝叶分布，极为茂盛，即举右手，欲牵摘之，菩萨渐渐从右胁出……时四天王即以天缯，接太子身。"

（4）七步宣言　　这一题材，见于76窟主室右壁（插图一）、99窟左甬道外壁、110窟主室左壁和175窟后室右端壁（图Ⅲ-36）。画面作太子行步，足下莲花盛开的情景，此为七步宣言的故事。传说太子降生即会下地行走，向四方各行七步，一步一朵莲花。《大唐西域记》卷六："菩萨生已，不

一　第76窟主室右壁树下诞生及七步宣言

扶而行。于四方各七步而白言曰：'天上天下，唯我独尊。今兹而往，生分已尽。'随足而踏，生大莲花。"

（5）二龙浴太子　这一题材，仅见第99窟左甬道外壁和110窟主室左壁。画面作一站立的裸体小儿，双龙从虚空中注水而下，洗浴太子身，右侧跪立各一人。此为二龙洗浴太子身的故事。《大唐西域记》卷六："二龙踊出，住虚空中，而各吐水，一冷一暖，以浴太子。"

（6）阿私陀占相　这一题材，仅见第175窟后室右端壁，画面作相师顶礼太子足，此为阿私陀占相的故事。说的是太子初生时，婆罗门相师阿私陀占相，预卜曰：若在家者作转轮圣王，出家者当成等正觉，广济天人。事见《修行本起经》卷上、《佛本行集经》卷十、《大唐西域记》卷六、《毗耶奈破僧事》卷二等。最后一律记为"国有常法，若王宫生子，即唤梵行相师观看相貌，王乃唤相人令占太子。既占相已，而答王曰：'今此太子，实是成就三十二相，若在家者得作金轮圣王'……是阿私陀，便以双手跪而承受，遍体观察。"

（7）参诣天祠　这一题材，见于第14窟主室左壁、189窟主室左壁和224窟主室右壁，画面作佛左右各有一天王，一天王手托日月，还有画作骑孔雀或牛的自在天和毗摩天女的，此似为太子参诣天祠的故事。说的是迦毗罗卫城外，有释迦族增长天神祠。太子入祠参诣，诸天均来礼敬。事见《普曜经》卷三、《佛本行集经》卷八、《过去现在因果经》卷一、《毗奈耶破僧事》卷二等。最后一律为："时劫比罗城有一药叉，名释迦增长，城内若有释迦族类，生得男女，先得向彼药叉而为作礼……时释迦牟尼菩萨，至药叉庙所。彼释迦增长药叉，遥见菩萨渐近庙所，五体投地，顶礼菩萨。"

（8）太子试艺　这一题材，仅见于第110窟主室右壁，画面作一太子箭中铁鼓试艺。相传释迦牟尼少年时期臂力过人，威武无比，与同族弟兄比艺，能一箭中七鼓。《普曜经》卷三："尔时菩萨执弓注箭，即时放拨，中百里鼓而穿坏之。箭没地中，涌泉自出，箭便过去，中铁围山。"

（9）掷象出城　这一题材，仅见于第110窟主室正壁，画面作一太子举象掷出城外。据《毗奈耶破僧事》卷三记载，提婆达多王子打死巨象，阻塞城道，"尔时菩萨执其象鼻，遥掷城外七里堕地，其地便陷，时人号为陷象之地。信心长者婆罗门，便于此处起大窣覩波。"

（10）树下观耕　这一题材，见于第38窟门壁上部、110窟主室左壁（图Ⅱ-107，插图二）、227窟主室正龛（图Ⅲ-165）。画面作太子坐于阎浮树下，前有一农夫执杖驱牛犁地。例如110窟西壁中栏左侧，太子坐于阎浮树下，以手支颐，若有所思，其前站跪各一人。右侧一人扬臂驱牛，作犁地状。此为太子树下观耕的故事。说的是太子年遂长大，与随臣行至村落，观农夫犁地耕作，虫随土出，群鸟争食，心生忧虑，复于树下，静坐思惟。《普曜经》卷三："尔时太子，年遂长大，启其父王，与群臣俱行至村落，观耕犁者，见地新墒，虫随土出，乌鸟寻啄……阎浮树下，禅思定意。"

（11）出游四门　这一题材，见于第76窟主室右壁（插图三）、99窟右甬道外侧壁、110窟主室右壁（插图四）、175窟后室左端壁（图Ⅲ-35）。如175窟的画面作太子骑马出城，前蹲一老人、卧一病人，有二人肩抬一死尸，前站立一持钵比丘，此为太子出游四门的故事。相传太子出游时，分别看到一孕妇、一老人、一病人和一死人和一修行者，感到人生的生老病死的痛苦，希望能解决解脱人生痛苦的方法，于是起出家求道的欲念。《毗奈

二　第110窟主室左壁树下观耕

三　第76窟主室右壁出游四门

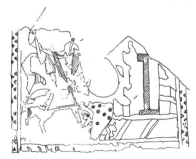

四　第110窟主室右壁出游四门

五　第110窟正壁宫中娱乐

六　第118窟主室正壁宫中娱乐

七　第110窟主室左壁出家前夜

八　第110窟主室左壁出家决定

九　第110窟主室左壁夜半逾城

耶破僧事》卷三："菩萨登车游观，逢一老人，气力羸弱，形体损瘦，腰背偻曲，行步倚仗，身体战掸（抖），须发变色……将欲出城，逢一病人，举身羸黄，瘦瘠疲困，路旁诸人皆不愿见……出城游观，逢一死人，以杂色车而以载之。复有一人，手持火炉在前而行。杂色车后，多诸男女，披发哀号，见者悲切……登车而行，于衢路中逢一沙门，净除须发，披福田衣，执持瓶钵徐行乞食……菩萨叹曰：善哉斯事……即自念言：若当如此，我亦出家。"

（12）宫中娱乐　　这一题材，见于第76窟主室右壁、110窟主室正壁（图II-106，插图五）和118窟主室正壁（插图六）。画中太子坐于床榻上，周围的婇女、舞伎作娱乐太子状。此为太子在宫中娱乐的故事。传说释迦牟尼的父王早已看出太子有弃世的迹象，为防范太子出家，欲娶耶输陀罗为妻；后宫充满着婇女舞伎，极尽人间之乐。《毗奈耶破僧事》卷三："作是议已，即为太子造立宫殿，百宝庄严敷师子座，令太子坐于其座……咸令普集所有童女，任其意愿，随时装饰，著诸璎珞，将入宫内。"

（13）太子惊梦　　这一题材，见于第99窟右甬道外壁、110窟主室左壁（图II-109，插图七）和118窟主室右壁。画面作太子依坐于床上，观诸婇女互相扶枕而眠的睡态。如99窟的画面中，太子坐于方座上，以手托腮作思惟状。左上方一裸体婇女仰卧而睡，右下方一婇女坐地而眠，表现太子"观察诸婇女身，复更思惟"，厌欲出走的情景。《佛本行集经》卷十六："……宫人婇女，皆悉迷惑，疲乏重眠……或有诸婇女辈，或以手拄颐颔而眠；或有婇女，掷却箜篌置于一边，而身倚卧；或有婇女，以其两臂抱鼓而眠……尔时太子忽然而寤，睹其宫内……见诸官人如是睡卧……口出白沫，鼻涕流涎"。太子遂寻思："我今分明见如是相……起弘誓愿，济拔世间无救众生为作救护，无养育者为作归依，无舍众生为作宅室。今所办事已现我前，不久决当得果斯志"。

（14）出家决定　　这一题材，仅见于第110窟主室左壁（图II-110，插图八），画面作太子从床上欲起状，后为助太子出家的天神，下屈膝合十者为车匿，此为太子决定出家的故事。说的是悉达多太子的夫人耶输陀罗，告太子其所作八梦，坚定了太子出家的决心。《毗奈耶破僧事》卷四："尔时耶输陀罗，即从睡觉，便为菩萨说其八梦……菩萨尔时思惟是梦，如耶输陀罗所见之相，我于今夜即令出家。"

（15）车匿备马　　这一题材，仅见于第110窟主室左壁（图II-111）。画面作车匿牵马备鞍往宫中去，此为车匿备鞍的故事。说的是太子的驭者车匿，为太子弃家出走备鞍。传说悉达多太子从王宫出走之马称乾陟，为帝释之化身。《佛本行集经》卷十六："尔时太子仰瞻虚空，如是思惟：今中夜静……宜出家也。……即唤同日所生奴子车匿，告言：'车匿，汝速疾来，莫违于我，急被带我同日所生马王乾陟，将前著来。'"

（16）夜半逾城　　这一题材，仅见于第110窟主室左壁（图II-111，插图九）。画面作太子骑马出宫门，四天王捧持马足，帝释尾随，车匿前导。此为太子夜半逾城的故事。《毗奈耶破僧事》卷四："梵王帝释令四天子，共扶乾陟拥卫菩萨……菩萨尔时即乘乾陟，时四天子各扶马足。尔时车匿，一手攀鞍，一手执刀，菩萨诸天威力感故，即腾虚空。"

（17）犍陟舐足　　这一题材，仅见于110窟主室左壁，画面作白马跪吻太子之足，此为犍陟吻足的故事。传说太子出城后，乾陟不忍与太子离别，悲泣呜咽，舐太子足惜别。《毗奈耶破僧事》卷四："乾陟马王亦礼菩萨，便吐其舌舐菩萨足。菩萨即以百宝手抚其马背，而作是言："汝乾陟去，我证菩萨常念汝恩。'"

（18）车匿告别　　这一题材，仅见于第110窟主室左壁。画面作车匿跪于太子前，双手接太子赐物。传说车匿与太子诀别时，携太子璎珞珍宝回迦毘罗卫城，嚎声大哭，悲痛欲绝。《毘奈耶破僧事》卷四："是时菩萨，以二更中行十二逾膳那，从马而下，即解璎珞，告车匿曰：'汝可将马及我璎珞饰，从此回去……'尔时车匿闻此语已，发声号哭，悲感懊恼，泪下如雨。"

（19）受出家衣　　这一题材，仅见于第110窟主室右壁。画面为立佛身后有一人执衣，面向佛，作赠衣状。此为太子受出家衣的故事。说的是帝释天作猎师状，将一素布衣奉给太子，为出家衣。《普曜经》卷五："时兜术天子，号离垢光，寻取天衣袈裟僧迦梨，化沙门形，奉上菩萨。于时菩萨，即取著之。"

（20）山中苦行　　这一题材，仅见于第76窟主室右壁（插图一〇）。画面作太子面容枯槁，禅定苦行，左右为魔女、外道等。相传太子弃家外出求道时，最初是向一些婆罗门教的学者求教。但他认为婆罗门教并不能解脱人世生死轮回之苦，于是他就到尼连禅河畔的森林中苦修。经过约六年的时间，历尽了辛苦。《毘奈耶破僧事》卷四："四边游行于尼连禅河边，见一胜地，树林美茂，其水清冷，……便于树下端身而坐……遂取小豆、大豆及牵牛子煮汁少吃。于是菩萨身体肢节皆悉萎瘦无肉……两胁皮骨枯虚高下，犹三百年草屋。""尔时欲界魔王波旬，欲菩萨生忧乱故，于彼六年苦行之中，恒常迹近菩萨左右。"（《佛本行集经》卷廿五）

（21）牧女奉糜　　这一题材，见于第110窟主室左壁（图Ⅱ-112，插图一一）和114窟主室右壁。画面作佛侧为一持钵牧女，旁立持剑净居天，另一侧为憍陈如等五侍臣。传说太子修行时，由于营养不良和体力消耗过甚，终于在某一夜里突然晕倒。醒后，他在尼连禅河洗净了身上多年的积垢，吃了牧女善生施舍的乳粥以后，身体才恢复健康。《毘奈耶破僧事》卷五："彼有村主名为军将，将有二女……作是思念：'我今于十二年中作清净行仡，应以十六转乳粥供养苦行仙人……'即取此乳颇璃器中煮为粥……时女二人，即持其乳粥，往尼连禅河，将施菩萨……菩萨以自他利故，便受其粥……菩萨因食乳粥，气力充盛，六根满实。"

（22）吉祥施坐　　这一题材，见于第80窟主室右壁、110窟主室右壁（图Ⅱ-114，插图一二）、163窟主室右壁和171窟主室右壁。画面作佛座一侧有一方座，下方跪一人，双手向下似提一物。也有作菩提树下帝释以草敷座或仅在一角画出佛座的。此似为吉祥施草铺座的故事。说的是释迦在菩提树下将成道时，天帝释化作吉祥童子，取净软吉祥草敷之为座。《毘耶奈破僧事》卷五："菩萨闻迦陵迦龙王赞已，诣金刚地作是念云：'我应须草。'于时帝释知菩萨心，即往香山取彼柔软吉祥妙草，即自变身作佣力者，持吉祥草至菩萨前。菩萨见已，即从乞之。帝释前跪奉施。菩萨既得草已，即诣菩提树下，欲敷草座，草自右施。"

（23）降魔成道　　这一题材，见于第76窟主室右壁（插图一三）、98窟主室门壁上部、110窟主室右壁（图Ⅱ-115，插图一四）、163窟主室左壁、171窟主室右壁和175窟左甬道外壁等。画面一为魔女诱惑的场面，一是佛降伏众魔的情景。如98窟，佛居中坐，右手指地。佛右侧上方，一魔以箭射佛；右侧立三魔女作诱惑状。佛座右下方，三魔女变为老妪。佛左

一〇　第76窟主室右壁山中苦行

一一　第110窟主室左壁牧女奉糜

一二　第110窟主室右壁吉祥施座

一三　第76窟主室右壁降魔成道

一四　第110窟主室右壁降魔成道

一五　第110窟主室右壁二商奉密

一六　第207窟主室左壁初转法轮

侧上方，为二骷髅，左侧为一牛头怪物，下方为三外道。靠近佛座左下方为一绿色怪物，以矛刺向佛，矛头已折断。此为释迦降伏魔王波旬的故事。说的是释迦受施草座跏趺而坐菩提树下将成正觉时，魔王波旬率魔军前来逼试，或以温言诳之，或以魔女诱之，或以暴威逼之。释迦终于施行神力，降伏魔军，得正觉果。《大唐西域记》卷八："菩萨将证佛果，魔王劝受轮王，策说不行，殷忧而返。魔王之女请往，诺焉。菩萨威神，衰变冶容，扶羸策杖，相携而退"。"魔王知菩萨将成正觉已，诱乱不遂，忧惧无赖，集诸神众，齐整魔军，冶兵振旅，将胁菩萨。于是风雨飘注，雷电晦冥，纵火飞烟，扬沙激石，备矛楯之具，极弦矢之用。菩萨于是入大慈定，凡厥兵仗变为莲华。魔军怖骇，奔驰退散。"

（24）二商主奉食　这一题材，仅见于第110窟主室右壁（图Ⅱ-116，插图一五）。画面作释迦坐于方形高座上，其下方两侧各跪一着世俗装打扮的男子，翻领束腰，佩短剑，各持食物供养。此为二商主奉食释迦的故事。《毗奈耶破僧事》卷五："世尊在三摩地，于七日中既断烦恼受解脱乐，无人供养，不饮不食，无饥渴想。尔时有二商主……各有百辆车及多人众，共为兴贩，路由佛所……于佛世尊深心敬仰，持诸供物酪浆、麨蜜往世尊所。"

（25）四天王献钵　这一题材，与上述二商主奉食画在第110窟主室右壁同一画面内（图Ⅱ-116，插图一五）。画面作释迦坐于方座上，手持一钵，其上方两侧，各有二天王，均头戴宝冠，身着甲胄，双手各持一钵。说的是二商主各以面酪等食物奉给释迦，释迦忖量着，当以何器受之。这时四天王从四方飞来，各持一石钵奉献，释迦以神通合为一钵，受二商主之食。《毗奈耶破僧事》卷五："尔时世尊而作是念：我今不可同诸外道以手受食……于是世尊既先无钵，即自邀祈：'我若得钵，然后受食。'时四天王知世尊心愿，各持一石钵而来奉佛……以我神通合为一钵。"

（26）诸天朝贺　这一题材，仅见于第224窟前室左右壁。画面作诸天众神执盖扬幡，前来朝贺释迦成佛道。《普曜经》卷六："于是净居天、梵世迦夷天、善梵天及敬道魔子，往诣佛所，执大宝盖，以贡上佛……一切天地，散花烧香，竖诸幡盖，归命世尊。"

（27）梵天劝请　这一题材，见于第14窟主室右壁、98窟主室右壁。画面作佛左右各三天王，前一天王顶礼膜拜。这是梵天劝请佛说法的故事。说的是佛在树下结跏趺坐，默然不语，梵天诸天劝请佛说法。《佛本行集经》卷三十五："尔时娑婆世界之主大梵天王……至世尊前，顶礼佛足，却住一面，合掌向佛而白佛言：……我今劝请天上世尊，为诸众生莫寂静住，唯愿世尊慈悲说法……尔时世尊闻梵天王劝请偈已，为众生故，起慈悲心。"大梵天为初禅天之王，深信正法，每佛出世，必先来请转法轮。

（28）初转法轮　这是克孜尔石窟壁画中常见的题材，绘于第38窟主室右壁、69窟门壁上部（图Ⅱ-1）、98窟主室左壁、110窟主室右壁、189窟主室左壁（图Ⅲ-65、67）、192窟主室右壁、193窟主室右壁、198窟中心柱左壁、205窟主室右壁、207窟主室右壁（图Ⅲ-133，插图一六）和224窟主室右壁。画面作坐佛左右有五比丘合掌听法，上有诸天侍卫，佛座前卧二鹿，座中有三宝标及轮宝。69窟特别之处还画有二身著世俗装、头戴宝冠的男女供养人像，男供养人的项光处书写有龟兹文一行。此为鹿野苑初转法轮的故事。相传释迦牟尼在菩提树下经过四十九天的冥思苦想，终于悟出了真谛，创立了佛教教义，开始了他的传教生涯。他先后在婆罗捺斯的鹿野苑、王舍城的竹林精舍、舍卫城的祇园精舍等处说法，被尊为佛陀。释迦牟尼成道后，始来鹿野苑说四谛之法，度憍陈如等五比丘，是谓鹿野苑初转法轮。《方广大庄严经》卷十一："尔时世尊为憍陈如三转十二行法轮已，憍陈如等悉了达诸法因缘，漏尽意解，成阿罗汉果。即于是时，三宝出现，婆迦婆为佛宝，三转十二行法转为法宝，五跋陀罗为僧宝。"

（29）观察世间　这一题材，见于第80窟主室正龛、189窟主室左右壁和227窟主室正龛。画面均布置在坐佛之下，或作火瓮，中伸四鬼头，以示地狱道；或作卧白兽，以示畜生道；或作火中骷髅，以示饿鬼道。此为佛观察世间的故事。说的是释迦牟尼成道后，观察世间，皆悉彻见，一切众生莫不展转生死于六道（或五道）中。《过去现在因果经》卷三："尔时菩萨以慈悲力，于二月七日夜降伏魔已……既至中夜，即得天眼，观察世间，皆悉彻见，如明镜中自睹面相。见诸众生，种类无量，死此生彼，随行善恶，受苦乐报。见地狱中，考治众生，或洋铜灌口，或抱铜柱，或卧铁床，或以铁镬而煎煮之，或于火上而加炙，或为虎狼鹰犬所食……复观畜生，随种种形，受杂丑形……或复为人复荷重担，饥渴乏极，人无知者……还与其类，更相食噉，受於如是种种之苦……次观饿鬼，见其恒居黑闇之中……受形长大，腹如太山，咽颈若针，口中恒有大火炽燃，……斯等皆为各本造悭贪积财不施故……次复观人，见从中阴始欲入胎……如是不久，复归老死，更为婴儿，轮转五道，不能自悟。"

（30）罗怙罗认父　这一题材，仅见于第110窟主室右壁。传说释迦牟尼出家之夜，正是其夫人耶输陀罗怀胎，六年后释迦成道之夜始生子罗怙罗。故释迦族诸子均疑之，恶声盈城。一说是乃作火坑，母子共投之，无恙，释迦族诸子始不疑。此说诸释子以火聚验罗怙罗，见自《杂宝藏经》卷十。但画面的题材不是取于此说，为立佛身后有一人置于水中，父王坐于一侧，耶输陀罗夫人作悲痛状。此为释迦牟尼以水验罗怙罗的故事。说的是释迦牟尼成道六年，始回迦毗罗城，拜见父王。此时罗怙罗六岁，耶输陀罗给罗怙罗一喜欢丸，于大众中寻父奉之（见《佛本行集经》卷五十五）。释迦怀疑罗怙罗非亲生之子，乃将他置于石上投于水中，结果入水不沉，净饭王加倍爱之。《毗奈耶破僧事》卷五："时净饭王观罗怙罗而作是言：'此非我释迦牟尼所生之子。'时耶输陀罗闻王此语，深怀恐惧，即携罗怙罗往菩萨澡洗池边。有一大石，先是菩萨力戏之石，以罗怙罗置此石上，合掌誓曰：'此儿若是菩萨亲生子者，投于池中不至沉没；若非菩萨亲生子者，入水即没。'作是愿已，即抱其石并罗怙罗，抛于池中。石便浮水，时罗怙罗落在水中，坐于石上，如轻绵在水，随波来去，曾不沉没……时净饭王自入池中抱罗怙罗，其石便沉。还于宫中，倍加爱育。"

（31）龙王守护　这一题材，见于第110窟主室正壁、205窟主室左壁、207窟主室左壁（插图一八）和224窟主室左壁。画面作佛居中，左右有龙王问偈、龙女献宝。龙王头上有龙盖。此为目真邻陀龙王护佛和伊罗钵龙王求法的故事。传说目真邻陀龙王住在金刚座侧之池中及目真邻陀山之目真邻陀窟。昔如来成正觉于此，宴坐七日入定。此时龙王警卫如来，即以身绕佛七，化出多头俯垂为盖。《毗奈耶破僧事》卷六："尔时世尊所患既差，从菩提树下起，往牟枝磷陀龙王池边，坐一树下念三摩地。牟枝磷陀龙王知七日雨下不绝，从池而出，以身绕佛七匝，引头覆佛头上。"从此闻法而解脱龙苦。

一七　第207窟主室左壁龙王守护

一八 第207窟主室右壁尼拘陀树神

一九 第207窟主室左壁频毘娑罗王归佛

关于伊罗钵龙王问偈的故事，说的是伊罗钵龙王，毁佛之禁戒，损伤树叶，以此因缘命终而受龙身。自此后，心生厌离，欲求解脱。《佛本行集经》卷三十七："尔时商佉龙王及伊罗钵诸龙王等，欲见世尊……将好金器，满盛银粟，于银器内复盛金粟，及彼龙女种种严身，……复作是言：若有人能解此偈义，我等将此二器金银并及端正可喜龙女，以用布施……尔时世尊闻彼说已，即还以偈答。"

（32）尼拘陀树神　　这一题材，仅见于第207窟主室右壁（插图一八）。画面作：佛身旁有一露半身之树神。说的是波罗捺国都城，有一棵尼拘陀树，纵广无节，四方以时祭祀供养，乞求男女，多所应验。《佛本行集经》卷三十四："尔时波罗捺国去城不远，于中有一尼拘陀树……其城内外，一切人民或诸王子、宰相、百官，皆悉以时祭祠承事，供养彼树……名曰：乞求所愿，皆得彼树。若有男子女人，来从乞求，男女皆得。"

（33）频毘娑罗王归佛　　这一题材，见于第110窟主室右壁、207窟主室左壁（插图一九）。画面作：频毘娑罗王及其眷属坐于佛侧，地上置澡洗盛器。此为频毘娑罗王为佛最初施主的故事。传说摩揭陀国频毘娑罗王至王舍城中迎佛，佛为王说法，王设种种供养，一心敬佛。频毘娑罗王深信佛法，积善德很多，终为逆子阿阇世王幽囚。《毘奈耶破僧事》卷八："时影胜王闻佛到王舍城外在一树下，与诸眷属出王舍城，来诣佛所，顶礼佛足，退坐一面。尔时世尊为说妙法示教利喜已……影胜王知佛受请，顶礼佛足，还至本宫，敕诸眷属，令办种种微妙饮食，敷设床座；于被座前，宝瓶盛水，安置会中……饭食已讫，王自行水，佛及芯刍澡漱已毕，王取宝瓶灌世尊掌。"

（34）耶舍出家　　这一题材，见于第163窟主室左壁、224窟主室右壁。画面作：佛座下，一小儿立于水中。此似为耶舍出家的故事。说的是佛入波罗奈斯城，毘舍离城长者之子耶舍，乃渡波罗那河，河水变浅，烦恼诸苦皆除，来到佛所，听闻正法。《毘奈耶破僧事》卷六："尔时佛在波罗疟斯城波罗捺河边……（世尊）河边经行，耶舍见水，如前叫唤。佛闻其声，告言童子：此处无畏，汝可渡来。于是耶舍脱留宝履，渡诣佛所……耶舍尔时得此法已，心大欢喜……于是时中，世间有七阿罗汉，佛为第一。"耶舍出家后，还家淫故妇，佛大斥，遂制淫戒，是为佛最初之制戒。

（35）富楼那出家　　这一题材，见于第38窟主室左壁和224窟主室右壁。画面作：一人跪于佛前，捧佛足而吻，此为富楼那出家。说的是憍萨罗聚落有一大婆罗门，为净饭王国师。他有一子，名富楼那，与悉达多太子同日生。此人厌离世间，志求解脱，出家后是释迦牟尼十大弟子中说法第一之阿罗汉。《佛本行集经》卷三十七："（富楼那）到佛所已，顶礼佛足，以两手执世尊之足，摩娑顶戴，举头以口鸣如来足，起在佛前胡跪。"

（36）牧牛女出家　　这一题材，仅见于第110窟主室左壁。画面作：立佛身旁，有二女向佛合掌敬礼。此为牧牛女出家的故事。说的是释迦牟尼在修行时，吃了牧女奉送的乳粥和酥蜜后才得以恢复健康。（图Ⅱ-112）这次佛乃往其家，说法度化。《毘奈耶破僧事》卷六："世尊于晨朝时，著衣入多军村……往二女人家……是彼女人，顶礼佛足，却住一面，佛为说法示教利喜。"

（37）教化兵将　　这一题材，仅见于第189窟主室左壁。画面作：佛左侧立一螺髻梵志，双手左执瓶右擎杖。其左有一女，合掌面向佛。此为教化兵将的故事。说的是佛至尼连禅河畔优楼频螺村，度化婆罗门兵将及二女，帝释天化作梵志侍卫。《佛本行集经》卷四十："世尊渐渐行至恒河岸边……是时帝释即自隐身，化作梵志摩纳婆形……头上螺髻，用以为冠，身着黄衣，左手执持纯金澡瓶，右手擎持杂宝之杖……尔时兵将大婆罗门，有于二女，一名难陀，一名波罗。时彼二女出向佛边，顶礼佛足，却住一面……既得戒已……。"

（38）降伏迦叶　　这一题材，约10处之多，见于第4窟主室左壁、8窟主室右壁（图Ⅰ-24）、98窟主室左壁、110窟主室左壁、175右甬道外壁、192窟左甬道内侧壁（图Ⅲ-85）、193窟主室左壁、196窟主室券顶右侧（图Ⅲ-95）、205窟窟门左侧、207窟主室右壁（插图二〇）和224窟主室右壁等。画面为：佛作结跏趺坐，其一侧迦叶三兄弟作头部重叠状。佛前有一披粪扫衣的大迦叶，顶礼佛足。坐佛身缠一龙，火神堂左立一婆罗门持瓶倒水，右一婆罗门肩瓶登梯，下池旁一婆罗门正执瓶汲水。此为降伏迦叶和火龙的故事。说的是优楼频螺村婆罗门迦叶波三兄弟，修习苦行，奉司水火事，门徒甚众。佛以神通降伏，并在迦叶石室入禅，战胜火龙。《大唐西域记》卷八："现神变侧有窣堵波，如来度优娄频螺迦叶波三兄弟及千门人处。""尔时世尊得于迦叶印可听已，手自执持一把之草，入火神堂。入已铺草，取僧伽梨襞作四叠，以铺草上。""尔时彼堂毒龙，出外求觅食故，处处经历，饱已回还，入于火堂"。"即兴毒害，口出烟炎，如来复坐如是三昧，身亦放烟"。"佛及毒龙，各放猛火。是时彼堂，严炽猛炎，以猛炎故，草堂彤然，如大火聚"。"尔时彼等诸摩耶婆，闻是声已，或将水瓶，或复担梯，速疾走来，来已著梯，上彼火神大堂之上。上已，将水欲灭于火，而彼火炎，世尊力故，更增炽盛"。"尔时毒龙，见火神堂四面一时炯燃炽盛，唯有如来所坐之处，其处寂静，不见火光。见已，渐诣向于佛所；到佛所已，即便涌身入佛钵中。"（见《佛本行集经》卷四十、四十一）

（39）舞师女作比丘尼　　这一题材，见于第171窟主室右壁、193窟主室右壁和206窟主室左壁。画面为一女在佛前作舞踊状，这是佛度化舞师女作比丘尼的故事。说的是舞师夫妇，将其善解舞法之女，且歌且舞来到佛世尊处。是时舞师女"犹放憍慢，放逸戏耍，不敬如来。尔时世尊即以神力，变此舞女为百岁老母，发白面皱，牙齿疏缺，俯偻而行"。"舞女及其父母，即于佛前，求索出家"（见《撰集百缘经》卷八）。

（40）布施竹园　　这一题材，见于第77窟主室右壁和207窟主室右壁（插图二一）。画面作：坐佛周围绕以诸天、比丘，佛坐前衬以山水鸟兽，空中飞天起舞。传说王舍城迦兰陀长者，时称豪贵，归佛时以竹园布施。其园中之精舍为频毗娑罗王修建。《过去现在因果经》卷四："时频毗娑罗王知佛受请住竹园已，顶礼佛足，辞退而去。王还城已，即敕诸臣，令于竹园，起诸堂舍，种种装饰，极令严丽，悬缯幡盖，散花烧香，悉皆办已……竹园僧伽蓝，修理已毕，唯愿世尊，与比丘僧，哀悯我故，往住彼也。""（竹园）枯木发花，腐草荣秀，涸池增澜，香风清靡。凤雀孔翠，凫雁鸳鸯，异类众鸟，缤纷翔集……（佛）既入城已，与频毗娑罗王俱往竹园。尔时诸天，满虚空中。"

（41）教化五百苦行仙人　　这一题材，见于第92窟和175窟主室正龛。画面作诸仙斜身飞向佛。此似为教化五百苦行仙人的故事。传说王舍城旧仙人草庵，居五百苦行仙人，佛为诸仙说法，皆教化成道。《毗奈耶破僧事》卷七："（世尊）渐渐游行至伽耶山，住其山顶窣堵波处，与旧披发出家

二〇　第207窟主室右壁三迦叶归佛

二一　第207窟主室右壁竹园布施

193

二二　第207窟主室右壁六师论道

二三　第189窟明窗右侧舍卫城神变

外道一千苾刍而共居止。尔时世尊以三种神通化一千苾刍……如来入三摩地，以心定故，即从本座忽然隐没，现于东方，上升虚空，行住坐卧入火光定，即于身内出种种光，所谓青黄赤白及以红色，双现其现，身下出火，上流清水；身下出水，上发火光……先是旧披发外道，皆证阿罗汉果。"

（42）　六师论道　　这一题材，见于第80窟主室正龛（图Ⅱ-46）、97窟主室正龛（图Ⅱ-80）和207窟主室右壁（插图二二）。画面作：坐佛一侧，诸天围绕，合十礼拜；另一侧外道六师，举手论道。《大唐西域记》卷六："伽蓝东六七十步，有一精舍，高六十余丈，中有佛像，东面而坐。如来在昔，于此与诸外道论议……其侧精舍前建窣堵波，如来于此摧诸外道。"《贤愚经》卷二："金刚密迹捉金刚杵，杵头出火，举拟六师。六师惊怖奔突而走，惭此重辱，投河而死。六师徒类，九忆人众，皆来归佛，求为弟子。"

（43）　舍卫城神变　　这一题材，见于第14窟主室正龛上方（图Ⅰ-40）、123窟主室左壁（图Ⅱ-155）和189窟明窗右侧（插图二三）。画面作：立佛足下流水，身发肩光，背光处有梵王及天帝释，左右有鬼子母抱子及密迹金刚等。《大唐西域记》卷八："其侧涸池岸有窣堵波，在昔如来现诸神变有缘处。"此似为佛在舍卫城显示种种神通力，调伏外道的故事。传说佛有三种神变，一说如来知众生之善恶业因及善恶果报，应之而为说法，称说法神变；一说如来对诸弟子教化，称教诫神变；一说如来为调伏忏慢之众生现示种种神通，名神通神变（见《大宝积经》卷八十六）。上述画面中有一佛立于水中，疑是佛降伏迦叶现示神变的一种。说的是洹水猝至，迦叶恐佛溺水，遣弟子往见。佛以神变加持，水不没足，在水上行。有关佛现十种神变伏迦叶的故事，可参见《法华文句》卷一之二。画面中有一女抱子的场面，似为鬼子母诃利帝天，初为食子恶神，后归于佛为护法神。据《毗奈耶杂事》卷三十一载，鬼子母因喜见独觉佛舞之而堕胎，发誓要在来世尽食人子。由此恶愿，投胎后生为王舍城娑多药叉长女，生五百儿，"恃其豪强，日日食王舍城男女"。佛乃教化之授五诫，"汝于我法中勤心拥护伽蓝及僧尼。鬼女及儿皆欢喜"。

（44）　度舍利弗、大目犍连　　这一题材，仅见于第14窟主室右壁（图Ⅰ-43）。画面作：坐佛两侧，各有一披袈裟的比丘坐于小座上，此为佛左右弟子舍利弗和目犍连。传说目犍连与舍利弗初同为六师外道，虽领一百徒弟，然心中有不安之念，因而与舍利弗互约，先得解脱者必以告，故共行修炼。一日舍利弗至王舍城，途见马胜比丘，始知佛陀出现，有一偈之法门，开悟解脱。次于竹园精舍，闻佛陀亲说，得法眼净之悟，因告之目犍连，共为佛弟子，侍卫佛左右（参见《过去现在因果经》卷六、《普曜经》卷八、《毗奈耶破僧事》卷八、《佛本行集经》卷四十八等。

（45）　度旷野夜叉　　这一题材，见于第14窟主室左壁和163窟主室右壁。画面作：夜叉手抓一儿，站于坐佛前。此为度化旷野夜叉的故事。说的是王舍城与毗耶离间大旷野处，有五百群贼，杀害商旅，由斯二界人行路绝。时有一旷野夜叉，多杀人众，后捉得一长者子，欲食之。佛以神通降伏野夜叉，救出小儿。《杂宝藏记》卷八："时有一力士来应王募，往彼旷野，绥化群贼……从今以后，新娶妇者，先奉力士……国中人民，聚集作会，饮酒过醉，佯共围绕大力士舍，以火焚烧……其命即断，便于旷野作化生鬼，放大毒气，多杀人众……于是国中，皆共拨筹，人当一

194

日……拔须陀罗生一男儿，福德端正，次应鬼食……佛在王舍城知长者心，即便来向旷野鬼神宫殿中坐……闻是语已，(夜叉)即归佛为佛弟子，手捉小儿，著佛钵中。"

（46）惟楼勒王率兵诛释种　这一题材，见于第80窟主室右壁和193窟主室左壁。画面作：一王引弓射箭，城上一人中箭倒下。此为惟楼勒王率兵诛释种的故事。说的是舍卫国王子惟楼勒，夜宿迦毘卫城一殿内，遭释迦族诸子辱骂。王子即位后，率兵诛释子。《大唐西域记》卷六："初，胜军王嗣位也，求婚释种。释种鄙其非类，谬以家人之子，重礼聘焉。胜军王立为正后，其产子男，是为毘卢释迦王。毘卢释迦欲就舅氏请益受业，至此城南，见新讲堂，即中憩驾。诸释闻之，逐而骂曰：'卑贱婢子，敢居此室……'毘卢择迦嗣位之后，追复先辱，便兴甲兵，至此屯军"。"毘卢择迦王既克诸释，虏其族类，得九千九百九十万人，并从杀戮，积尸如莽，流血成池"。

（47）须摩提女请佛　这一题材，见于第178窟、198窟、205窟（图Ⅲ-117)和224窟主室券顶中脊（图Ⅲ142~150)。画面有不同程度的残损，唯224窟保存较好。画面作：须摩提女于高楼上执香灯请佛，其后诸弟子各乘一化佛，凌空而至，最后一身为立佛。以224窟为例，自南至北依次为：须摩提女登楼焚香请佛，乾荼携鼎提瓶，均头沙弥乘花树，罗云乘孔雀，伏毘迦叶乘龙，大迦旃延乘白鹄，阿那律乘狮，目连乘白象，离越乘虎，须菩提乘琉璃山，大迦叶乘马（下残）等。这一故事是说佛在祇树给孤独园时，须摩提女许嫁奉外道的满财长者子，迎请佛及弟子赴满财长者家赴宴，使婚家一族皈依佛教。《增一阿含经》卷二十二〈须陀品〉："是时（阿那邠邸）长者女沐浴身体，手执香灯，上高楼上，叉手向如来而作是说……是时众僧使人名曰乾荼，明日清旦躬负大釜飞在天空"，"均头沙弥化作五百华树"，"尊者般特化作五百头牛"，"罗云化作五百孔雀"，"尊者迦匹那化作五百金翅鸟"，"优毘迦叶化作五百龙"，"须菩提化作琉璃山"，"大迦旃延复化作五百鹄"，"离越化作五百虎"，"尊者阿那律化作五百师子"，"尊者大迦叶化作五百匹马"，"尊者大目犍连化作五百白象"；诸众各在其化佛上，结跏趺坐。"是时世尊以知时到，披僧伽梨，在虚空中，去地七仞……"。

（48）罗怙罗命名　这一题材，见于第8窟（图Ⅰ-22)、17窟、163窟、192窟、206窟、207窟（插图二四）和224窟的主室左右壁。画面作：罗怙罗坐于佛前；空中张设日月星辰。此为罗怙罗命名的故事。传说罗怙罗，佛之嫡子。在胎六年，生于佛成道之夜。此时正是罗怙罗阿修罗王障蚀月时，故名。《佛本行集经》卷五十一："耶输头罗生息之时，是罗睺罗阿修罗王捉食其月"，"于罗睺罗食月之际"，"刹那间生此童子，是故立名，名罗睺罗"。罗睺罗十五岁出家，舍利弗为和尚，而他为沙弥，遂成阿罗汉果。关于罗睺罗阿修罗王食月之事，见《智度论》卷十："一时罗睺罗阿修罗王欲噉月，月天子怖，疾到佛所说偈：'大智精进佛世尊，我今归命稽首礼，是罗睺罗恼乱我，愿佛怜愍见救护。'佛与罗睺罗而说偈言：'月能照暗而清凉，是虚空中天灯明，其色白净有千光，汝莫吞月疾放去。'是时罗睺罗怖懅流汗，即疾放月波梨。"

（49）为净饭王说法　这一题材，仅见于第207主室左壁（插图二五）。画面作：诸弟子坐于佛身侧，佛座前有山池鸟兽，虚空中佛现神通，身焰放射。此为为净饭王说法的故事。说的是佛归住尼拘陀园内，为净饭

二四　第207窟主室左壁罗睺罗命名

二五　第207窟主室左壁为净饭王说法

王说法，飞腾虚空，示现种种神变，度释迦族五百人出家。《佛本行集经》卷五十三：“尔时世尊，到迦毗罗婆苏都城，住尼拘陀树林园内……尔时输头檀王，遥见世尊以神通力飞腾虚空，示现种种神通变化……输头檀王至佛所，佛即从空下至本处。”

（50） 毗舍佉出家　这一题材，均见于第14窟、17窟、77窟、99窟、163窟、219窟和224窟的主室左右壁。画面作：坐佛前毗舍佉捉法与尼手臂。此为毗舍佉出家的故事。二长者名曰天与和鹿子，二家指腹为亲。后天与妻生一女，名法与；鹿子妇妊娠满月生一男，叫毗舍佉。”法与长大，情乐出家……时法与尼断三界惑，得无所畏。嫁娶之事，复在目前……时法与尼随世尊后出至门外。时毗舍佉即见法与，遂便拿手捉法与臂……”。

（51） 婆提唎迦继位　这一题材，见于第38窟主室右壁（图Ⅰ-98）、171窟主室右壁、188窟主室正壁和207窟主室左壁。画面作：佛座前有一婆罗门双手举冠，佛旁有一童子仰首合十示敬。此为婆提唎迦继位的故事。传说悉达多太子出家后，净饭王召释种眷属，告谁继王位事。后有释族童子自告奋勇，继任净饭王位。《佛本行集经》卷五十八：“尔时众内，有释童子名曰婆提唎迦，其母名曰黑瞿多弥。而白王言：‘我能受此王位及冠。’尔时输头檀王及诸释种、一切眷属，即将王位及以天冠，付与释种童子婆提唎迦。”

（52） 升三十三天说法　这一题材，多画于第4窟、98窟、178窟、179窟、192窟和224窟的左甬道外壁，少数也见于第189窟明窗左侧和207窟中心柱左壁。画面多为：中立一佛像，手托一钵，上方为宫殿建筑，左右有执盖，作天宫说法状。立佛周围有持拂的天王持卫和作跪状礼拜的天人。一般在左下角画出一道宝阶。也有出现佛自三道宝阶下降的画面。此为佛升三十三天说法的故事。按佛教传说，欲界之第二天为三十三天，在须弥山顶上。中央为帝释天，四方各有八天，故合成三十三天。佛从舍卫国祇洹精舍，升三十三天而回母说法，三月后履三道宝阶返回人间。《大唐西域记》卷四：“昔如来起自胜林，上升天宫，居善法堂，为母说法。过三月已，将欲下降。天帝释乃纵神力，建立宝阶，中阶黄金，左水精，右白银。如来起善法堂，从诸天众，履中阶而下。大梵王执白拂，履银阶而右侍。天帝释执宝盖，蹈水精而左侍。天众凌虚，散花赞德。”

（53） 度化善爱乾闼婆王　这一题材，见于第4窟（图Ⅰ-14）、13窟（插图二六）、80窟、98窟、163窟、172窟、178窟（图Ⅲ-43）、179窟和224窟的后室左端壁。画面作：两身并列的立像，右侧为女装打扮，夹持一箜篌作弹奏状；左侧为裸上身男装，将左肩依于女装肩旁。此为度化善爱的故事。说的是善爱乾闼婆王善奏音乐，不乐闻法供养。佛即化身乐神，手持琉璃箜篌，至三十三天乾闼婆王宫，共奏音乐，并以神力取胜，善爱俯首听法。《毗奈耶杂事》卷三十七载，乐神善爱乾闼婆王“自恃㤭慢，于弹箜篌谓无过者”。“佛即对彼共弹箜篌，佛断一弦，彼亦断一，然二音声并无阙处。佛又断二彼亦断二，然其音韵一种相似。佛又断三断四彼亦如是，乃至各留一弦然音声不异。佛便总断彼亦断之。佛于空中张手弹击，然其雅韵倍胜于常；彼便不能，情生希有，降伏傲慢。知彼音乐超胜于我……深生敬仰，礼佛足下，坐听法要”。

这一内容，在克孜尔石窟中，均画在后室右端壁，即卧佛的头部一侧，这与佛涅槃的关系密切。克孜尔石窟的涅槃像，均画在后室的后壁，

二六　第13窟后甬道左壁善爱健闼婆王归佛

与上图相邻。这一布局，显然是与佛行将入灭时，"时天帝释复告乐神曰：'汝今当知，大觉世尊最后而卧，必般涅槃可兴供养'"（《毘奈耶杂事》卷三十七）有关。

（54）七宝示现 这一题材，仅见于第123窟左甬道和后甬道顶（图Ⅲ-203、204），分别画出金轮宝、白象宝、绀马宝、神珠宝、玉女宝、居士宝和主兵宝。传说佛行将涅槃时，告阿难以拘尸那竭罗城昔日大善见王的七宝现示。《长阿含经》卷二《游行经》："（佛言）昔者此国有王名大善见，此城时名拘舍婆提大王之都城……尔时大善见王，七宝具足，王有四德，主四天下。何谓七宝？一金轮宝，二白象宝，三绀马宝，四神珠宝，五玉女宝，六居士宝，七主兵宝。"

（55）涅槃入灭 这一题材，在克孜尔石窟中几乎每窟都有，本文列举的四十一个洞窟，没有画塑涅槃的仅个别几个，如第14窟、63窟、92窟、100窟、101窟、114窟、118窟、123窟、171窟、188窟、206窟。涅槃图均画在后室或后甬道的后壁。第58窟将涅槃画在后甬道前壁，是仅见的孤例。凡后室后壁凿出涅槃台的中心窟，采取画塑的形式，涅槃像多为塑像，现均已无存，仅留残迹而已。

佛涅槃图中，均作"北首右胁卧，枕手累双足"（《佛所行赞》卷五）的横卧入涅槃之相。克孜尔石窟的涅槃构图，繁简不一。最简化的如7窟，仅卧一佛，双足下跪一比丘。一般的构图，多在卧佛右上方画出诸天、菩萨、弟子多身。在较为复杂的画面中，又加入须跋陀罗身先入灭、初出金臂为阿难现入胎、迦叶后至佛现双足、摩耶夫人自忉利天下降视佛涅槃等，表现佛三从金棺出的内容。如179窟后甬道后壁的涅槃图中，佛头左上方站立阿难，佛双足下为迦叶，左下方立摩耶夫人，佛床下为须跋陀罗先佛入灭。这些构图，几乎与佛经记载中所想象的涅槃十分相似。

关于释迦牟尼逝世之事，按历史传说，在他长达四十多年的传教生活中，足迹走遍了古印度北部。最后，公元前486年在他80岁由王舍城向拘尸那揭罗出发，准备继续传教时，终于因中途染病，死于跋提河畔的娑罗双树间；遗骨火化，并由佛徒分别将骨灰拿到各地建塔供奉。但据佛教传说，则是佛陀教化众生，化缘已尽，于跋提河边双树间，头北面西，右胁而卧，入无余涅槃。佛涅槃时，四海震动，众生无不哀痛。《毘奈耶杂事》卷三十七："佛往娑罗林将欲涅槃，告阿难陀曰：'汝今为我于双树间安置床敷，我当于彼北首而卧，今日中夜必入涅槃……'是时如来即往就床右胁而卧，两足重……时阿难陀在佛背后，凭床而立，悲啼号哭……时具寿阿难陀而白佛言：'大世尊般涅槃后，我当云何恭敬供养如来法身。'佛告阿难陀……皆如转轮圣王葬法……。"

（56）焚棺 这一题材与涅槃图相对，多绘于后甬道前壁，即中心柱的后壁。画面简繁悬殊。其简略者如7窟，仅绘出一紧闭棺盖的长方形棺，棺下火焰升腾。一般画面多绘成棺盖微启，显露佛躯，棺周围绘二、三弟子自棺于地，悲痛欲绝。有的焚棺图如114窟（图Ⅱ-147）还绘出一弟子手执一棒，前捆一罐，于棺上洒乳香灭火。棺之上方，绘出一列8—10座舍利塔。构图较复杂的画面，如8窟，还在棺之上方绘出多身举哀弟子，作种种哀伤之状。第224窟后甬道前壁的焚棺图（插图二七），则最为复杂。棺盖半启，卧佛显露，四周为举哀弟子，天人多身。图之上方还绘出一列世俗信徒举哀的场面，计十一身，作种种"哀号、相泣、裂裳、拔发、拍额、椎胸"及"劓面截耳"（《大唐西域记》卷三及序）等痛

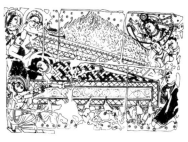

二七 第224窟后甬道前壁焚棺

二八 第224窟后甬道前壁举哀

不欲生之状，以表现"诸男女长幼，怀悲毒狂乱，或掣裂衣裳，痛感口自啮，或自搣头发，爬甀坏面目"，"懊恼自投掷，捶胸向天嚎，叹佛德无量"（《佛本行集经》卷七）等大众悲泣哀伤的情景。

传说佛涅槃后，以转轮王之荼毗式移入金棺，众信徒奉金棺七匝拘尸那城至荼毗所。时过七日，积栴檀投香烛，欲烧而火不燃。更经七日，迦叶至荼毗所致礼拜之后，如来自金棺示现双足，于是诸众投以七宝大炬，才尽殄灭。《毗奈耶杂事》卷三十七："以五百斤上妙氎絮以用缠身，上下各有五百妙衣为装饰，于铁棺中满盛香油，舁王置内，然后盖棺。""时有末罗族大臣名曰路夷，执大炬火，欲燃佛炽，而火不燃……时大迦叶适向香炽，于是佛身从重椁内重出双足"（《长阿含经》卷四〈游行经〉），"以诸香木焚烧于棺，次洒香乳以灭其火，方收王骨安置金瓶"（《毗奈耶杂事》卷三十七）。

（57）八国分舍利　这一题材，一般多绘于右甬道内侧壁，或后甬道前壁。少数洞窟也有绘在后甬道后壁的。画面也繁简不一，较简的如80窟（图Ⅱ-65），仅绘出直性婆罗门居中，双手奉舍利罐，两侧为三身或四身手持舍利盒的天人。较复杂的画面同时绘出六或八王，著甲胄、乘象马，持兵杖围于城前共争舍利的场面，如第8窟即是。第207窟则在右角甬道的内外侧壁，分别绘出分舍利和争舍利的场面。合两幅为同一内容，仅此一例。

这一题材，表现佛的遗体被火化后，诸国王前来欲得其舍利而开争端，尔后又平分以制诸国之争，并各取舍利还国建塔供奉的故事。据《长阿含经》卷四〈游行经〉记载：时遮罗波国诸跋罗民众、罗摩迦国拘利民众、毗留提国婆罗门众、迦维罗卫国释种民众、毗舍利国离车民众及摩竭陀王阿阇世，闻如来于拘尸城双树间取灭度，皆自会言："今我宜往求舍利之分。"时诸国王阿阇世等，即于国中下令严四种兵——象兵、马兵、车兵、步兵，进渡恒河。"诸八国王备四兵至，遣直性婆罗门谓拘尸力士曰：'天、人导师此国寂灭，故自远来，请分舍利。'力士曰：'如来降尊，即斯下土，灭世间明导，丧众生慈父。如来舍利，自当供养，彼疲道路，终无所获。'时，诸大王逊辞以求，即不相允，重谓之曰：'礼请不从，兵威非远。'直性婆罗门扬言曰：'念哉！大悲世尊，忍修福善，弥历旷劫，想所具闻。今欲相凌，此非宜也。今舍利在此，当均八分，各得供养，何至兴兵？'诸力士依其言，即时均量，欲均八分。帝释谓诸王曰：'天当有份，勿恃力竞。'阿那婆答多龙王、文邻龙王、医那钵呾罗龙王，复作是议：'无遗我曹。若以力者，众非敌矣。'直性婆罗门曰：'勿喧净也，宜共分之。'即作三分：一诸天、二龙众、三留人间。八国重分，天、龙、人王莫不悲感。""时赡部洲，世尊舍利，乃有八塔，第九瓶塔，第十炭塔"（《毗奈耶杂事》卷三十九）。

（58）阿阇世王灵梦、沐浴　这一题材，在克孜尔石窟中共出现八次，都毫无例外地出现在右甬道的内侧壁，看来画面位置是固定的，因而必有其讲究。值得注意的是，表现这一内容的，在全国各石窟中，仅见于克孜尔一地。

在克孜尔石窟中，第205窟的一幅最为精彩（插图二九），可惜此图已被德人攫走，并毁于第二次世界大战的战火中。从图所示，右上方为行雨大臣双手执一幅绘有佛陀一生化迹的帛画，向阿阇世王展示讲说。右侧画中阿阇世王正在罐内，双臂上举，以表示得知佛涅槃闷绝而被置于生苏澡罐中。右上角一澡罐旁，有牛头和钵，以示牛头栴檀香水罐。图

二九　第205窟左甬道右壁阿阇世王灵梦沐浴

的左侧为阿阇王坐于宫内，旁有夫人、侍者；其前坐一行雨大臣，正向王讲说。下部和右下方，分别画出伞杆摧折、宝盖堕地和须弥山崩毁的景象，以表示佛涅槃之夜，阿阇世王感五种之恶梦。行雨大臣所执之帛画，描述树下诞生、鹿野苑初转法轮、降魔成道和佛倚卧双林四个画面，以象征佛的一生化迹；构图完整，主题突出。就此本身，堪称为一件艺术珍品。

阿阇世，古中印度摩揭陀国王舍城主，父名频婆娑罗，释迦牟尼同时代人。十六岁弑父继位，兼并四邻诸国，建统一印度之基。初反对佛教，宠任释迦之敌提婆达多为臣，肆行暴戾；尔后皈依佛教。依佛教传说，其母韦提希怀胎时，相师占之谓此儿生之必害其父，因之名曰未生怨。后因杀父囚母之罪而遍体生疮，至佛所忏悔，即平愈，遂归依佛法。传说佛涅槃之夜，王感恶梦，见月落而日由地出、星陨如雨、烟气自地出、七彗星现天上，又有大火聚天上，遍覆虚空而堕地。问之臣下，知释迦双林现灭，五梦不详。《毗奈耶杂事》卷三十八：大迦叶波"即命城中行雨大臣：'仁今知不佛已涅槃？未生怨王信根初发，彼若闻佛入涅槃者，必呕热血而死。我今宜可预设方便。'即依次第而为陈说：'仁今疾可诣一园中，于妙堂殿如法图画佛本因缘：菩萨昔在睹史（兜率）天宫，将欲下生，观其五事：欲界天子三净母身，作象子形托生母腹，即诞之后逾城出家。苦行六年，坐金刚座，菩萨树下成等正觉。次至婆罗疤斯国为五苾刍，三转十二行四谛法轮。次于室罗伐城为人天众现大神通。次往三十三天为母摩耶广宣法要，宝阶三道下赡部洲，于僧羯奢城人天渴仰，于诸方国在处化生。利益既周，将趣圆寂，遂至拘尸那城婆罗双树，北首而卧入大涅槃。如来一代所有化迹既图画已，次作八函与人等量置于堂侧。前七函内满置生苏，第八函中安牛头栴檀香水。若因驾出，可白白王言：暂迁神驾，躬诣芳园所观其图画。时王见已，问行雨言此述何事。彼即次第为王陈说一如图画，始从睹史降身母胎，终至双林北首而卧。王闻是语，即便闷绝宛转于地。可速移入第一函中，如是一、三、四乃至第七，后置香水便酥息。'是时尊者次第教已，往拘尸那城。行雨大臣一如尊者所教之事次第作已，时王因出，大臣白言：'愿王暂迁神驾游观园中。'王至园所见彼堂中图画新异，始从初诞乃至倚卧双林。王问臣曰：'岂可世尊入涅槃耶？'是时行雨默然无对。王见是已，知佛涅槃，即便号咷闷绝宛转于地。臣即移举置苏函中，如是至七方投香水，从此已后王渐酥息。"

（59）阿阇世王入花园　这一题材，只是表现上述故事中的一个片断，即以阿阇世王与行雨大臣骑马入园的情节来展示，仅见于第224窟（插图三〇）。

如上所引，阿阇世王梦见宫殿摧毁，伞盖倒地。大迦叶恐王闻佛入灭忧恼而死，即教说行雨大臣在园中妙堂殿如法图绘佛本因缘，王便酥醒。这一题材，则着重描绘阿阇世王与行雨大臣共游园中，见堂中图画，知佛已涅槃，即闷绝于地。行雨大臣按大迦叶陈说，把王移置苏函中，遂渐复醒。

（60）第一次结集　这一题材，见于第114窟后室后壁左侧（图Ⅱ-148）、178窟和224窟右甬道外侧壁（图Ⅲ-226,插图三一）。178窟的壁画，由南北并列的两幅画面组成：北壁图中为一老比丘居中坐，其左下侧为二比丘，合十而面朝比丘坐像；其右上方为一袒右肩的老比丘，左肩担一长竿，右

三〇　第224窟左甬道左壁阿阇世王入园

三一　第224窟右甬道右壁第一次结集

手提一物；其右下侧也作面向坐像的二合十比丘像。坐像上方，有二身横置空中的比丘，如作飞天状飞来。此图以老比丘为中心，表现迦叶集众以结集法藏的场面。南壁图中，以端坐于座上作说法状的年轻比丘为中心，周围为四个比丘，均面向坐像，合十听讲。此似是表现阿难升高，讲述佛所说经藏的情景。

释迦牟尼逝世后，为防止异见邪说，在阿阇世王的支持下，大弟子大迦叶主持召开了第一次佛教会议，即佛陀言教结集大会。在会上，弟子们把释迦牟尼生前的说教整理成文字，这就是佛教中最早的经律。《大唐西域记》卷九："既而法王去世，人天无导，诸大罗汉亦取灭度。时大迦叶作是思惟：承顺佛教，宜集法藏。于是登苏迷卢山，击大犍椎，唱如是言：'今王舍城将有法事，诸证果人宜时速集。'犍椎声中传迦叶教，遍至三千大千世界，得神通者闻皆集会。"

（61）天雨香花 这一题材，在壁画中作诸天飞凌虚空，盘中香花，散发的情景。有关天雨香花的内容，均见于各涅槃经律中。《长阿含经》卷四之〈游行经〉："佛般涅槃，当于尔时，地大震动……时忉利天于虚空中以文陀罗花……散如来上及散众会，又以天末栴檀而散佛上及散大众。"

（62）礼佛图 这一题材，散见于第100窟、118窟、192窟和227窟的正壁龛上。画面多作诸天礼佛、听法、供养之状。

现将上述有关克孜尔石窟本行类和因缘类佛传壁画的种类、分布列表一统计如下：

二

下面，拟结合克孜尔石窟的阶段划分、洞窟形制和壁画构图布局，探讨佛传壁画在内容上的变化：

克孜尔石窟壁画，根据现存的遗迹考察，大致可分为三个发展阶段（详见本书第一卷宿白文章）。第一阶段，约在公元三世纪末至四世纪中叶，主要分布于谷西区一带。第二阶段，约在公元四世纪末至五世纪中叶，主要分布于前、后山各区。第三阶段，约在公元六世经中叶至八世纪中叶，此时新开凿或改建的洞窟多在谷东区一带。从佛传壁画看，大致情况也是这样：即第一阶段因缘类佛传壁画流行；第二阶段本行类开始出现，而因缘类佛传壁画盛行不衰，克孜尔佛传壁画出现了盛期；第三阶段这两类佛传壁画渐少，部分地被千佛题材壁画所代替。为了说明问题，现据方形窟和中心柱窟，分别加以介绍。

（一）本行类佛传壁画 主要分布在方形窟中，出现于克孜尔第二阶段。它的主要内容，即《根本说一切有部毗奈耶杂事》卷三十八中所记："于妙堂殿如法图画佛本因缘：菩萨昔在睹史（兜率）天宫将欲下生，观其五事，欲界天子三净母身，作象子形托生母腹，既诞之后逾城出家；苦行六年，坐金刚座，菩提树下成等正觉。次至婆罗疴斯国为五苾刍，三转十二行四谛法轮。次于室罗伐城为人天众现大神通。次往三十三天为母摩耶广宣法要，宝阶三道下瞻部洲，于僧羯奢城人天渴仰，于诸方国在处化生。利益既周，将趣圆寂，遂至拘尸那城婆罗双树，北首而卧入大涅槃。如来一代所有化迹,既图画已……，"描述释迦从诞生人间前后至最后涅槃的事迹。

这种方形窟，推测或即为"讲堂"。（详见本文第三节）壁画的主要内

200

容,应与僧人修行、讲经说律有关。亦即是说,方形窟佛传壁画很可能主要是面向僧人的。

从方形窟侧壁壁画内容看,有两种情况:一种为描述僧人禅修、戒律、听法诸情景,如正壁绘一禅坐僧人(49窟)、正壁绘一被豺狼咬啮倒地的裸体女人(222窟)、正壁绘菩萨众(118窟,见图Ⅱ-150)、左右壁绘出以僧人为先导的听法供养男女及骸骨死尸(67窟)等等。另一种则为描绘佛本身的传记壁画(76、84、110三个窟)。

76窟的佛传壁画绘于左、右壁和正壁。正壁绘大幅悉达多太子宫中娱乐图,左、右壁则各自通作一栏,每栏绘六铺,有格界。右壁第一幅,绘摩耶夫人手举莲花。摩耶前、后各立二人,前跪一人(树下诞生)。第二幅绘悉达多太子站立,脚下有五个足印(学步)。第三幅右侧绘一马,马后立三人,中间一人有头光。左上侧绘三人抬一棺,左下幅绘瘦弱病者裸体横卧于地(出游四门)。第四幅中间绘一枯槁禅定坐者,左侧为三外道,右侧为三魔女(山中苦修)。第五幅中间绘释迦着袒右肩衣说法,左侧为二有须者搂抱,一立者,上有六魔军,持鼓、斧等物(降魔成道)。第六幅按其位置原应绘初转法轮,惜已残毁。左壁第七、八、九三幅已残毁。第十幅绘释迦右胁而卧,释迦腿上侧为树神,脚下一比丘,头下一菩萨,释迦右手蹼(涅槃)。第十一幅绘释迦入殓,弟子举哀恸哭,右侧有举上手者二,背向举手者一,左侧为二袒上身女者(入殓)。第十二幅绘棺盖打开,右一弟子启棺,释迦伸一手(大迦叶见佛涅槃)。

110窟是方形窟本行类佛传壁画的典型窟。佛传壁画分绘于窟室四壁:门壁上部绘弥勒菩萨于兜率天宫说法。正壁上部绘大幅降魔图。左、右壁和正壁共绘出57幅大型连续佛传壁画。左右壁分上下三栏,栏七铺;正壁为上下三栏,栏五铺;均有格界。壁画依次按右绕的顺序布置,即从左壁上栏左侧第一幅开始,经正壁上栏至右壁上栏右侧末一幅止,再从左壁中栏、下栏左侧第一幅开始,依同样顺序重复,至右壁右侧末一幅结束。三壁画幅分布情形,如图所示。

壁　面	左　　壁							正　　壁					右　　壁						
上栏	1	2	3	**4**	5	6	7	8	9	10	**11**	**12**	13	**14**	**15**	16	17	18	19
铺（画幅编号）中栏	**20**	**21**	**22**	**23**	**24**	**25**	**26**	27	28	29	**30**	**31**	**32**	**33**	**34**	**35**	**36**	**37**	38
下栏	**39**	40	**41**	**42**	**43**	**44**	**45**	46	47	48	49	50	**51**	52	**53**	**54**	**55**	56	**57**

五十七幅画面中可辨识内容者共二十八幅。现将画面较清晰者依图中编号(黑体字排)介绍如下:

图4,二龙于空中吐水,下为一坐一走二小儿(太子入浴、学步,左壁)。图11,一人舒相坐居中,旁二人奏箜篌、琵琶,前一裸女舞蹈(宫中娱乐,正壁,见图Ⅱ-106)。图12,一人掷象城外(掷象出城,正壁)。图14,一人执箭射铁鼓(太子箭法取胜,右壁)。图15,数人比试武艺(太子较艺,右壁)。图20,一人在树下坐束腰帛座思惟,前立、跪各一人,左一老者赶二牛(树下观耕、思惟,左壁,见图Ⅱ-107)。图21,城外一人牵一马,马上着鞍(出城准备,左壁,见图Ⅱ-109)。图22,男女二人(悉达与耶输陀罗)并坐,前跪二人(出家决定,左壁,见图Ⅱ-110)。图23,耶输陀罗床上卧

表一　　　　　　　　　　　　　　克孜尔石窟佛传类壁画的种类与分布一览　　　　＊德人拟名

内容　窟号	1 梵志燃灯	2 燃灯佛授记	3 树下诞生	4 七步宣言	5 二龙洗浴	6 阿私陀占相	7 参诣天祠	8 太子试艺	9 掷象出城
＊4（壁炉窟A）									
＊7（彩绘地坪窟）									
＊8（十六佩剑者窟）									
14									
＊17（菩萨顶窟）							主室左壁		
＊27（多龛窟）									
34									
＊38（伎乐窟）									
＊58（戴盔者窟）									
＊63（迦叶窟）		主室左壁							
69									
＊76（孔雀窟）			主室右壁	主室右壁					
＊77（塑像群窟）									
＊80（地狱油锅窟）									
＊92（雌猴窟）									
97									
98									
99			左甬外侧壁	左甬外侧壁	左甬外侧壁				
100									
101									
＊110（有阶窟）	主室右壁			主室左壁	主室左壁			主室右壁	主室正壁
＊114（法轮窟）		主室右壁							
＊118（鱼尾飞马窟）									
＊123（衔环飞鸽窟）									
161									
163	主室左壁								
171									
＊175（诱惑窟）			后甬右端壁	后甬右端壁		后甬右端壁			
＊178（小谷窟）									
＊179（日本人窟）									
188									
189							主室左壁		
192									
＊193（龙王窟）									
＊198（妖魔窟C）									
＊205（2区佛母窟）									
＊206（浴足窟）									
＊207（画师窟）									
＊219（未生窟）									
＊224（3区佛母窟）							主室右壁		
＊227（饿鬼窟）									
佛传类壁画题材小计	2	2	3	4	2	1	3	1	1

10 树下思维观耕	11 出游四门	12 宫中娱乐	13 太子惊梦	14 出家决定	15 车匿备马	16 夜半踰城	17 犍陟舐足	18 车匿告别	19 受出家衣	20 山中苦行	21 乳女奉糜
门壁上部											
	主室右壁	主室右壁								主室右壁	
	右甬外侧壁		右甬外侧壁								
主室左壁		主室正壁	主室正壁	主室左壁	主室左壁	主室左壁	主室左壁	主室左壁	主室右壁		主室左壁
											主室右壁
		主室右壁	主室左壁								
	后甬左端壁										
主室正壁											
3	3	3	3	1	1	1	1	1	1	1	2

窟号 \ 内容	22 吉祥施座	23 降魔成道	24 二商主奉食	25 四天王献钵	26 诸天朝贺	27 梵天劝请	28 初转法轮	29 观察世间	30 罗怙罗认父
*4 （壁炉窟A）									
*7 （彩绘地坪窟）									
*8 （十六佩剑者窟）									
14						主室右壁			
*17 （菩萨顶窟）									
*27 （多龛窟）									
34									
*38 （伎乐窟）								主室右壁	
*58 （戴盔者窟）									
*63 （迦叶窟）									
69								主室前壁上部	
*76 （孔雀窟）		主室右壁							
*77 （塑像窟）									
*80 （地狱油锅窟）	主室右壁								主室正壁龛
*92 （雌猴窟）									
97									
98		主室前壁上部					主室右壁	主室左壁	
99									
100									
101									
*110 （有阶窟）	主室右壁	主室正壁	主室右壁	主室右壁			主室右壁		主室右壁
*114 （法轮窟）									
*118 （鱼尾飞马窟）									
*123 （衔环飞鸽窟）									
161									
163	主室右壁	主室左壁							
171	主室右壁	主室左壁							
*175 （诱惑窟）		左甬左侧壁							
*178 （小谷窟）									
*179 （日本人窟）									
188									
189							主室左壁	主室左右壁	
192							主室右壁		
*193 （龙王窟）							主室右壁		
*198 （妖魔窟C）							中心柱左壁		
*205 （2区佛母窟）							主室右壁		
*206 （浴足窟）									
*207 （画师窟）							主室右壁		
*219 （未生怨窟）									
*224 （3区佛母窟）					前室左壁		主室右壁		
*227 （饿鬼窟）								主室正壁龛	
佛传类壁画题材小计	4	6	1	1	1	2	11	3	1

31 龙王守护	32 尼拘陀树神	33 频王归佛	34 耶舍出家	35 富楼那出家	36 牧女女出家	37 教化兵将	38 降伏迦叶	39 舞师女作比丘尼	40 布施竹园	41 教化五百苦行仙	42 六师论道
							主室左壁				
							主室右壁				
				主室左壁							
									主室右壁		
											主室正壁龛
										主室正壁龛	
											主室正壁龛
							主室左壁				
主室正壁		主室右壁			主室左壁		主室左壁				
		主室左壁									
								主室右壁			
							右廊右壁			主室正壁龛	
						主室左壁					
							中心柱左壁				
							主室左壁	主室右壁			
主室左壁							窟门左侧				
								主室左壁			
主室左壁	主室右壁	主室左壁					主室右壁		主室右壁		主室右壁
主室左壁			主室右壁	主室右壁			主室右壁				
4	1	2	2	2	1	1	10	3	2	2	3

窟号 ＼ 内容	43 舍卫城神变	44 度舍利弗大目犍连	45 度旷野夜叉	46 惟楼勒王率兵诛释种	47 须摩提女请佛	48 罗怙罗命名	49 为净饭王说法	50 毗舍佉出家	51 婆提唎迦继位
＊4（壁炉窟A）									
＊7（彩绘地坪窟）									
＊8（十六佩剑者窟）						主室左壁			
14		主室右壁	主室左壁					主室右壁	
＊17（菩萨顶窟）						主室右壁		主室左壁	
＊27（多龛窟）									
34									
＊38（伎乐窟）									主室右壁
＊58（戴盔者窟）									
＊63（迦叶窟）									
69									
＊76（孔雀窟）									
＊77（塑像群窟）									
＊80（地狱油锅窟）				主室右壁				主室右壁	
＊92（雌猴窟）									
97									
98									
99								主室左壁	
100									
101									
＊110（有阶窟）									
＊114（法轮窟）									
＊118（鱼尾飞马窟）									
＊123（衔环飞鸽窟）	主室左壁								
161									
163			主室左壁			主室左壁		主室右壁	
171									主室左壁
＊175（诱惑窟）									
＊178（小谷窟）					主室窟顶中脊				
＊179（日本人窟）									
188									主室正壁
189	明窗右侧								
192						主室右壁			
＊193（龙王窟）			主室左壁						
＊198（妖魔窟C）					主室窟顶中脊				
＊205（2区佛母窟）					主室窟顶中脊				
＊206（浴足窟）						主室左壁			
＊207（画师窟）						主室右壁	主室左壁		主室左壁
＊219（未生怨窟）								主室右壁	
＊224（3区佛母窟）					主室窟顶中脊	主室右壁		主室右壁	
＊227（饿鬼窟）									
佛传类壁画题材小计	2	1	2	2	4	7	1	7	4

206

52 升三十三天说法	53 度善爱乾闼婆王归佛	54 七宝示现	55 涅槃入灭	56 焚棺	57 八国分舍利	58 阿阇世王灵梦沐浴	59 阿阇世王入园	60 第一次结集	61 天雨香花	62 礼佛图	佛传壁画题材合计
左甬左侧壁	后廊左壁		后甬后壁	中心柱后壁	中心柱右壁	中心柱左壁					7
	后廊左壁		后甬后壁	中心柱后壁							3
			后甬后壁		中心柱后壁						4
											4
			后甬后壁								4
			后甬后壁	中心柱后壁	中心柱后壁						3
			后甬后壁								1
			后甬后壁								5
			中心柱后壁		中心柱后壁						2
											1
			后甬后壁		中心柱后壁						3
			主室右壁	主室右壁							8
			后甬后壁								2
	后甬左端壁		后甬后壁		中心柱后壁						8
											1
			后甬后壁								2
右甬右侧壁	后甬左端壁		后甬后壁	中心柱后壁	中心柱左壁	中心柱右壁					10
			后甬后壁								7
										主室正壁龛	1
						中心柱左壁					1
			主室右壁								26
				后甬后壁	中心柱后壁			后甬后壁			5
										主室正壁	3
		后室·甬道									2
			主室前壁上部								1
	后甬左端壁		后甬后壁	中心柱后壁	右甬左侧壁						11
											3
			后甬后壁	中心柱后壁	中心柱后壁						10
左甬左侧壁	后甬左端壁		后甬后壁	中心柱后壁	中心柱右壁	中心柱左壁		右廊右壁			7
左甬左侧壁	后甬左端壁		后甬后壁	中心柱后壁	左甬右壁						5
											1
明窗左侧			主室前壁上部								7
左甬左侧壁			后甬后壁		中心柱后壁					主室正壁龛	7
			后甬后壁	中心柱后壁	中心柱左壁	中心柱左壁					8
			后甬后壁	中心柱后壁							4
			后甬后壁	中心柱后壁	中心柱右壁	中心柱左壁					8
											2
中心柱左壁			后甬后壁		右甬右侧壁						13
			后甬后壁		中心柱右壁	中心柱左壁					4
左甬左侧壁	后廊左端壁		后甬后壁	中心柱后壁	中心柱右壁		中心柱左壁	右甬右侧壁			16
			后甬后壁	中心柱后壁						主室正壁龛	5
8	8	1	30	15	18	7	1	3		4	

睡，悉达坐床头，床下诸宫女持乐器狼藉而卧(观宫女入睡，左壁)。图24，悉达骑马，马足下四力士托持，马后一人，马前二人(夜半逾城，左壁)。图25，一马卧地吻悉达足(爱马吻足，左壁)。图26，悉达立于树下，前跪一人双手接物(车匿告别，左壁)。图30，一立者，身后一人持物(内容待考，正壁)。图31，二人持钵而立，众人或跪或立，托钵供养(二商奉食，正壁)。图32，二立者，一人持物向立者，一跪者持物向另一立者，(交换佛衣，右壁)。图33，菩提树下一佛座，一袒右肩立者，另一袒上身者向佛座敷草(布施佛座，右壁，见图Ⅱ-114)。图34，正中坐一人，两侧各二捧钵者，前二俗装人捧盘、罐献饭水(四天王献钵，右壁，见图Ⅱ-116)。图35，一人跪坐者前，背后立一高大夜叉(降魔，右壁，见图Ⅱ-115)。图36，佛正面而坐，两侧各二个着通肩衣、作禅定印的弟子，佛座前卧二鹿(初转法轮，右壁)。图37，一佛站立，后一人立于水中，后一女作痛苦状(罗睺罗认父，右壁)。图39，佛坐龛中，周绕火焰，二人持水罐灭火，右为一立者(降伏迦叶，左壁)。图41，二坐佛，左佛侧一人举右手，右佛侧立二袒右肩弟子(内容待考，左壁)。图42，二立者，中二女合掌礼敬(牧牛女出家，左壁)。图43，坐佛前一女，扬臂向佛，旁有一牛(乳女奉糜，左壁，见图Ⅱ-112)。图44，佛居中，周坐四菩萨，其中有一菩萨跪拜，左上有金刚杵及佛尘(内容待考，左壁)。图45，佛居中坐，右一袒右肩弟子举左手，佛左一人手举物(内容待考，左壁)。图50，一佛头上伸数蛇头(伊钵罗龙王归佛，正壁)。图51，佛居中坐，一侧三菩萨持伞盖，另一侧三比丘，中间比丘头、肩、手上置灯供养(梵志燃灯，右壁)。图53，一立佛，后四弟子，佛前有牛，上驮珠宝(商主贷宝，右壁)。图54，佛居中坐，比丘侍坐，一穿交领衣长发魔手持团扇状佛尘(降伏六师外道，右壁)。图55，左一主佛，六、七身菩萨侧身向佛，地下有澡罐(频毗婆罗王归佛，右壁)。图56，右一立佛，左侧上下各四菩萨(内容待考，右壁)。图57，佛右胁侧身卧，头下坐摩耶夫人，棺床下坐禅定须跋陀罗，脚下跪一比丘，腿上二菩萨二天，足前立着粪扫衣迦叶(涅槃，右壁)。

表现释迦一生事迹的本行类佛传壁画，在克孜尔开始流行于第二阶段，即四世纪末以后。第110窟凿有前室，窟顶绘菱形格中禅定坐佛，说明距以千佛为题材的第三阶段已相去不远。推测其开窟时间约在第二阶段后半段，即五、六世纪前后。从76、110窟看，方形窟中佛传壁画的栏、铺数字由少渐多，有增加的趋向。每铺间有格界，但在内容上彼此相联，横向排列，构成释迦自诞生至涅槃的一组画面。各幅构图均较自由，故事情节取决于人物间的相互关系以及特定的场景。人物多少不等，位置亦不固定，但都选择了最能表现情节特点的构图。因而，只要画面完整、清晰，辨识其内容并不十分困难。

方形窟中的因缘类佛传壁画，可以161窟为例加以说明。该窟有前室，穹窿顶，在克孜尔第三阶段时，曾于壁画上涂一层薄泥皮，窟中置灶，改作僧房用，因而烟熏较甚。经过清洗，依稀可见泥层下部有第二阶段所绘因缘佛传壁画：左、右壁和正壁通作上下三栏，栏各四铺，间有格界。每铺佛居中坐，佛左右两侧有二至三排菩萨、天人、力士等；佛座两侧各有一身舒相或交足坐菩萨，菩萨有的手执金刚杵和佛尘。前壁窟门左右，各有三栏，每栏一铺壁画。窟门上方绘一铺涅槃图：佛身躯上方有八体天人，佛头前立一弟子，脚前立二弟子。

第三阶段的189窟，是一个早期僧房改建成的方形窟。窟顶绘千佛图，余壁多绘因缘佛传壁画：前壁明窗上方绘佛涅槃，明窗左侧绘舍卫城神变，右侧绘三十三天说法。左、右壁分作上下二栏，左右四铺，无格界。可辨识的内容有初转法轮、参诣天祠、教化兵将、观察世间等。该窟年代据碳₁₄测定，约当公元六世纪中叶。

综上所述，方形窟中佛传壁画的特点是：以描绘本行类佛传壁画为主，同时也有因缘类佛传壁画。本行类佛传壁画中佛不占突出地位，构图较自由。内容为佛诞生至涅槃的生平事迹，涅槃图并不单独绘出，只占据其中的一个画面。

（二）因缘类佛传壁画　主要分布在中心柱窟，是贯穿克孜尔三个阶段始终的一大类佛传壁画。在这种类型的洞窟中，主室窟顶绘出表现前生种种苦行菱形格本生壁画和现世教化的菱形格因缘壁画。两侧壁则是绘出以降魔成道和初转法轮为中心，突出中间主佛，并依靠胁侍人物的变化来区别情节的因缘类佛传壁画。后室部分集中绘出表现佛涅槃前后的涅槃场面。这些内容统一配置，各有侧重，但都以塔栏为中心，以便信徒作右绕礼拜，带有较强烈的礼拜色彩，这和供僧人进行讲经说律等宗教活动的"讲堂"式方形窟不同。中心柱窟应该说主要是供佛教信徒礼拜参佛的场所。

中心柱窟中的佛传壁画，有如下几个特点：

第一个特点是，以描绘因缘类佛传壁画为主，多布置在主室两侧壁，流动于第一、二阶段诸窟。如富楼那出家见于38等窟，六师论道出现于80窟，布施竹园出现于77等窟，耶输陀出家出现于163等窟，毗舍佉出家出现于17等窟，舞师女作比丘尼出现于171等窟，教化兵将出现于198等窟，七宝示现出现于123等窟。其中，参照碳₁₄测定的结果，38、171、17窟的年代，分别为四世纪初、四世纪末和五世纪中叶，属于第一、第二阶段和第二阶段后期。

第一阶段的第38窟，为一中心柱窟。窟中壁画，除窟顶绘菱形格本生及因缘壁画、中心柱正龛原塑坐像外，主要题材是因缘类佛传壁画：主室左、右壁天宫伎乐龛下绘因缘类佛传壁画（图Ⅰ-99）。每壁通作一栏，左右三铺，无格界。主佛着袒右肩衣，周围人物众多，每铺界人物基本无呼应。左壁壁画面残毁不清，右壁可辨识内容者有释童提婆利迦继王位（图Ⅰ-98）和鹿野苑初转法轮二幅。后一幅中主佛作面向左侧状，佛座下卧二鹿。主室门壁上方绘弥勒菩萨于兜率天宫说法（图Ⅰ-84）。窟门上方左右侧，各绘一树下思惟菩萨（图Ⅰ-87、88）。后室后壁绘涅槃图一铺（图Ⅰ-142~145），包括佛身上方二菩萨、四梵天、二弟子，佛足下抚佛足的大迦叶，佛头下身先入灭的须跋陀罗等举哀众。中心柱左、右、后壁及左、右甬道外壁，绘舍利塔中通肩衣禅定印坐佛，尚遗佛塔礼拜的残迹。

第二阶段以后，随着方形窟中本行类佛传壁画的流行，此类壁画也出现在中心柱窟中，且与因缘类佛传壁画共存于一窟。这种情形有99和175两个窟，其布局都是因缘类佛传壁画绘于主室两侧壁，本行类佛传壁画绘于后室两侧壁。如99窟，在后室左、右甬道外侧壁各绘出三铺佛传壁画，铺间无格界，采用横幅连续的构图：左甬道外壁三幅依次为树下诞生、学步与二龙吐浴，右甬道外壁仅太子观宫女入睡一幅可识。主室两侧壁绘因缘佛传壁画，每壁通作二栏，栏各五铺，有格界。可辨识者为左壁毗舍佉（法与尼）出家一幅：佛面向右倚坐；佛右侧绘一婆罗门、一女，婆罗门捉女肩不欲其出家；左侧绘一婆罗门、一跪菩萨。又如175窟，后室两端壁上部半圆形部位，各绘出三幅佛传壁画，横向排列而无界限：右端壁上方自外向内依次为①摩耶夫人立树下举手攀枝，右胁下出一小儿，前跪一人持巾接取，后立、跪各一人（树下诞生，见图III-36）。②一小儿赤足行走，地下有足迹与莲花（七步生莲，见图III-36）。③小儿前一人作顶礼状（阿私陀占相）。左端壁上方壁画，则将悉达太子出游四门见老、病、死与比丘组织在一个画面中（图III-35）。太子骑白马出城，画面中部上方为二老人，下方为一病卧者及抬棺者，右侧绘一托钵比丘。175窟左、右甬道外壁，出现了龛中塑坐佛，龛外绘画的塑绘结合的佛传龛：右甬道外壁一龛外绘二魔军（降魔）。左甬道外壁二龛，则于一龛上绘火龙出火，一龛侧绘众人于池中汲水救火（降伏火龙和迦叶）。

与第一阶段38窟相比，175窟表现出若干新的变化，这就是：①因缘类佛传壁画的题材增多（如主室中心柱正龛上部绘出五百仙人山中苦行壁画）。②本行类佛传壁画深入到后室，在两端壁上方绘出诞生、七步、占相和出游四门壁画。③塑、绘结合的佛传图，出现于左、右甬道外壁。④中心柱右壁，绘出大幅"五趣生死轮回"①。⑤后室涅槃部分，除佛涅槃（后室后壁）外，还绘出焚棺和分舍利图（中心柱后壁）。

第一阶段的因缘类佛传壁画，仅绘于主室两侧壁。进入第二阶段以后，这类壁画除绘于主室两侧壁外，还出现于门壁（如98窟降魔、69窟鹿野苑初转法轮、205窟降伏迦叶等），以及后室中心柱侧壁（如207窟的升三十三天说法）、左右甬道外壁（如98、224窟的升三十三天说法）和左端壁（如98、80、163等窟的度化善爱犍闼婆王）。方形窟本行类佛传壁画和中心柱窟主室侧壁的因缘类佛传壁画，这时都出现于中心柱窟的后室部分，说明这两类佛传壁画在第二阶段中都得到了发展，也表明第二阶段是克孜尔石窟壁画创作的鼎盛时期。

第二个特点是，中心柱窟中因缘类佛传壁画采取上下分栏、左右分格的构图形式。栏格的变化，可参看表二：

表二　　　　　　　　因缘类佛传壁画栏格布局示意表

窟 号	栏 格 布 局	C^{14}测定结果	阶 段
38	通作一栏，左右三铺，无格界	316±80年	第一阶段
171	上下二栏，左右三铺，分格	395±65年	第二阶段
17	上下二栏，左右四铺，分格	465±65年	第二阶段
98	上下二栏，左右四或五铺，无格界		第二阶段
99	上下二栏，左右五铺，分格		第二阶段
100	上下三栏，左右六铺，分格		第二阶段
101	上下二栏，左右四铺，无格界		第二阶段
104	上下三栏，左右三铺，分格		第二阶段
129	上下五栏，左右六铺，分格		第三阶段

表二说明，三个阶段中，因缘类佛传壁画的栏格情形，总的说来，上下栏、左右铺的数字有增多的趋向，各铺因缘佛传间由不分格界到画出格界。

第一阶段的因缘类佛传壁画，主佛只着袒右肩佛装，主佛两侧人物较多，人物之间的相对位置较固定，构图一般显得拘谨。各铺壁画间呼应不多，主要表现在每铺人物间的内在联系。此时题材种类也较少而集中。

第二阶段的因缘类佛传壁画，变化明显。主佛除着袒右肩衣外，还有

①《根本说一切有部毗奈耶杂事》卷十七中，记佛说应画何物庄严精舍的回答中，有"又于一面画作五趣生死之轮"。具体画法，《有部毗奈耶》卷三十四《展转食学处第三十一》中记为："我今勒诸苾刍，于寺门屋下画生死轮。时诸苾刍不知画法。世尊告曰：应随大小圆作轮形，处中安毂。次安五轮表五趣之相。当毂下画捺洛迦（地狱），于其池画傍生、恶鬼，次于其上画人天。应人趣中应作四洲……于其毂外作圆白形，中画佛像……圆周复画十二圆生生天之相，所谓无明像行至老死。"

175窟中心柱左侧壁的五趣生死轮，画面正中为结跏趺坐佛，右手上举，左手握衣角，偏袒右肩，肩上放光焰。佛身后画出三个大圆，第一圆内画小立佛二、坐佛三，第二、三圆内各画四、五个立佛。各佛间穿插一组画面，每一佛指向相应的一个画面。第一大圆中画画面内容有：众人抬棺，作痛苦状；中坐一人，两侧为歌舞奏乐者；裸女作舞状，二人奏琵琶与竖箜篌；一人坐，前立一女，双手似抱一小儿。第二大圆中画画面内容有：一男子操作，陶师制陶，地面置三只双耳罐，陶师以棍弄火；二牛拉犁，一人执棒驱牛，左手扶犁杠；二人举砍土镘掘地。第三大圆中画画面内容有：一兽噉食二兽；大火炽燃，中烧裸立人；瘦弱老人，身下有火。从构图看，当中二圆，表示十二因缘之相，外圆中表示傍（畜）生、恶（饿）鬼、地狱之相。

偏衫和双领下垂衣，有的菩萨装作斜披络腋。栏、格数目增加，每铺内的人物相应地减少。各铺壁画间有呼应。铺内的人物位置较自由，不太固定，有的主佛头上有飞天或扬臂菩萨，构图较活泼。主佛和两侧人物间以及画面下部，出现了以山、水、树木、动物等为背景的画面。主佛两侧，出现了有特定含义的人物和情节（如舞踊比丘尼、自在天、龙王等）。题材内容较前显著增多。这种构图多变、人物简化、设置衬景以及具有较多情节的特点，更接近于方形窟中的本行类佛传壁画。而这一时期因缘类佛传壁画发展的另一趋向，则构图简化，主佛两侧只有不多几个人物（如104窟主佛左右、上下各有一个供养菩萨，见图Ⅱ-98）。这些都反映了第二阶段中这类壁画发展的多样性。

　　第三阶段的因缘类佛传壁画，继续沿着简化的方向发展，形成多栏、格的方格或条幅式因缘供养图，主佛两侧各有一身供养菩萨。这一时期的方形窟和中心柱窟中的因缘佛传壁画，大体都是这样。如129窟，为一方形穹顶窟。主室（后室）、左、右和正壁，均作上下五栏、左右六铺的方格布局，每壁六十铺画面。画面正中，均为袒右肩交脚坐佛；坐佛两侧各一身跪、坐或站立的供养菩萨；菩萨手持宝珠、伞盖、盘钵或头顶塔作供养状。227窟为一中心柱窟，主室左右壁及后室甬道侧壁，中心柱外壁，各作六或七排坐佛（着袒右肩、双领下垂、通肩和偏衫衣，见图Ⅲ-166、167）；每排坐佛若干身，坐佛旁各一供养菩萨，捧钵及莲盘供养。这是条幅式因缘供养图。229窟为一方形纵券顶小窟，窟顶及侧壁亦作数排条幅式因缘供养图（图Ⅲ-168）。这种情形，正与克孜尔第三阶段千佛壁画的流行相一致，说明229窟的年代，很可能是克孜尔石窟的尾声，即已进入了公元八世纪。

　　第三个特点是，克孜尔佛传壁画中，与降伏外道有关的题材（如参诣天祠、降伏迦叶和火龙、与六师外道辩论、舍卫城神变、毘舍佉出家、须摩提女请佛、须跋陀罗身先入灭等），多见于自第一阶段后期以后诸窟中。如须跋陀罗入灭最早出现于205窟，参诣天祠出现于17（五世纪中叶，第二阶段后期）和189窟（六世纪中叶，第三阶段）等窟中。舍卫城神变见于189等窟。与六师论道见于80、97窟。

　　表现降魔成道与鹿野苑初转法轮的题材，多见于自第二阶段以后诸窟中，如69（图Ⅱ-1）、76、98、110等窟。降魔成道和初转法轮，是佛一生教化中的重大转折，因而置于整个佛传画面的中心位置，予以突出地表现（同样地，表现释迦佛传中最主要的四件大事：诞生、降魔、说法、涅槃的四相图，也在205窟阿阇世王故事中的画面上出现）。降魔成道壁画，见于171窟、98窟等第二阶段窟中，主要是在主室前壁窟门上方，用大幅画面单独画出，并在175窟中心柱右壁专门画出佛成道后观察五趣生死轮的场面（图Ⅲ-25~31）。初转法轮场面，也有的是在主室前壁窟门上方单独绘出（如69窟，图Ⅱ-1）。在因缘佛传壁画中，初转法轮场面佛作正面像，而其他题材壁画中佛多作向左右的四分之三侧面像。

　　第四个特点是，方形窟本行类佛传壁画中的涅槃图，只是作为横幅连续性构图中的最后一个单独画面而出现。中心柱窟中因缘类佛传壁画中的涅槃场面，却专门配置在后室（包括中心柱）四周，并加入焚棺、分舍利、阿阇世王等一系列有关佛涅槃前后的题材，组成一个涅槃变相的大场面，涉及的窟室多达三十个。其数量之多，种类之繁，为国内外诸石窟所不能相颉顽。这是中心柱窟因缘类佛传壁画最显著的变化之一。

②三法印，佛教所说三种印证是否真正佛教的标准或标志，即诸行无常、诸法无我、涅槃寂静。

涅槃，是梵语泥伐那的音译，义译为灭度、择灭等，是佛教的最终觉悟境界，三法印②之一。小乘佛教的涅槃，又称无余涅槃或灰身灭智。《毗婆沙论》卷三十二中说：

> "何故涅槃亦名择灭？答曰：槃名为趣，涅槃为出，永出诸趣，故名涅槃……涅槃有二种，一有余依（大乘涅槃），二无余依……无余依故。无二种依：一无烦恼依，二无生身依。"

小乘涅槃经汉译较晚。《宋高僧传》卷二记：

> "释若那跋陀罗，华言智贤，南海波陵国人也，善三藏学。麟德年中（664-665年），有成都沙门会宁欲往天竺观礼圣迹，泛舟西游，路经波陵，遂与智贤同译《涅槃后分》二卷。此于《阿笈摩经》内译出，说世尊焚棺，收设利罗（舍利）等事，与〈大涅槃〉颇不相涉。"

《大唐西域求法高僧传》卷下《无行禅师传》亦记：

> "曾因闲隙，译出《阿笈摩》经，述如来涅槃之事，略为三卷，已附归唐，是一切有部律中所出。"

《阿笈摩经》即《长阿含、游行经》，其与《大涅槃经》之所以颇不相涉，就在于有关焚棺、收设利罗等部分，与大乘有余依涅槃义不合。

克孜尔因缘佛传壁画中的涅槃部分，大致可分三种类型：

①后室描绘涅槃、焚棺、分舍利等场面，涅槃像四周绘出弟子、诸天举哀情景（如7、13、17、27、58等窟），多属第一、二阶段窟。

②沿用上述题材，并在后室出现佛升三十三天为母说法、佛临涅槃教化善爱犍闼婆王、阿阇世王灵梦和入浴、七宝示现、第一次结集等新题材（如98、123、178等窟），多属第二阶段后半段窟。其中七宝示现、第一次结集等场景，场面宏阔，人物众多，为前所未见。如七宝示现，此前多在窟顶用摩尼珠宝表示；而在123窟后室左右甬道后部及后室窟顶，却以一列手持各种宝物的飞天（金轮宝、白象宝、绀马宝、神珠宝、玉女宝、居士宝、主兵宝）表现出来（图Ⅲ-204）。114窟后室后壁的焚棺场面（图Ⅱ-147），棺床周围弟子多达二十二人，表现了焚棺后佛弟子第一次结集的情形。178窟右甬道外壁，则以十余名弟子围绕正面坐的迦叶、阿难，描述了这一场面（图Ⅲ-41 42）。佛涅槃题材也日趋复杂，佛旁增加了须跋陀罗入灭③和佛母摩耶夫人临涅槃④的情节（如98、163、179、110等窟），棺床前绘出入火光定的须跋陀罗，身着披帽僧服，或背朝外坐（如163窟），或坐于庐中（如98窟）。205、76、179、110、189诸窟，在涅槃佛头下绘出或跪或坐的摩耶夫人。110及179二窟，须跋陀罗与摩耶夫人同时绘出。

③第二阶段晚期及第三阶段，涅槃壁画所占比重渐少，多数洞窟中已不见涅槃像。有的窟（如161、189窟），涅槃佛及举哀弟子绘于前壁窟门、明窗上方（插图三二），不再描绘其他有关涅槃的场面。有的窟（如63、100和107B窟），则涅槃场面已不复出现。上述诸窟中，189窟窟顶绘千佛，碳$_{14}$测定属六世纪中叶。107B窟甬道遍绘千佛。这两窟都已进入千佛题材为主要内容的第三阶段，明显地表现出大乘佛教的影响。

第五个特点，克孜尔中心柱窟佛传壁画除上述各点外，还出现了如下的变化：

①中心柱正面凿龛塑像。其左、右壁和后壁，较早者绘舍利塔，塔中画舍利盒（如7、13窟属第一阶段），塔基正面不画踏步。间有画出塔中坐佛和舍利盒者（如38窟，第一阶段窟）。其后，放置舍利盒的舍利塔逐渐消失，仅绘出塔中坐佛，塔基正面绘踏步（如80、97、107A、171、172窟等，多

③《根本说一切有部毘奈耶杂事》卷三十八："拘尸那城外有出家外家，名曰善贤（梵曰须跋陀罗），年百二十……尔时护国天神发大音声告诸人曰：今日如来于中夜时，必入无余妙涅槃界……善贤闻其说已，作如是念：……今宜速往亲自启向，若蒙大悲垂哀为决，于所犹豫永得开解……（佛曰）彼善贤者，即是我于最后为外道说法令生正信，亲命善来为我弟子……尔时善来起彻利心，即便速证阿罗汉果，得心解脱。复作是念：我今不忍见佛般涅槃，宜可先去。"

④见《佛母摩耶临佛涅槃》等经，写佛母摩耶夫人见佛般涅槃，于天上现"五哀相"，"尔时世尊，以神力故，令诸棺足，皆自开发，便从棺中，合掌而起"，向于摩耶。

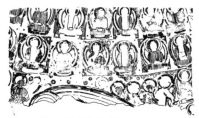

三二　第189窟明窗上方涅槃

为第二阶段窟,其中171窟碳$_{14}$测定为公元四世纪末)。

②中心柱正面凿龛塑像,左、右壁和后壁上部绘出焚棺、分舍利和阿阇世王等涅槃变画面(如80、4、8、等窟,多为自第一阶段后段以后窟)。

③中心柱正面塑立佛。其左、右壁和侧壁,则取代原有的涅槃内容,或绘塑出立佛像(如100、104窟,绘二至六个立佛),或绘塑一佛二菩萨(99窟中心柱后壁),或绘三坐佛(205窟中心柱后壁),或绘千佛(197窟)。这是自第二阶段以后出现的新题材、新组合。

三

如前所述,克孜尔石窟的本行类佛传壁画,重在表现佛本身的一生事迹;因缘类佛传壁画,着意宣传佛在出家后的传道生涯。前者主要分布在方形窟内,后者多见于中心柱窟中。

方形窟是平面近似方形、凿出宽敞空间的洞窟。这种方形洞窟,据推测或即为"讲堂"。东汉孟祥译《佛说兴起行经》卷下:"闻如是,佛在舍卫国祇树给孤独园。时有一梵志字摩竭,卒死讲堂。"祇园精舍是释迦之居室,而讲堂则迥然有别。《毗奈耶杂事》卷二十六唐义净注:"西方名佛所住堂,为健陀俱知。健陀是香,俱知是室。此是香室、香台、香殿之义。不可亲触尊颜,故但唤其所住之殿,即此方玉阶、陛下之类。然名为佛堂、佛殿者,斯乃不顺西方之意也。"可见,释迦居室在当时并无统一的名称,后遂为供奉佛像之处所。《无量寿经》卷下:"无量寿佛,为诸声闻菩萨大众班定法时,都悉集会七宝讲堂,广定道教,演畅妙法。"《后汉书·明帝记》永平十五年:"亲御讲堂,命皇太子诸王说经。"这二条记载,点明了讲堂的功用。《毗奈耶杂事》卷十七也有佛说应"于讲堂处画老苾刍宣扬法要"的记载,指出在讲堂内绘制佛僧主要是为了传法度人、延连不绝。因此,在方形窟内绘出以本行佛传为主的壁画,也旨在用佛的一生化迹作为现身说教,以便争取更多的信徒。可见,这种方形窟或即讲堂,不仅在建筑功用上,而且在绘画内容上,均应与僧人修行、讲经说律有关。

中心柱窟是一种具有本地特色、塔柱形式的洞窟。《根本说一切有部毗奈耶药事》卷三:"尔时世尊,以神变力持佛发、爪与邬波斯迦。彼得发、爪,便立窣堵波。时彼逝多林天神,便以百枝伞,插窣堵波中。自言:'世尊,我常供养此塔。'作是言已,便依塔柱。时诸人等号为宅神塔,或呼为薄拘罗树中心柱。"日译《南传大藏经》(1935至1941年高楠顺次郎监修出版)卷三十三之四五四品中,亦记有迦达贤者为其妹营建"以一根柱为中心的塔",使居其中。由此可知,塔又称为中心柱。克孜尔的一些早期洞窟中,中心塔柱的四壁及甬道外侧壁,均绘有舍利塔与舍利的图形。可见,这种中心柱窟,是渊源于印度支提窟的一种具有龟兹本地特色的窟形。支提窟的平面呈马蹄形,后部凿出圆形覆钵式塔,塔的四周形成通道,窟内左右和后部凿有列柱。而中国的中心柱窟,其柱体则多为方形,并与窟顶连成一体,形制上有自己的特点。虽然它们的形制不尽相同,但是就中心塔柱可供信徒右旋绕行礼拜而言,又属同一类形。在这个意义上,中心柱窟是一种礼拜窟。因此,在这种中心柱窟中,分别绘出释迦传道生涯的因缘佛传,并采取以释迦说法或修道为中心的构图,带有较强烈的礼拜色彩,也就可以理解了。

⑤《出三藏记集》卷十一《比丘尼戒本所出本末记》："拘夷国寺甚多,修饰至丽。王宫雕镂,立寺形像,与寺无异。有寺名达慕蓝,一百七十僧,北山寺名致隶蓝,一六十僧,剑慕王新蓝五十僧,温宿王蓝,七十僧。右四寺佛图舌弥所统。寺僧皆三月一易屋床坐,或易蓝者。未满五腊,一宿不得无依止。王新僧伽蓝,九十僧,有年少沙门字鸠摩罗,才大高明,大乘学,与舌弥是师徒,而舌弥阿含学者也。"此为符秦僧纯等游历龟兹,得《比丘尼大戒》归来后,记述他在龟兹所见佛教盛况。据此,龟兹之戒法极严谨;而原小乘阿含学者佛图舌弥则为当时之大师,僧纯所见,已改信大乘。有关此段论述,可参见汤用彤《汉魏两晋南北朝佛教史》第十章"鸠摩罗什及其门下",中华书局1963年版。

⑥《晋书》卷九十五〈艺术传〉:"(鸠摩罗什)年二十,龟兹王迎之还国,广说诸经,四远学徒莫之能抗。"

⑦羽溪了谛认为龟兹大乘教渐失其势力的原因是:由于能与小乘学者如佛图舌弥等对抗之大乘教徒,已殆无其人,加上当时自罽宾而来之小乘僧徒对龟兹的影响。至于另一个原因,即吕光破龟兹,尔后龟兹王对大乘教遂起一种恐忌之心,则不可置信。可参见《西域之佛教》第五章,商务印书馆1966年版。

由此可见,洞窟形制和窟内壁画,有着不可分割的关系。洞窟的形制,不仅要满足壁画(包括塑像)内容和布局的要求,而且对题材和构图也会产生影响。更重要的是,要能适应佛徒诸如诵经讲律、禅定修行、祈祷礼拜和供养佛像之类的活动。因此,三者的关系,在开凿洞窟时是首先应予考虑的。

综观克孜尔石窟以本生、因缘和佛本行为主的壁画题材,主要反映释迦牟尼前世本生、今世本行、成道教化以及因缘、譬喻等故事,集中地表现释迦牟尼一人,这应是小乘佛教"唯礼释迦"思想的具体反映。《出三藏记集》卷五"喻疑第六"引僧叡之言谓:"三十六国小乘人也。此{}(学)流于秦地,慧导之徒遂复不信大品。"同卷《小乘迷学竺法度造异记》也云:"故执学小乘,云无十方佛,唯礼释迦而已。"可见,克孜尔石窟的洞窟形制和壁画内容有一个鲜明的特点就是:围绕释迦牟尼这一主题,反映了小乘佛教"唯礼释迦"的思想。尽管在它的中晚期洞窟中也曾出现千佛之类反映大乘佛教的题材,但在整个克孜尔石窟的壁画中并不占主导地位。这种情况,正与龟兹地区小乘佛教占优势的史实完全相符合。

龟兹何时始有佛教,尚无定论。《阿育王太子息坏目因缘经》记有阿育王给其子法益的领地,包括龟兹在内。东汉初,据《梁书》卷五十四《诸夷传》记载:"后汉光武(公元25—57年)时……匈奴立龟兹贵人身毒为王,由是属匈奴。"龟兹王身毒之名,与古印度同。上两条史料似乎说明了最早在公元前三世纪时,龟兹已与印度有过某种程度的联系;公元一世纪时,龟兹已开始接受印度文化的影响。龟兹地处"丝绸之路"的交通要道上,贯通欧亚大陆的商业和文化联系,龟兹是必经之地。因此,公元二世纪沿着"丝绸之路"随使者、商客而来的僧徒,首先在这里传播佛教,是可信的。自公元三世纪中叶,龟兹佛教已日渐兴隆。魏高贵乡公(曹髦,254—260年)时,龟兹人白延于洛阳白马寺译出《无量清净平等觉经》等经,是为龟兹国见诸史籍来中土传译佛经第一人。至公元四世纪,前秦符坚派吕光进兵龟兹之际,罗什住王新寺宣扬大乘教义,为龟兹大乘佛教最盛之时⑤。据《晋书》卷九十七《四夷传》:"(龟兹国)俗有城郭,其城三重,中有佛塔庙千所……王宫壮丽,焕若神居。"仅王城一地,就有塔庙千所。罗什游学还国,住王新寺,从小乘大师舌弥为师,讲说大乘诸经⑥。据《比丘尼戒本所出本末序》,罗什还国时"拘夷国寺甚多,修饰至丽。王宫雕镂,立寺形像,与寺无异"。甚至葱岭以东的王族妇女,还不辞跋涉,"为道远集斯寺",修行大乘教法。据梁慧皎《高僧传》卷二,罗什在龟兹说法时期,有僧一万人。其盛况可以想见。罗什离开龟兹后,大乘佛教开始逐渐衰退,小乘佛教遂复风靡⑦。

这种现象,在克孜尔石窟的早期洞窟中,似乎也有迹象可寻。这些洞窟,曾出现反映大乘佛教的题材,如第38窟主室前壁两侧的立佛龛、47窟中的列佛等。当时,龟兹正是吸收佛教文化的时期,可能大乘教派和小乘教派的区分,不是很严格。如罗什初学小乘,在疏勒时始学大乘。《出三藏记集》卷十四:"谘禀大乘,乃叹曰:吾昔学小乘,譬人不识金而以鍮石为妙也……广诵大乘经论,洞其秘奥……西域诸国伏什神俊,咸共崇仰,每至讲说,诸王长跪高座之侧,令什践其膝以登焉。"罗什由小乘转学大乘的这段对话,反映了龟兹佛教转变时期的状况。因此,克孜尔早期洞窟中出现大小乘教混杂的现象也就不足为奇了。

公元四世纪末,龟兹小乘佛教复占优势,并在此后数百年间,一直占主导的地位。至公元七世纪初，唐玄奘途经龟兹时，龟兹佛教仍以小乘教为主。据《大唐西域记》卷一："（屈支国）伽蓝百余所，僧徒五千人，习学小乘说一切有部。经教律仪，取则印度。其习读者，即本文矣。尚拘渐教，食杂三净。洁清耽玩，人以功竞。"玄奘所见并非龟兹一地，其邻国焉耆、姑墨也都"习学小乘教说一切有部"。当时的僧人讲经传道，正如四世纪末法显经过鄯善国时所见的那样，"诸国俗人及沙门尽行天竺法，但有精粗。从此西行所经诸国，类皆如是。唯国国胡语不同。然出家人皆习天竺书、天竺语"。因此，《宋高僧传》卷三引唐僧彦琮的话说："如天竺经律传到龟兹，龟兹不解天竺语，呼天竺为印特伽国者，因而译之。若易解者，犹存梵语。如此胡梵俱有者是。"上述玄奘所见到的龟兹僧徒学习梵文经典，正是"胡梵俱有者是"。当时的小乘戒律，不同于大乘，允许僧徒食三净之肉，故玄奘在龟兹时拒食三净（语见《慈恩传》卷二）。玄奘在《大唐西域记》中，还记载了当时佛教之盛况。卷二云："大城西门外，路左右各有立佛像，高九十余尺。于此像前，建五年一大会处。每岁秋分数十日间，举国僧徒皆来会集，上自君王，下至士庶，捐废俗务，奉持斋戒，受经听法，渴日忘疲。诸僧伽蓝，庄严佛像，莹以珍宝，饰之锦绮，载诸辇舆，谓之行像；动以千数，云集会所。常以月十五日、晦日，国王、大臣谋议国事，访及高僧，然后宣布。"可见，当时龟兹，上自王臣，下至士庶，莫不皈依佛教。其伽蓝之华丽、佛像之庄严、礼仪之隆重，与它处无法比较。龟兹小乘之盛，由此可以想见。

在这数百年间，也是克孜尔石窟的鼎盛时期。这时期的中期洞窟，不仅在形制上出现了新的形式，而且在内容上也出现了前所未见的新题材[8]。这时期一个突出之点，就是反映"唯礼释迦"的思想。这正是龟兹盛行小乘佛教的具体表现。

公元七世纪末，唐惠英所辑《华严经感应传》引圣历年间（698-699）于阗三藏《实叉难陀》还说："龟兹国中唯习小乘，不知释迦分化百亿现种种身，云示新境界，不信华严大经。有梵僧从天竺将华严梵本至其国中，小乘师等皆无信受，梵僧遂留经而归。"玄奘道经龟兹后近百年间，龟兹地区仍流行小乘佛教，即或偶有僧徒来此传大乘教，亦不容其居留。

公元八世纪初，慧超自疏勒还，路经这里时，还目睹龟兹流行小乘佛教。据敦煌写本《慧超往五天竺国传》记载："又从疏勒东行一月，至龟兹，即是安西大都护府，汉国兵马大都集此。此龟兹国足寺足僧，行小乘法，吃肉及葱韭等也。汉僧行大乘法。"据此，龟兹虽仍行小乘佛教，但已是强弩之末了。

据《唐会要》卷七十三记载，唐显庆三年（658），移安西都护府于龟兹。咸亨元年（670）吐蕃攻陷安西。长寿二年（698），唐收复四镇，依前于龟兹置安西都护府。直至贞元六年（791），吐蕃再度攻陷安西，龟兹与内地的联系被隔绝。在此时期，安西都护府设于龟兹长达一百余年。内地汉僧，在此期间来龟兹传教的络绎不绝。库车库木吐喇石窟中，发现有不少在这一时期的汉僧汉文题记，并开凿了许多具有汉风的洞窟。在克孜尔石窟中发现的汉文题记及遗物，以及第229窟出现的汉式云头纹，也都集中在公元八世纪以后。此外，处于"丝绸之路"南道的于阗，一直流行着大乘佛教。因此，克孜尔石窟的晚期洞窟，出现千佛题材的壁画，正与上述大乘佛教的影响有关。

由此可见，克孜尔石窟的佛传壁画，反映了龟兹地区长期流行小乘

⑧可参见本书第二卷马世长《克孜尔石窟中心柱窟券顶与后室的壁画》。

215

佛教的思想；而壁画题材的演变，又是同龟兹小乘教的发展有着不同程度的联系。如上所述，克孜尔石窟的佛传壁画，是紧紧联系小乘"唯礼释迦"而展开的。其中表现佛陀涅槃的题材，又占突出的地位；其数量之多、构图之繁，尤为它处石窟所罕见。这种现象，正是小乘教"最后涅槃显明佛性"的一种表现。《出三藏记集》卷五《小乘迷学竺法度造异议记》云："外域诸国，偏执小乘，最后涅槃显明佛性，而犹执初教，可谓胶柱鼓瑟者也。"涅槃，是僧徒脱离一切烦恼，进入自由无碍的理想境界。因此，克孜尔石窟集中安排以"唯礼释迦"为主的佛传壁画，企图达到"最后涅槃显明佛性"的境界。这正是小乘佛教寓教理于形象、变信仰为现实，以争取更多信徒皈依佛教。但是，同所有思想在一定条件下会转变一样，龟兹佛教也经历着变化。在这个转变过程中，邻近地区的大乘佛教必然会对它发生很大的影响。这种小乘佛教原来长期禁锢在寺院中讲经说法，现在开始走出庙堂成为群众性的宗教；原来示人修行以解脱之道得正果的佛陀，现在开始宣扬佛有许多化身，能造出各种菩萨，在人世间普渡众生；而众生只要皈依佛教，崇拜偶像，则人人均可成佛。佛教正以大乘教"普渡众生"的教义来教化人类。

下面，将重点讨论克孜尔石窟佛传壁画所反映的小乘教的学派问题。在未探讨前，先把上述佛传壁画见于汉译经典的，列表三统计如下：

从表三中可以看出，上述佛传壁画的题材，大多见于汉译《根本说一切有部毗奈耶破僧事》和《佛本行集经》，其次为《普曜经》、《广大庄严经》、《太子瑞应本起经》和《过去现在因果经》等[9]。而有关佛涅槃的事迹，仅见于《毗奈耶杂事》、《长阿含·游行经》及《中阿含经》等几种经律。《毗奈耶杂事》与《游行经》中关于佛涅槃的记载，大致相同；其中关于涅槃前后的事迹，如度化善爱犍闼婆王、阿阇世王录梦沐浴、须跋陀罗先身入灭、第一次结集等则只见于《毗奈耶杂事》。值得注意的是，这些经律不仅辑录了大量的佛传，还集中记载了种种佛传因缘故事。因此，它是研究克孜尔石窟佛传壁画内容题材最重要的参考文献。

现试以善慧儒童自兜率天宫乘象入摩耶夫人胎中及释迦成道后观察世间二例，列表四加以说明：

从表四可以看出，关于白象投胎之形，《说一切有部毗奈耶破僧事》等经都采用了摩耶夫人睡梦中始见六牙白象入胎之说，而不是具体可见的白象入胎之形。佛观察世间生死轮回之状，也采用《说一切有部》之五道的说法。

据《异部宗轮论》记载，大众部、一说部、说出世部和鸡胤部等均主张最后身菩萨自兜率天宫入摩耶夫人胎中，必须采用白象之形，以强调佛陀的超人性。而根据《说一切有部》教义，佛本身具有的三十二相，八十随形好，不可采用畜类形，因此只可用示梦的形式，来暗喻白象入胎之说。《毗婆娑论》卷七十解说这种梦中入胎说，仅是表示梦中吉祥的一种譬喻。可见，克孜尔石窟佛传壁画见不到如内地敦煌、云冈、龙门诸窟的白象投胎的图像[10]，显然是受《说一切有部》教义的影响。

关于佛观察世间生死轮回之状，《说一切有部》把一切生物之轮回分为五道（又称五趣），即地狱道、饿鬼道、畜生道、人间道和天道。而犊子部、案达罗部等则采取六道之说，即在五道外，加一阿修罗道。《大智度论》卷十："说五道者，是说一切有部僧所说。婆磋弗妒路（犊子部）僧说有六道[11]。"《有部毗奈耶》卷三十四和《毗奈耶杂事》卷十七记载：在寺院

⑨据吕澂考证，《普曜经》与《方广大庄严经》是同本异译，而《太子瑞应本起经》与《过去现在因果经》则同为《修行本起经》的异译。见《新编汉文大藏经目录》之"律藏部"，齐鲁书社1981年版。

⑩［日］木村泰贤著《小乘仏教思想法》，《现代仏教名著全集》第三卷。《印度の仏教》（2），隆弘馆，一九七六年版。［四］福原亮严著《有部阿毗达磨の研究》，永昌堂，一九六三年版。

⑪同书卷三十："问曰：经说有五道，云何言六道？答曰：佛去久远。经法流传五百年后，多有别异，部众不同，或言五道，或言六道。若说五者，于佛经回文说五；若说六者，于佛经回文说六。"

中作画也应绘以"五趣之相"或"五趣生死之轮"。可见，克孜尔石窟第175窟中心柱左壁绘出的轮回五趣生死之状，显然也受《说一切有部》经律的影响。

由此可见，克孜尔石窟的许多题材，包括本生、因缘和佛传壁画，有相当一部分见于《说一切有部》经律，某些题材还仅见于有部经律中。顺便指出，新疆出土的龟兹、焉耆文佛教写本，其中就有《说一切有部》中之《法句经》及其注释；而一些本生、譬喻故事如"六牙象"、"大光明王"、"太子忆耳"、"尸毗王"、"须大拏太子"、"哑躄贤者"、"阿离念弥长者"和"俱眠童子"等，也均出自《说一切有部》经律写本中[12]。这就进一步说明了龟兹地区盛行的佛教，与《说一切有部》经律有着密切的关系。

《说一切有部》，为佛教小乘二十部之一，又名萨婆多部，从上座部分出，别名说因部。《异部宗轮论》："说一切有者，一切有二：一有为，二无为。有为三世，无为离世，其体皆有，名一切有。"可见，这一学说立有为无为一切诸法之实有，并一一说明其因由为宗，故称"一切有部"。这一学说，在西域小乘佛教传播的地区流传甚广，前述七世纪玄奘见到的龟兹本地及其邻国"习学小乘教说一切有部"即是一明证。至于龟兹地区何时最早接触说《一切有部》经典，虽无明文记载，但至少在鸠摩罗什时（344—413）已流行有部经典《出三藏记集》卷三：

> "什年九岁，进到罽宾，遇名德法师盘头达多，即罽宾王之从弟也。……什既至，仍师事之，遂诵〈杂藏〉、〈中阿含〉、〈长阿含〉，凡四百万言……什进到沙勒国……遂诵〈阿毗昙〉、〈六足〉诸论、〈增一阿含〉。及还龟兹，名盖诸国。"

罗什所译之有部律，有《十诵律》五十八卷。"唯十诵一部，未及删烦，存其本旨，必无差失[13]。"因此，说一切有部经律经罗什传译，在当时就已流传到龟兹，看来是没有疑问的。

说一切有部学说，起源甚早。公元一世纪后，在贵霜帝国迦腻色迦王的积极保护、支持下，佛教得以迅速发展。当时迦腻色迦对宗教采取兼容并包的政策，大乘与小乘均在当时同时流行。佛教是一个传道宗教，因此迅速向四方邻国传布。当时，佛教僧徒沿着丝绸商路把佛教传入东方。最初传入我国内地的经典，多由月氏人转介。据《高僧传》记载，汉灵帝时（168—189），月氏人支谶和支曜二人，曾先后来到洛阳传译佛经，而支曜所译皆为小乘经典。近代在库车附近发掘的萨婆多部《波罗提木叉》残卷，即为月氏人用吐火罗语书写的佛经。这不仅说明贵霜帝国流行着萨婆多部即说一切有部，而且可证龟兹地区也使用这种"梵文"经典。据羽溪了谛介绍，这个残卷，即为罗什汉译之《十诵比丘戒本》[14]。

说一切有部的"三世实有"，是针对大众部和经量部的"现有体用，可名实有"、"过去未来，非实有体"之说而讲的。它主张法体恒有，无论在空间或时间上，都是并立而存的。因此，重视佛陀的历史传记和前生事迹，是说一切有部考虑的中心。克孜尔石窟中所以出现大量的佛传和本生故事，并仅见于汉译本《毗奈耶破僧事》、《毗奈耶杂事》和《佛本行集经》等经律中，均与说一切有部有密切的关系。

这一学说主张一切诸法常恒不变，处在相依、相持、互为缘起的状态之中。一切法都互为因果，已生、正生和未生的事物，一一说明其因由。有部建立的"六因四缘"之说，就是它的一个创造。因而印度称之为"说因部"，我国南北朝时则称之为"因缘宗"[15]。在克孜尔石窟中，我们

⑫中村元等著《アジア仏教史》中国编Ⅴ，佼成出版社1975年版。

⑬见《高僧传》卷一。

⑭见《西域之佛教》。

⑮见《法华玄义》卷七。

克孜尔石窟佛传壁画题材和见于汉译经律的情况统计表

表三

经类	内容								
经律异相、六度集经	梵志燃灯								
修 行 本 起 经		燃灯佛授记	树下诞生	七步宣言	二龙洗浴	阿私陀占相		太子试艺掷象出城	树下思惟观耕
过去现在因果经		普光佛授记	树下诞生	七步宣言	二龙洗浴	阿私陀占相	参诣天寺	太子试艺掷象出城	树下思惟观耕
佛 本 行 集 经		燃灯佛授记	树下诞生	七步宣言	地涌虚空注二水	阿私陀占相	参诣天祠	太子试艺掷象出城	树下思惟观耕
普 曜 经			树下诞生	七步宣言	九龙洗浴	阿夷头占相	参诣天祠	太子试艺掷象出城	树下观耕思惟
方 广 大 庄 严 经			树下诞生	七步宣言		斯陀占相	参诣天祠	太子试艺掷象出城	树下观犁禅思
中 阿 含 经			树下诞生		二龙洗浴				
太子瑞应本起经		定光佛授记	右胁诞生	七步宣言		阿夷占相		太子试艺掷象出城	树下观耕
增 一 阿 含 经									
杂 宝 藏 经									
佛 说 义 足 经									
撰 集 百 缘 经									
根本说一切有部毗奈耶杂事									
长 阿 含 经									
根本说一切有部毗奈耶破僧事		迦叶佛预言	树下诞生	七步宣言	龙王洗浴	阿私陀占相	礼拜夜叉庙	太子试艺掷象出城	树下观耕思惟

经类	内容								
经律异相、六度集经									
修 行 本 起 经			吉祥施草	降魔成道					
过去现在因果经			吉祥施草	降魔成道	诸天赞叹	梵天劝请	初转法轮	观察五道	龙王守护
佛 本 行 集 经	二商奉食	四天王献钵	吉利施草	降魔成道		梵天劝请	初转法轮	观察五道十二因缘	龙王守护
普 曜 经	二商奉食	四天王献钵	吉祥施草	降魔成道	诸天朝贺	梵天劝请	初转法轮	观察王道	龙王守护
方 广 大 庄 严 经	二商奉食	四天王献钵	吉祥施草	降魔成道	诸天赞叹	梵天劝请	初转法轮	观察因缘	龙王守护
中 阿 含 经									
太子瑞应本起经	二商奉食	四天王献钵		降魔成道		梵天劝请	初转法轮	观察五道	龙王守护
增 一 阿 含 经									
杂 宝 藏 经									
佛 说 义 足 经									
撰 集 百 缘 经									
根本说一切有部毗奈耶杂事									
长 阿 含 经									
根本说一切有部毗奈耶破僧事	二商奉食	四天王献钵	帝释献草	降魔成道	诸天赞叹	梵天劝请	初转法轮	观察地狱	龙王守护

经类	内容								
经律异相、六度集经									
修 行 本 起 经									
过去现在因果经		度舍利弗、目犍连							
佛 本 行 集 经		度舍利弗、大目连				罗睺罗因缘	为输头檀王说法		婆提喇迦继位
普 曜 经	十人神变	度舍利弗、大目连				罗睺罗因缘	为父王说法		
方 广 大 庄 严 经		度舍利弗、大目连				罗睺罗因缘	为输转王说法		
中 阿 含 经									
太子瑞应本起经									
增 一 阿 含 经		须摩提女请佛							
杂 宝 藏 经				度旷野夜叉					
佛 说 义 足 经					惟楼勒王				
撰 集 百 缘 经									
根本说一切有部毗奈耶杂事	室罗伐城现神通							毗舍佉出家	
长 阿 含 经									
根本说一切有部毗奈耶破僧事	舍卫城神变	度舍利弗、大目连				罗怙罗命名	为净饭王说法		

218

出游四门	宫中娱乐	太子惊梦		车匿备马	夜半逾城		蹇特吻足	车匿告别	山中苦行		乳女奉糜
出游四门	宫中娱乐	太子惊梦	出家决定	车匿备马	夜半逾城		犍陟悲鸣	车匿告别	山中苦行		乳女奉糜
出游四门	宫中娱乐	太子惊梦	出家决定	车匿备马	夜半逾城	受出家衣	乾陟舐足	车匿告别	山中苦行	商客贷宝	善生女奉糜
出游四门	宫中娱乐	太子惊梦	出家决定	车匿备马	夜半逾城	受出家衣	乾陟舐足	车匿告别	山中苦行	贾人贷宝	长者女施乳糜
出游四门	宫中娱乐	太子惊梦	出家决定	车匿备马	夜半逾城		犍陟吻足	车匿告别	山中苦行	众商载宝	善生女奉糜
出游四门	宫中娱乐	太子惊梦	出家决定	车匿备马	夜半逾城	猪者贸衣	犍陟舐足	车匿告别	山中苦行	贾人牛踬	长者女奉糜
出城游观	宫中娱乐	太子惊梦	出家决定	太子牵马	夜半逾城	受出家衣	乾陟舐足	车匿告别	山中苦行	商主兴贩	军将女奉糜
尼拘陀树神		耶输陀出家		富楼那出家			降伏迦叶、火龙	布施竹园			
						教化兵将	降伏迦叶、火龙	布施竹园		教化五百苦行仙人	
							降伏迦叶、火龙	布施竹园			
			频毗婆罗王归佛				降伏迦叶、火龙	布施竹园			
柯山树神							降伏迦叶、火龙				
								舞师女作比丘尼			
											六师论道
罗怙罗认父	耶舍出家	频毗婆罗王归佛		牧牛女出家			降伏迦叶、火龙	布施竹园		教化一千外道	六师论道
				七宝示现	涅槃						
难陀出家	善爱犍婆王	三十三天说法		涅槃	焚棺	分舍利	阿阇世王灵梦沐浴	第一次结集	须跋陀罗入灭		
				七宝示现	涅槃	焚棺	分舍利			须跋陀罗入灭	
未生怨王归佛	阿难陀出家										

表四 　　　　　　　　　　　　　　　经律中部份佛传内容举例

经名＼内容	白 象 入 胎
《佛本行集经》	"菩萨正念，从兜率下，讬净饭王第一大妃摩耶夫人右胁住已。是时大妃于睡眠中，梦见有一六牙白象……乘空而下，入于右胁。"（卷七"降王宫品"）
《过去现在因果经》	"于时摩耶夫人，于眠寤之际，见菩萨乘六牙白象，腾虚而来，从右胁入。"（卷一）
《普曜经》	"菩萨便从兜术天上，乘降威灵，化作白象，口有六牙……降神于胎，趣于右胁……王后洁妙，时晏然寐急然即觉，见白象王光色如此，来处于胎。"（卷二"降神处胎品"）
《太子瑞应本起经》	"菩萨初下，化乘白象，冠日之精，因母昼寝，而示梦焉。从右胁入，夫人梦寤，自知身重。"（卷上）
《方广大庄严经》	"菩萨是时，从兜率天宫没，入于母胎，为白象形，六牙具足……尘后是时安隐睡眠，即于梦中，见如斯事。"（卷二"处胎品"）
《根本说一切有部毗奈耶破僧事》	"菩萨尔时于睹史多天宫五种观察，殷勤唱告诸天已，即于夜中，为六牙白象，下于天竺，降摩耶夫人清净胎中。尔时摩耶夫人即于其夜，见四种梦：一者见六牙白象来处胎中，二者见其自身飞腾虚空，三者见上高山，四者见多人众顶礼围绕。"

姓名＼内容	观 察 世 间
《佛本行集经》	"世尊以无上佛眼观世间时，见于世间，或有众生，从地狱出，还堕地狱……生畜生身……受饿鬼身……受于人身……受于天身。"（卷三十二"二商奉食品"）
《过去现在因果经》	"尔时世尊，既至中夜，即得天眼，观察世间，皆悉彻见……见地狱中……复观畜生……次观饿鬼……次复观人……次观诸天……菩萨以天眼力，观察五道，起大悲心"（卷三）
《普曜经》	"地狱、饿鬼、畜生皆得休息，诸天人民五道所生众生之类……皆见菩萨坐一道场树下，咸悉睹焉，如近相见。五道众人展转相视，皆见菩萨如观手指。"（卷五"迦林龙品"）
《太子瑞应本起经》	"菩萨观见天上、人中、地狱、畜生、鬼神五道……展转所趣，从上头始，诸所更身……见人魂神，自自随行，生五道中。"
《方广大庄严经》	"菩萨即以天眼，观察一切众生。"（卷九"降魔品"）
《根本说一切有部毗奈耶破僧事》	"菩萨昔在睹史多天，常有五法观察世间。"（卷二）

见到相当数量的因缘壁画 ⑯，佛传壁画中又增加了一定数量的因缘类，而《毗奈耶破僧事》和《佛本行集经》中也记载了不少因缘故事，如弟子列传之类，恐怕其原因就在这里。

小乘佛教重四谛、十二因缘，但由于部派不同，侧重点也有别。一般来说，上座部（包括说一切有部）重"苦"、"集"二谛；大众部重"灭"、"道"二谛，十二因缘重在开示苦、集二谛。因此，克孜尔石窟壁画中绘出佛成道后观察五道和十二因缘的画面，并单独绘出五趣生死轮回图，说明克孜尔石窟的佛传壁画大多取材于说一切有部，从这里又得到一旁证。

最初的佛传资料，大体属于最早的《阿含》经和律典类，但这些资料过于简略。《长阿含》中的《游行经》也只记载佛涅槃前三、四个月的事迹。后来，僧徒在传道中陆续将律典中的简要纪事，加以润色、集中，最后才形成独立的佛传经典，其中以《佛本行集经》最为丰富而详尽。至于律典中保存较丰富的佛传资料，则以《毗奈耶破僧事》和《毗奈耶杂事》为代表。《大智度论》卷一○○记载："毗尼（有部律）略有八十部，亦有二份，一者摩偷罗毗尼，本生有八十部，二者罽宾国毗尼，除却本生阿毗昙，但取要冈（纲）作十部。"可见，《说一切有部》的律类，有广、略两种。广本即《有部毗奈耶》，包括有本生八十部，流传摩偷罗国；略本即《十诵律》，删去本生、譬喻部分，流传罽宾一带。《十诵律》在龟兹译出较早，公元四世纪末至五世纪初，罗什及卑摩罗叉已有译本 ⑰。公元379年自龟兹传入关中的《大比丘尼二百六十戒》，也应是《十诵比丘尼戒》。至于《有部毗奈耶律》广本何时传入龟兹，已缺乏明确的记载，但至少在玄奘译《阿毗达磨俱舍论》时，龟兹地区已流传《说一切有部》 ⑱；《有部毗奈耶》流传的时间，可能晚于《十诵律》。

由上述经律之分析中，我们可以窥见，从《十诵律》到《毗奈耶》，在龟兹传译的大体时间、约相当于鸠摩罗什前后到玄奘前后，即公元四世纪至七世纪三百多年间。这从一个侧面，为我们判断克孜尔石窟佛传壁画的年代提供了一些线索。

最后，即将结束本文之前，把克孜尔石窟的几个特点，作一归纳：

①克孜尔石窟的一个显著特征是，壁画和塑像重新绘制的情形较少，绝大多数均为一次完成，未经后代改动。它的内容和技法的变化、界线也不甚明显。这与玉门关内各地石窟，尤其是敦煌石窟截然不同。这说明了龟兹地区在一个相当长的历史时期内，政治、经济和文化相对稳定，反映了龟兹白氏王朝（一至八世纪）的长期延续和小乘佛教的长期流行这一历史特点。克孜尔石窟第一阶段、第二阶段中开凿的洞窟最多，规模也较大。其中许多洞窟出现身着龟兹装的供养人像，有的洞窟如第207窟还绘出着龟兹服饰的人物挥笔绘制壁画的情景。这同龟兹地区这时期的历史特点是相符合的，反映了龟兹举国上下"洁清耽翫，人以功竞"的佛教盛况。克孜尔石窟壁画如此集中而又具体地描绘小乘佛教包括说一切有部宗派的特定内容，从现存的佛教遗址来看，亦为印度及中国内地所罕见，这是值得注意的问题。

②克孜尔石窟的中心柱窟窟形，从时间上讲，当早于中原地区的同类窟形，应为龟兹地区特有的石窟建筑形式。礼拜大立佛的大像窟，也以这一地区出现较早而具有代表性，它至少早于内地如公元五世纪中叶开凿的云冈昙曜五窟等大像窟。壁画的布局，前室和中室描绘佛陀于深山讲述自己的前生和佛传故事，后室描绘佛陀临涅槃前后的种种事迹，也

⑯此处的因缘佛传，指的是绘于中心柱窟券顶两侧的菱形格画面。此类因缘画的内容，以释迦讲述的种种因缘、报果及比喻为主，旨在表现释迦成道后的种种教化事迹。故在内容上也可说是佛传的一部分。但在这类壁画中，却见不到释迦降生至成道前的事迹，显然与佛传又有区别。这类壁画，可见本书第二卷《克孜尔石窟中心柱券顶及后室的壁画》一文。

⑰鸠摩罗什译《十诵律》为五十八卷，卑摩罗叉译本为六十一卷，事详《高僧传》卷二。

⑱咸亨二年（671），义净留印时，在其所著的《南海寄归内法传》卷一记有："凡此所论，皆依根本说一切有部……五天唯乌苌那国及龟兹、于阗杂有行者。"这说明《有部毗奈耶》在唐时还流行于龟兹等地。《大唐大慈恩寺三藏法师传》卷二，记载有龟兹大德僧木叉毱多对玄奘言："此《大杂心》、《俱舍》、《毗婆沙》等一切皆有，学之足得，不烦西涉受艰辛也。"《大杂心》，即《杂心论》，是法救因《阿毗昙心论》过于简略而增注的一部著作，原名《杂阿毗昙心论》。《俱舍论》为《阿毗达磨俱舍论》的略称，是世亲的名著。世亲，为北天竺人，初研学小乘，尤精《一切有部》论著《大毗婆沙论》之义，为众人讲诵，遂编成《阿毗达磨俱舍论》，被后世称为"新有部"。可能龟兹在玄奘时，就是流传这种新本。

同样不见于其它地区的石窟。至于佛传壁画的构图立意、取材和表现手法等，也充分反映出龟兹艺术家才华横溢、得心应手的艺术才能，富有特色的因缘类佛传壁画，其种类之多亦为各石窟所不多见。

③在构图上，佛传壁画以释迦为中心，四周配以弟子、天王、世俗人物等等，由人物的动态及相互间的呼应，表现一定的内容，构图活泼多样。这就突破了一般说法场面中令人乏味的呆板、枯燥的描述，并使主室壁面收到了统一的装饰效果。分层排列、上下分栏、左右分铺的方格画幅，每幅内容都突出一定的重点，彼此间有区别又有联系。这种形式，成为内地石窟早期佛传图及其后经变画的先驱。内容丰富的涅槃变题材，也以这里出现的为最早。在绘画技法上，注重人体的结构、比例。尤其是创造出富有装饰性的多种菱形画格，不见于它处石窟，而是龟兹石窟独有的风格。这种菱格画面，每个菱形山内以坐佛为中心，组成一排排整齐规则的菱形图案；每排菱格画之间又采取左右交叉的形式。这种构图虽有一定的排列格式，但由于用不同色块组成，看上去并不感到呆板，而给人以活泼多变的感觉。菱格画中被描绘的生动可爱的动物形象，如大角羊、猴子、孔雀等，如此之多，又如此之丰富，也是其它石窟所少见。这些动物，有可能是当地所产⑲，暗示出千年来这一地区气候环境的变迁，反映了克孜尔石窟壁画在题材选择上的民族传统特点。

此外，龟兹人民擅长音乐，负有盛名的龟兹音乐，在壁画中也表现得十分充分。如第38窟（约四世纪初）中，有一组由二十八人组成的乐舞壁画，乐器有箜篌、排箫、五弦、笛、钹等多种。其它诸窟中也有类似的场面。从中可以窥见龟兹人民酷爱音乐的民族传统。前秦建元十九年（383）吕光伐龟兹，得龟兹乐。北周武帝（560—578）时，龟兹人苏祇婆从突厥皇后入国，传来琵琶七调。"管弦伎乐，特善诸国"，龟兹与内地音乐文化的交流，正是在这时达到了高潮，龟兹乐成为中国音乐传统的重要组成部分。

无庸讳言，龟兹石窟的佛教艺术，在其自身的演变发展过程中，也自然受到外来因素的积极影响，并加以吸收和融合，从而形成自己鲜明的民族特色和独特的地域风格。至于龟兹石窟佛传壁画的题材与技法，对当时西域及中原地区的影响等，因篇幅所限，不在这里探讨了。

⑲《魏书·西域传》：龟兹"土多孔雀，群飞山谷间。人取而食之，孳乳如鸡鹜。其王家恒有千余只云。"《魏书》中此传已佚，据《北史·西域传》补入。

台台尔石窟踏查记

许宛音

一　台台儿石窟远眺

新疆天山南麓的拜城县，位于古代龟兹境内，目前全县已经发现的佛教石窟群遗迹计有三处：克孜尔、台台尔和温巴什。其中克孜尔石窟，是现存古龟兹石窟群中规模最大的一处，久已蜚声中外。可是，距克孜尔仅十三公里的台台尔石窟，却因窟群较小，迄今鲜为世人所知。

我国学者首次报道台台尔石窟的是黄文弼先生。1928年11月，黄先生在塔里木盆地考察期间，曾经对台台尔石窟作过巡视[1]。1953年西北文化局新疆文物调查工作组也对台台尔石窟作了调查，并发表了简要介绍[2]。七十年代末，拜城县克孜尔千佛洞文物保管所，曾派人去台台尔察看现状，拍摄照片。1979年11月21日，在克孜尔指导北大历史系石窟寺考古实习组工作的宿白教授与文管所的同志又前往台台尔作过调查。1981年笔者第二次在克孜尔石窟考察期间，与克孜尔千佛洞文物保管所的同志一道，于9月15日对台台尔石窟进行了一次初步的考古调查[3]。现将踏查情况，介绍如下：

台台尔石窟西距拜城县城约六十公里，位于克孜尔镇东北约六公里处，与克孜尔东南七公里处的克孜尔石窟恰好置于南北一条直线上。克孜尔石窟开凿在木扎提河北岸的断崖上，台台尔石窟则座落于这一断崖顶部向北延伸出去的戈壁丘陵上，两者的高差约在百米以上。

台台尔石窟附近的冈阜丘陵属于额特尔山的南麓余脉。窟群周围都是低矮的丘阜，南面是一片戈壁滩。距离窟群二百多米的戈壁滩的前缘，有泉水潺潺流过。泉水之南是一片绿洲，田畴相望，树影婆娑；泉水之北是戈壁丘陵，童山濯濯，荒凉肃穆。绿色与灰色，动与静，生命与死寂，两种截然不同的景色奇特地近在咫尺，相映成趣。

石窟群的范围，东西长约400米，南北宽约160米，洞窟分布在东西两座山丘上。西丘较东丘为高，约30米上下，顶部有一座城堡遗址。登临此处可居高临下俯视四周（图170，插图一）。窟群东侧有一条宽约百米的沟谷，顺沟谷北行约五十五公里，可至博者克拉格沟沟口，即著名的"龟兹左将军刘平国治关城诵"（旧称"乌累碑"）刻辞处[4]。台台尔的这一城堡遗址扼此南北孔道，城堡内发现的陶片又属生活用品，因此它很可能是古代要塞的废墟（插图二）。从残垣看，城堡系土坯砌就，每两层土坯之间抹有一层砾石泥浆。

洞窟开凿于东、西山丘的半腰。大部分洞窟窟口向南，少数洞窟坐西朝东。洞窟距离山丘下地面虽仅10米左右，因山坡上满是小卵石与风化的石屑，攀登颇为不易。

台台尔石窟残存洞窟计十八个，我们自西向东依次编了号。这些洞窟中窟形较完整或存有壁画的有第1、5、10、11、13、15、16、17八个窟，余皆残破。现将此八窟按窟号的先后叙述如下：

第 1 窟
（1）　位置与方向

①见黄文弼《塔里木盆地考古记》（科学出版社，1958年）第四章拜城第35页："在特特尔（即台台尔）村庄之北，距村里许，在额特尔达格南麓，有佛洞十余。二十九日曾骑马往视。佛洞多在山腰，绵延约里余。中有一洞颇大，壁画大尊佛像尚完好，其余大半为小洞，或已倾圮，或墙壁尚残存，或为沙土所掩。余等因急须赴克子尔，故在此处未有工作。"

②见《文物参考资料》1954年第3期《介绍新疆文物调查工作发现的几种文物古迹》："拜城赫色尔（即克孜尔）镇西北约五公里，属三区一乡，台台尔千佛洞，窟数八，仅存一窟，余均毁。时代估计：三——十一世纪。"又见《文物参考资料》1954年第10期武伯伦《新疆天山南路的文物调查》："台台尔千佛洞，赫色（尔）镇西北约五公里。洞共八个，已全部坍毁，空无一物。在窟群背后山上的寺院遗址中，捡得刻有勿尔浑文字的陶片。"又见常书鸿《新疆石窟艺术》（未刊）："龟兹台台尔（三世纪——十一世纪），赫色尔镇西北约五公里，现有窟八个，内容不存。岩壁上有明屋遗址一处，捡得古民族文字的陶器残片。农民称此处遗址为'吐尔塔木'，即汉文'塔院'之意。仅存一窟有壁画。"

③前往台台尔工作的拜城克孜尔千佛洞文物保管所的同志有姚士宏、张宁、许忠德、吴建荣、王庚、赵绍玲、宋红珠和艾米拉（维吾尔族），以及库车县文物保管所的朱育萍和古丽（维吾尔族）。

④1928年11月，黄文弼先生即是沿北路线从博者克拉格沟口南下抵台台尔的。见《塔里木盆地考古记》第四章拜城第34—35页和考察经过路线图图五库车、图六哈拉柯尔。

223

位于西丘的西端，其左右紧邻无洞窟。窟口方向为南偏东60°。

（2）　洞窟结构

现存洞窟为单室。门道位于前壁西侧，前壁东端有一窗，顶为内高外低的斜平顶，下面是凌乱堆砌的大卵石块[5]。窟内平面作横长方形，东西宽3.95米，南北进深2.70米。地面为砾石砂土淤积物所覆盖，地平情况不明。测得淤积层以上的壁面高约0.74米。窟顶有崩塌，中部偏西有一露天大窟窿，面积约0.70米×0.40米。顶部西南角，尚能见到盝顶两斜面相交处的一段直线。顶部与四壁连接处凿出一层迭涩的装饰线脚。东壁后端有一小龛。

壁面草泥敷层多已脱落，敷层系黄色粘土与麦秸碎段所构成[6]。所存敷层计四层，自内而外第一层厚约1厘米，其上压抹一层约2毫米的红胶泥。第二层厚约2厘米，其上也抹有红胶泥。第三层与第二层厚度相等，但未抹红胶泥。第四层厚2、3毫米，其上有厚约5毫米的白灰层。

窟内壁面被烟熏黑，未发现有彩绘痕迹。

（3）　洞窟类别与性质

以洞窟形制来看，应归入方形窟类。可是这样形制的方形窟一般多有壁画，此窟却没有，故其性质用途不明[7]。

第5窟

（1）　位置与方向

位于西丘东段，毗邻区无窟。窟口方向为南偏东45°。

（2）　洞窟结构

窟前地面为砾石砂土覆盖，洞窟前端部分已塌毁，现存主室与后室两部分。

主室　门道和前壁塌毁无存。主室东西宽2.90、南北残长2.95米。地面砂石淤积物自窟口向里倾斜，成一斜坡。后壁即中心柱 南壁未凿龛，上部有一条凹槽，凹槽横贯后壁，深约20、高约30厘米。后壁左右两侧下方为后室的东西甬道入口。顶为纵券，中脊处凿出一条纵贯前后的凹槽，其东侧另有两条平行的但尺寸较小的凹槽。中脊凹槽西侧也应凿有两条相同的凹槽，由于西券顶已崩坏，今已不存。顶部与左右壁面连接处未凿出装饰线脚。

主室壁面的敷层已全部脱落。

[5]龟兹石窟外壁上开口的不外是门与窗，一般门的顶部或为平顶。此窟既已有门，因疑此似为窗。

[6]下文各窟中的草泥敷层除特别说明其成份者外，皆同此。

[7]这类主室平面为横长方形的方形窟，在克孜尔有第3窟（德人拟名Höhlengruppe mit dem Kamim B 壁炉窟B）、第105窟、第116窟（Kleine Höhle neben der übermalten Höhle重绘壁画窟房小窟）、第118窟（Hippo Kampen Höhle海马窟）四个窟,其中除了第105窟四壁仅敷了草泥层而未刷白灰、没有壁画外，余三窟有壁画。

后室 由中心柱后壁及甬道的东、西、后三壁组成。由于地面淤积层很厚，东西甬道口现高仅0.7米左右。东西甬道长1.50、宽0.75米；后甬道长3.05、宽0.85米。皆券顶。后甬道后壁东、西两端，各凿有上、下两个小龛，西端的两个小龛之间岩石已残毁，可能是一个大龛。西甬道的敷层几乎已全部脱落，后甬道与东甬道内还存有部分敷层，其上有壁画。

（3） 塑像与壁画

塑像 今已不存。从主室后壁遗迹判断，中心柱前曾经塑有较大的立像[8]。后甬道后壁四个小龛的高宽比例表明，龛中原塑有坐像。

壁画 后甬道后壁西段，残存四身人物的项光遗迹。其上方有一条叶状纹装饰带，它以弧形线分隔成组，每相邻二组的颜色不同。后甬道前壁上端30厘米高度范围内存有火焰纹。壁画内容似为佛涅槃后的荼毗场面[9]。火焰纹上方也是一条叶状纹装饰带。前后壁上端的两条叶状带间，即是券顶部分，其中段绘有供养宝盖。券顶西端，绘有一身供养天，右手持花钵。与其相对称的东端部分，壁画已残去，估计也应为一身供养天[10]。

后室东甬道券顶部的残画是菱形格山峦，菱形山中绘有树木与水池，有的还绘有小鸟，但无人物与故事情节。中脊处绘有白色大雁，作引颈向外、展翅飞翔状。

（4） 洞窟类别与性质

从洞窟形制和主室后壁的主像遗迹来看，此窟为中心柱窟。中心柱前壁原塑有立像，三面凿有甬道，这说明此窟是一个礼拜窟。

第10窟

（1） 位置与方向

位于东丘西首，与第11窟相近但不毗邻，窟口方向为南偏东42°（插图三）。

（2） 洞窟结构

窟前地面为砾石砂土，窟外立面未见有构筑遗址。因此，原来有无前室不详。现存洞窟为单室，门道、前壁塌毁。窟室平面作横长方形，东西宽4.23、南北深2.68米。地面为外高内低的斜坡状砂石淤积物。前壁仅存东侧一小段，西壁前端残，所存部分南北长2.20米。后壁与东壁完整。顶为横券，大部已崩塌。顶部与壁面连接处凿出宽20米的一层迭涩的装饰线脚。窟内无龛。

壁面敷层为各两层草泥和白灰。最下层是黄色粘土掺杂麦秸碎段的黄草泥，厚1至2厘米。其上为红胶泥掺杂麦秸碎段的红草泥，厚约1厘米。再上刷有两层薄薄的白灰。

（3） 壁画

后壁东端敷层保存较好，其上残存有三条东西向的装饰带，宽度分别为10、8和4厘米，细部已不可辨。

（4） 洞窟类别与性质

根据洞窟的横长方形平面以及窟内有绘画等特征，此窟与克孜尔第3、116、118、214一类的方形窟相似。这类窟的性质不详。

第11窟

[8]龟兹中心柱窟中主室正壁（即中心柱前壁）不开龛，大多是在上方凿出一条或多条横槽，其中有些窟的中心柱前的地面上至今还残存有像台基，个别窟像台基上有脚印凹窝。故知中心柱前，原塑有立像。立像的高度受洞窟主室高度的制约。不过一般洞窟主室高度总在3米以上，所以立像的高度也很少有在2米以下的。

[9]在中心柱窟中，后甬道前壁（即中心柱后壁）多画荼毗题材。克孜尔中心柱窟后甬道前壁，画荼毗的有（据壁画遗迹或德人记录）：

第4窟（德人拟名Höhlengruppe mit dem Kamin A壁炉窟A）

第7窟（Höhle mit dem Fres-Koboden 绘画地坪窟）

第27窟（Nischenhöhle壁龛窟）

第78窟

第163窟

第175窟（诱惑窟）

第176窟（小河谷倒数第二窟）

第178窟（Schlucht 河谷窟）

第179窟（Japaner Höhle小河谷第二窟，日本人窟）

第193窟（Nâgarâjahöhle 龙王窟）

第205窟（ Höhle 19'Höhle mit der Mâ Yâ Z Anlage' 二区佛母窟）

第227窟（ Höhle 3 'pretahöhle' 三区饿鬼窟）

通常画出的内容有棺木、棺木上下方的火焰，火焰后面的舍利塔，以及位于棺木首尾的佛身子或棺上方的举哀者等。

[10]见东晋法显译《大般涅槃经》卷下："诸天于空散曼陀罗花、摩诃曼陀罗花、曼殊沙花、摩诃曼殊沙花，并作天乐、种种供养"（《大正藏》第一卷第206页）。

（1） 位置与方向

位于东丘西段正中，其东侧与第12、13窟紧邻。此三窟位置较第10窟为高。窟口方向为南偏东46°（插图三）。

（2） 洞窟结构

窟前地面为砾石覆盖，窟外立面无构筑遗迹，有无前室不详。今存入窟甬道与主室两部分。

入窟甬道 前段已残，所余部分已被砂石封堵，现由已塌毁的主室前壁处出入。入窟甬道的宽度为0.85米，平顶。其余情况不明。

主室 主室门道南北宽0.85、东西长0.80米，平顶。

主室东西宽2.17、南北进深的东侧为2.40、西侧为0.65米。地面尚待清理。后壁完整，西壁前段塌毁，东壁前端残损。顶为梯形，即（前）后壁上方的顶部有收分，而左右壁上方的顶部为直立的壁面。

窟内壁面敷层的情况不一致，主室门道北壁有两层草泥，而主室内仅一层。主室草泥层厚约2厘米，其上刷有两层白灰。保存情况较佳。

窟内未见有红色线条的装饰性彩绘⑪。

（3） 洞窟类别与性质

此窟形制虽不完整，且因地面有淤积物而未见灶炕，但有窄长的入窟甬道；至甬道尽端处右折，经主室门道可进入主室。这些构筑都是龟兹僧房窟所独具的形制特征。因此可以肯定，这是一个供僧人居住的僧房窟⑫。

第13窟

（1） 位置与方向

位置同11窟。窟口方向为南偏东55°（插图三）。

（2） 洞窟结构

可分为前室、主室和后室三部分。

前室 东西宽3.85，南北进深的西侧为2.76、东侧为2.86米。窟门、前壁塌毁，形制不明。后壁尚完好，正中下部为主室门道入口，上方有一条横贯后壁的凹槽，深约20、高约25厘米，凹槽下沿距离门道顶部约为0.7米。左右壁上部和前端都已残去。顶部塌毁。从西北角尚存有两块不太明显的相交斜面来看，可能其顶为盝顶。

主室 主室门道前宽1.30、后宽1.50、南北长1.60米。门道左右壁中部靠外侧，各有一条水平方向的小凹槽，凹槽近北端处各凿有一个圆形小凹孔。这种结构见于克孜尔石窟各种门道的两侧壁上，并多与门道

⑪龟兹同类窟中，常有在壁面绘红色线条作为装饰的。如克孜尔第2（德人拟名壁炉窟C、D、E）、10、15、18、19、24、40、135、146、153及198的原入窟甬道（Tenfelshöhle mit Annexen B 魔怪窟B）、225（Höhle4三区4号窟）等窟。

⑫龟兹典型的僧房窟的洞窟形制特征是：具有窄长的入窟甬道，有的在入窟甬道尽端还凿出小室。顺入窟甬道前行，然后左折或右拐，经过主室门道进入主室。主室中有门道的壁面下设灶，不少窟在灶对面的墙下还有矮炕。前壁开有一窗。灶保存较好的有克孜尔15、121窟，炕保存较好的有克孜尔第6、10、19、24等窟和库车克孜尕哈第5、18、19、20、26、43等窟。

口的门框凹槽相连通，估计是用来安装固定门框的木质拉件的⑬。门道顶式为外低内高的斜平顶，以增加通光量。顶部外端高 2 米,里端高2.10米。

主室平面近于正方形，东西宽3.80、南北进深为3.55米。后壁（即中心柱前壁）正中开一个大龛，龛宽1.10、深0.65、高1.40米。龛下沿距地面0.90米。龛的前下方有一低矮的龛台，宽度与中心柱前壁相等，为2.20米。龛台的进深0.25、高0.50米。后壁上方壁面上没有凿孔，草泥敷层大部脱落。前壁下方正中为门道，与顶部相交处形成半圆形的平面。左、右壁高2.10米。顶为纵券，中脊处无凹槽，券体自身高1.10米，券顶到地面的距离是3.20米。其中脊部位及券顶的大部分敷层已脱落。顶部与左、右两侧壁的连接处，凿出一层宽度约30厘米的迭涩线脚。

后室 由中心柱及位于其三侧的东、西、后三甬道组成。东、西甬道长2.24、后甬道长4.75、三甬道均宽 1 米左右。三券顶的高度均为2米。西甬道外侧壁北端和顶部、后甬道后壁及顶部的大部分敷层已脱落。

全窟地面无淤积物。前室地面北端处的原地坪还保存着一层草泥，厚度是 7 厘米，其中掺杂的麦秸碎段较长，约 4 厘米。前室左、右、后三壁距离地面65厘米高度内的草泥敷层保存较好。主室门道、主室和后室的地面高度及其地坪结构皆同于前室，但主室与后室的地坪破坏较甚。主室门道壁面敷层：下层为黄草泥，厚约 2 厘米；上层为红胶泥，厚约0.5厘米，压抹得十分平整。主室各壁敷层亦有两层；下层黄草泥，厚约4厘米；上层红草泥，厚约0.5厘米。其上刷有白灰,在白灰上敷彩作画。

（3） 塑像与壁画

塑像 今已不存。全窟仅主室后壁有一大龛，龛的高宽比例表明尊像原为坐像。

壁画 【前室】 在后壁的主室门道入口两侧的壁面下端，沿墙脚绘有红色装饰带,高约14厘米。西壁下方接近地面处有石青色残迹，故知前室中不仅绘红带为饰，可能还绘有壁画。

【主室】 主室门道靠近左右壁墙脚的地坪上和左右壁下端的墙脚处，各有一条红色装饰带。地坪上的红色带残宽 4 厘米，门道西壁上的饰带高11厘米，东壁的高15厘米。门道中的红色带与前室中的红色带原相接。门道西壁上方有人物项光的残迹，东壁仅存一些残色痕迹。东、西壁上端和里端尚存有红色边框，边框带宽约 9 厘米。门道顶部也有颜色残迹。门道内各壁原应有壁画。

主室地坪残甚。各壁面下端，墙脚一线的敷层皆已脱落。后壁大龛内左右壁和项部，绘交错重迭的平顶山峦，山峦的形状同于东、西两壁。山中有树，但无人物。后壁上方壁面上的壁画多已残，所存部分已被烟火熏黑。门道口上方的圆拱壁和门道口两侧的壁面上各存一身画像轮廓。西壁壁画多已脱落，内容同于东壁。东壁画面大部存在，绘的是山中塔，塔中有坐佛。值得注意的是，山形有了变化，高耸的卵形山顶已变成平顶，山峦的两侧边成为下凹的弧线。今存山峦共三横排，每排七座，仅上方两排较为清晰。全壁可能原有四排，每排六至七座。每座平顶形山峦中有一覆钵塔，塔刹上悬挂双幡，塔身正中有一楣拱龛，楣拱两端以龛柱承支。龛中一身结跏趺坐佛，著通肩衣，作禅定印（图171）。最上一排平顶山峦的山顶与山顶之间的半圆形部位内，绘有树木和对鸟。壁面最上端，绘出一条通贯全壁的叶状纹装饰带。券顶中脊壁画仅存前段，内

⑬如克孜尔第 2 窟（僧房窟）的小室门道、第 6 窟（僧房窟）的主室门道和第154窟（大像窟）的主室门道中，都有这种凹槽与小孔。

227

四 台台儿第13窟窟顶天象图

五 台台儿第13窟主室窟顶左侧部分

六 台台儿第13窟主室窟顶右侧部分

⑭所谓佛本生是指佛在过去累世中行善修道的种种事迹。据五百大阿罗汉等选，唐玄奘译《阿毗达磨大毗婆沙论》卷第百二十六："本生云何？谓诸经中宣说过去所经生事，如熊鹿等诸本生经，如佛因提婆达多说五百本生事等。"（《大正藏》第二十七卷第660页）

⑮"八国国王争分舍利"这一题材的壁画见于克孜尔第4、8、27、58、新1、80、98、101、114、163、175、193、205、207、219、224等窟。内容表现的是：佛在拘尸那城灭度后，八国国王遣使未求舍利，欲于本土起塔供养，遭到拒绝，遂发兵来争佛舍利。后经一长者婆罗门独楼那调停，将佛

容自外向里为：日神、风神和立佛。日神正面端坐于四马双轮车中，头部已残缺，左手撑于右胯部，右手高举。身后有圆形放射状光芒。风神偏于中脊西侧，舞动着一条巾状物。立佛亦偏西，斜向而立，佛的双肩与身后有火焰纹（插图四）。整个券顶绘以菱形山峦为背景的佛本生故事⑭。西券顶所存一幅，画面为中立一人，赤裸上身，双手合十，跣足，主于折叠着的衣物之上，身后有舟状光焰，两侧下方各有一龙王，龙王头部上方绘出蛇形龙（插图五）。

东券顶壁画基本完好（图172，插图六），可惜壁面上烟炱太厚，画面内容大部分难于辨认。参照龟兹石窟中常见的佛本生故事的画面构图，可以识别出的有：一国王乘象奔驰于林间树下始发道心的大光明王本生；舍身救护小猴的狮王本生；救渡贾人出海的龟王本生；燃臂当炬，引迷路商人出闇林的萨薄王本生；施舍亲子的须大拏本生；施舍自身的一切施王本生等。迭涩底面绘的是供养天，东侧叠涩上里侧二身较完整清晰（图173）。这一题材画于这一部位，是龟兹石窟现存壁画中的孤例。这里的供养天显然是供养下面所绘的塔佛的。

【后室】 西甬道狭窄的前壁上存有一身人物的头部。外侧壁前端壁面上残存有马足与鞍鞯。内侧壁（中心柱西壁）正中残有身光，似为坐佛之身光。南侧上方有一交脚坐人物像。北侧内容不清。后甬道后壁残有身光，据其形状并参照龟兹同类窟中这一部位几乎千篇一律的塑画题材推断，后壁原画应是佛涅槃像。前壁（中心柱后壁）残画内容有棺木、火焰和白氎缠裹的佛躯体的局部。推断此壁原画应是佛茶毗场面。顶部存有部分草泥层，已被烟炱覆盖。东甬道外壁（插图七）北端有一龙王，头部上方画出六条两两相对的蛇形龙。其南侧是一交脚盘坐于象背上的武士，武士上身已残，仅残存套有护腿的腿部。武士南侧是一女子。女子南侧和武士与女子之间的下方，各有一菩萨装人物像。外侧壁南下角绘有一树，树的外侧一半画到了狭窄的前壁上。内侧壁（中心柱东壁，见插图八）里侧绘一坐佛。佛南侧画七身菩萨，分列两排，皆面向佛像。顶部尚残存一宝冠和一飘帛，券顶原来似绘供养天。

东西甬道外侧壁壁画，可能表现的是佛涅槃后"八国国王争舍利"的情节⑮。若然，较之克孜尔同一题材的壁画，此窟则不论在布局或构图方面，都已出现了一些新的因素。

（4） 洞窟类别与性质

此窟是一个洞窟形制基本完整的典型的龟兹中心柱礼拜窟。主室左右壁以塔、佛供养取代了此类窟中这一部位习见的佛说法图，券顶部分又画满了佛本生故事。主室的内容重点已从传道教化转为更加实际的要求信徒作种种布施（乃至以身布施）。后室中则以佛涅槃题材为主，这也是龟兹绝大多数中心柱窟后室壁画的中心内容。

七 台台儿第13窟后室右甬道外侧壁与前壁

八 台台儿第13窟后室右甬道内侧壁

228

第15窟

（1）位置与方向

位于东丘东段正中,其西侧有一未编号的残窟,其东侧是第16窟（插图九）。窟口方向为南偏东48°。

（2）洞窟结构

洞前地面砂砾堆积很厚,已与主室前壁窗户下沿平齐。窟外立面为自然岩面,未见构筑遗迹,原来有无前室不详。今存入窟甬道与主室两部分。

入窟甬道 几乎全部被砂石封堵,窟门存否不明,目前由窗户进出。甬道宽度为1米,长度不详。顶为平顶。甬道的北壁东侧有一小龛。

主室 主室门道南北宽1.20、东西长1.54米,平顶,但低于入窟甬道顶部35厘米。主室平面近于正方形。地面无淤积物,但原草泥层地坪多被破坏。北壁长3.10、西壁长3.17、南壁长3.28米,壁面高度为2.10米。南壁中部开一窗,窗下沿有残损。窗东西宽1.30、南北进深0.90米,下沿距离地面约0.5米。主室顶部为盝顶,盝顶自身高1.42米,顶到地面的距离是3.52米。顶部与壁面连接处,凿出一层迭涩的装饰线脚,迭涩宽约20厘米。主室中有灶无炕。灶位于东壁中部,其形制与龟兹僧房窟中习见的灶稍异,即不是以土坯在灶腔两侧采用局部嵌入壁体的方式来砌出结构较繁复、线条较曲折的束腰式灶柱,而是在壁面上直接凿出突起的一块下稍大而上略小状如梯形的灶体,于正中凿出一凹腔,即为灶腔。灶基为扁方体,前沿正中向外突出,呈半圆形。灶腔底部落在灶基中央。主室中东壁南端有一小龛,龛口呈方形,估计为搁置杂物之用。

（3）装饰性彩绘

入窟甬道中的小龛、主室中的小龛以及灶体外周,皆绘有红色边框以作装饰。灶腔上方,还用红色画出两条火焰状的弧线。

（4）洞窟类别与性质

从洞窟形制和主室中有灶这一特征判断,此窟为僧房,主室当为居室。

第16窟

（1）位置与方向

位于东丘东段,西与第15僧房窟毗邻,东侧无紧邻的洞窟。窟口方向为南偏东55°（插图九）。

舍利均分为八份,由八王各携一份归国供养。见《长阿含经》卷第四《游行经》（《大正藏》第一卷第29页）。在"争舍利"部分通常画出骑马或骑象的武士装的国王。在克孜尔石窟中,这一题材多画于中心柱侧壁或后壁上。

（2） 洞窟结构

可以分为前室、主室和后室三部分。

前室　前壁残。后壁长2.65、西壁残长2.32、东壁残长2.48米。地坪残。后壁正中开有通往主室的门道。顶部已全部崩毁。前室壁面敷层皆已脱落。

主室　主室门道东西宽1.20、南北长1.25米、平顶、高1.65米，低于主室顶部0.42米。主室平面作横长方形，前侧东西宽3.12、南北深1.53米。地面无淤积物，草泥层地坪多被破坏。后壁正中有一大龛，宽0.90、深0.45、高1.10米，下沿距地面0.55米。龛左右及正中上方共开五个小龛。大龛前下方凿出两层阶梯状龛台。后壁左右侧为后室的东西甬道入口。前壁西端上部、西壁前端上部及这一角的顶部已崩塌，形成一个约1～2米的露天大洞。东壁完好。主室平顶。

后室　左右甬道宽0.75至0.80米。南北长2米。后甬道宽1.07米，东西长3.68米。中心柱东、西壁上各开一龛。中心柱后壁则开一大龛和五小龛，状似主室后壁，只是龛下无龛台。三面甬道皆平顶。左右甬道高1.90～1.92米，后甬道高2.20米。

前室和主室的门道、主室和后室的地面均等高，原皆为草泥层地坪。主室壁面敷层为两层，各厚2厘米。草泥层上刷白灰，绘以彩画。此窟的草泥中除麦秸外，尚掺有其它植物的茎秆碎段。

（3） 塑像与壁画

塑像　今已不存。前室中未见有龛。主室与后室中共有十四个龛。这些龛的高宽比例说明龛中原来所供奉的皆是坐像。这些龛中，以主室后壁正中的龛最大，为主尊像龛。

壁画　【前室】 壁面敷层几乎全部脱落，原先有无壁画不详。

【主室】 门道西壁壁画已毁；东壁残存一身人物像的项光与身光，从位置高度估计，可能是一身主佛像。其侧残有一身菩萨立像。

主室后壁大龛内的后壁上有壁画遗迹，内容不清。在最上方的小龛西侧，绘有两身禅定小坐佛，东侧为一身。前壁西段已无壁画，东段绘一身主佛。西壁壁画已随壁面塌毁，东壁绘一身立佛像。

【后室】 三条甬道的外壁画全是与主室前壁、东壁相似的立佛像。西甬道外壁为二身，后甬道西壁一身（图174）；后壁三身（图175），东壁一身（图176），东甬道外壁二身，共计九身。中心柱西壁龛内侧壁上有一身立佛像，现仅存项光、袈裟下摆与脚的残部。龛外下方，绘一人侧身横卧于床上，头部有肉髻，右手支颐，身著长衣，有项光两圈和身光一圈。中心柱后壁券拱形大龛的上方外沿，以线条画出龛楣，楣尾两端上卷，龛楣与龛上沿之间又绘出黑圈。在最上方的小龛两侧和东上角小龛的东侧，各绘出一身禅定小坐佛。在大龛下部的壁面上，仅西侧还有一些残画，可以见到卧佛的局部身光和模糊的双足，画面应是涅槃时的情景。佛两侧有一树，树下跪一比丘，著红色袈裟，偏袒右肩。中心柱东壁龛内的侧壁上残存一塔刹，其上悬着一条飘舞的缯幡。中心柱左、右、后三壁和三壁的大小龛内都刷白灰。每个龛的龛内正壁上都绘有带黑红二色圆点的花树，每个龛的外周一圈都饰以红色边框。

主室与后室外周壁画都是雷同的主佛像，每相邻的两身主佛之间又绘出塔、小佛像或供养人。这些主佛在布局上属于一个整体。现将主佛及其间的人物，自主室前壁西段始，迄前壁东段止的布列位置叙述如下

（插图一〇）：

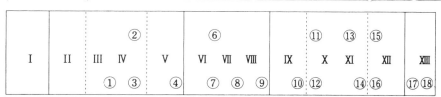

Ⅰ～ⅩⅢ为主佛，①～⑱为立佛之间的塔、小佛像和供养人等。

Ⅰ、Ⅱ之立佛今已不存，故全窟的立佛像仅存十一身。其中Ⅲ之立佛已漫漶，其余的立佛较为清晰，以Ⅸ之立佛保存情况最佳。每身主佛高约1.80～2米（包括项光），宽约1米（包括身光）。立佛肉髻为石青或石绿色。手指间可以见到肉膜——即三十二相之一的缦网相。除了Ⅸ之立佛的袈裟通肩外，余皆右袒。主佛多一手托钵，一手作各种手印。皆跣足。立佛各有三圈项光、三圈身光。在中间较宽的一圈上绘有两行错开排列的白色小圆点。项光与身光中还都绘出化佛；项光中各画四身，身光中之化佛则八至十身不等。化佛的身姿、衣著、动作一如立佛。

主佛之间的其他题材如下：

①龟兹装男供养人两身，形像已很模糊。但尚能看出北侧一身供养人的双足，并非如一般龟兹石窟中所常见的供养人那样以脚尖着地，而是画成踵向内、趾向外，整个脚掌平置于地的样子。

②禅定小坐佛一身，已残。

③覆钵塔一，塔中楣拱龛内画一结跏趺坐佛，著通肩衣，作禅定印。

④已残缺，似为供养人一身。

⑤龟兹装男供养人一身，下体残，左手持香炉。

⑥禅定小坐佛一身，袈裟右袒。

⑦同③。

⑧龟兹装男供养人一身，是全窟供养人像中最为清晰的一身，通高56厘米。发后梳，下部已不清。左手撑于左胯部，右手似持一香炉。身穿齐膝长大衣，大衣右翻领，左侧无，腰身紧窄合体，大衣颜色为肉色，上无花纹。领口、前襟和下摆处都有一条较宽的橙色镶边。足部已漫漶（图177）。

⑨龟兹装男供养人一身，已模糊不清。

⑩同⑨。

⑪禅定小坐佛一身，保存完好。穿双领下垂袈裟，内著僧祇支，坐于覆莲座上。

⑫龟兹装男供养人两身。北侧一身略向北侧身，面向Ⅸ之立佛，躯部残缺。左胯下似佩一短剑。南侧一身略向南侧身，面向Ⅹ之立佛，左手撑于左胯部，右手持一香炉。腰际画出一条细红线。二人衣着同⑧，足部皆漫漶（图178）。

⑬同⑪，唯袈裟右袒。

⑭同②，但佛右手作施无畏印。

⑮同⑬。

⑯龟兹装男供养人一身，头部已残，身躯模糊，右手持香炉。

⑰、⑱已漫漶。

一一 台台儿第17窟后甬道顶禅定僧

一二 台台儿第17窟后甬道顶禅定僧

上述画面的背景空隙处，还绘有供养宝物和宝花。

主室和后室三甬道的平顶部，都以红色饰带分隔成短条，内画圆形大莲花。主室顶部为纵向条幅，但仅存东侧北端一部分。而三甬道顶部的饰带为横条幅，西甬道存二条幅，东甬道完好，存四条幅；后甬道共八条幅，基本完好。甬道顶的每一条幅中绘两朵莲花；莲瓣或尖或圆，莲花与莲花之间绘忍冬纹，相邻的两枝忍冬上束有两个套环。条幅与条幅之间则以一条红色带和其左右的两条石绿色带相间隔，红色带宽约9厘米，石绿色带宽约1.5厘米。

（4） 洞窟类别与性质

此窟是一个洞窟形制基本完整、壁画保存较好的中心柱礼拜窟。主室与后室皆为平顶，这在形制上是一个值得注意的特点。而主室与后室的外周壁绘出一列立佛，则是此窟壁画题材与布局上的又一特征，此外，形制上出现多龛并塑有化佛表明，这与立佛的项光、身光中绘出众多的化佛的含义是相同的。这种强调化佛的倾向，与龟兹晚期窟中出现的千佛题材应有一定的联系，或可说为向千佛发展的一个过渡。

第17窟

（1） 位置与方向

位于东丘东侧的山坡上，与第18僧房窟相距约14米。窟口方向为北偏东84°。

（2） 洞窟结构

主室已经全部塌毁，今仅存后室。后室由中心柱与南、北、后三甬道组成。南甬道口被砾石掩埋，只露出一个高约1米的空隙。南甬道前段较窄，宽1.24米；后段稍宽，为1.44米。前段残长1.05、后段南壁（包括后甬道南壁）长3.84米。中心柱南壁上有一大龛，龛宽1.08、深0.68米，龛底是砂石淤积物。甬道顶为纵券，后段券顶较前段券顶高出18厘米。这种不是在甬道口而是在甬道中升高顶部的作法较为罕见。后甬道的地面也有砂石淤积物。东西宽2米，后壁长5.70米，前壁长2.80米。前壁中部有一大龛，龛宽1.48、深0.70、高1.38米。后甬道也是券顶，但不规整。券顶至地面淤积物的距离是2.20米，北甬道前段几乎完全被砾石砂土封死。中心柱北壁上有一个与中心柱南壁相似的大龛，大半被砂石掩埋。北甬道券顶为纵券。南甬道的内外壁和顶部，后甬道的前后壁和顶部前侧，北甬道的外壁外侧、内壁和顶部，敷层均已脱落，其余凡是保存有草泥层的部位都有壁画。这些壁画在整个窟群中是保存较好、色泽较鲜艳的部分。

（3） 塑像与壁画

塑像 今已不存。据残存龛数判断，除主尊像外，原窟中的塑像当不少于三尊。中心柱左右壁大龛的高宽比例表明，龛中原置坐像。中心柱后壁龛特别大，为同类窟中所少见。

壁画 现存壁画几乎都在后甬道中。后甬道的南、北壁（不包括上方半圆形部分）绘交错重迭的平顶山峦，今存五横排；每排五至六座，每座山中有一覆钵塔。塔刹上悬挂两条飘幡。塔身正中龛楣有一禅定坐佛，坐佛头部多存，而袈裟均已刮去，可能袈裟上原来贴有金箔。此处壁画构图与第13窟相似，色调亦以石青为主，只是塔上相轮较多，塔刹也略高一些。最上方一排每两座山峦之间的半圆形部位，绘有生动的莲花、禽鸟与水池（图179）。

后甬道西券顶与后甬道南壁上方半圆部分的壁画题材相同，绘僧人和梵志于深山禅定的情景。此处山峦不是画成呆板对称的图案式，而是有点写实意味；峰峦或倚或直，重迭错布。山间散布着一些草庐，每一草庐中坐一僧人或一梵志。僧人著圆领割截衣，梵志则裸露上身。他们似乎都已入定，对近在身旁咆哮的虎、出洞的熊、踯躅的鹿和嘤鸣的鸟儿都视而不见，听而不闻（图180～183，插图一一、一二）。此外，券顶上还绘有尖耳持剑的地夜叉和尖耳有翼的虚空夜叉[16]。后者在龟兹石窟现存的壁画中是首次发现（插图一三、一四）。

此窟未清理，后甬道中是否存有涅槃台不详。不过从左右甬道外壁和后甬道南北壁所画的塔、佛以及后甬道券顶"山中入定僧"这些题材来看，大多出现于以佛涅槃为中心内容的后室中，当与佛涅槃有关。

据龟兹三藏鸠摩罗什译《大智度论》卷第二：

"佛入涅槃……诸阿罗汉度老病死海，心念言：

已度凡夫恩爱阿，老病死券已裂破，

见身箧中四大蛇，今入无余灭涅槃。

诸大阿罗汉，各各随意于诸山林流泉溪谷处处舍身而般涅槃。"（《大正藏》第二十五卷第67页）

壁画中表现的正是这一情景：入定僧身后画出火焰，以示罗汉已入火光定，即第四禅定，从第四禅定起乃入涅槃[17]。

中心柱南壁、西壁和券顶交接处残存一块壁画，上面画三身供养天，其中一身持有与阮咸相类似的乐器（图184）。

（4）洞窟类别与性质

这是一个大型中心柱礼拜窟。它的宽大如室的后甬道以及左右甬道券顶升高的作法，是一般龟兹大像窟（大型中心柱窟中，其前壁塑有大立像）中所习见的。但因未清理，是否也是大像窟，情况不明。

台台尔石窟的洞窟分布比较均匀，在十八个洞窟中东西丘各占九个。

从上可以看出，洞窟形制分别为中心柱窟、方形窟和僧房窟三类。现将各类洞窟的数目、窟号和在整个窟群中所占的比例，列表如下：

洞窟类别	窟数	窟　　号	百分比
中心柱窟	4	5、13、16、17	22%
方　形　窟	2	1、10	11%
僧　房　窟	5	7、11、14、15、18	28%
不明形制窟	7	2、3、4、6、8、9、12	39%

上表内，中心柱窟一栏的数字比较确实，因为据残窟的现状判断，残毁过甚而不明形制的洞窟，很少可能是中心柱窟。这些不明形制的洞窟多半可能是崩塌了的方形窟或僧房。因此表中方形窟和僧房的数目，都比实际存在的洞窟数目偏低。即便如此，据上表，僧房窟的数量仍居首位。兹将僧房窟早晚两期的特征归结如下：

一三　台台儿第17窟后甬道顶地夜叉

一四　台台儿第17窟后甬道顶虚空夜叉

[16]地夜叉与虚空夜叉，见后秦僧肇撰《注维摩诘经》卷第一："夜叉，什曰：秦言贵人，亦言轻捷，有三种：一在地，二在虚空、三天夜叉也。地夜叉但以财施，故不能飞空；天夜叉以车马施，故能飞行。佛转法轮时，地夜叉唱空夜叉闻，空夜叉唱四天王闻，如是乃至梵天也。肇曰：夜叉，秦言轻捷，有三种：一在地，二在虚空，三天夜叉，居下二天，守天城池门阁。"（《大正藏》第三十八卷第331页）

[17]大光定，即自身出火之禅定。唐玄奘《大唐西域记》卷第三记阿难"即升虚空，入火光定，身出烟焰，而入寂灭"（章撰点校本第79页，上海人民出版社1977年）。后秦佛陀邪舍其竺佛念

233

译《长阿含经》卷第四《游行经》："阿那律言……我昔录从佛闻，从四禅起乃般涅槃。"（《大正藏》第一卷第26页）诸罗汉入灭时，多入火光定以灰烬其身。

僧房窟	早 期 特 征	晚 期 特 征
	券　顶	出现梯形顶和盝顶
窟	单个，分散，位置稍高	出现与中心柱窟的组合

在中心柱窟类中，第13、17窟在形制上主室均为券顶，主室宽度窄于后室。壁画题材中都画平顶山峦和塔中坐佛，画风相似，且都以石青色为主色调。第5窟的形制与以上二窟相同，但中心柱正壁不开龛，贴壁塑立像，甬道券顶画飞雁和宝盖，上述特点，多见于克孜尔中期洞窟之后。以上三窟时间大体相近，故归入同一期内。

第16窟与上述三窟比较，在洞窟形制和壁画题材上，都已发生明显的变化。在洞窟形制上，主室和后室三面甬道顶不再是券形，而均为平顶。中心柱四壁开龛。在壁面题材上，有化佛背光的立佛，布满主室和后室外围各壁。在中心柱正壁和后壁上，大龛上方外围各凿五个小龛，内壁坐佛，也有象征化佛的含意。窟顶全部以圆莲为装饰纹样。以上这些特点，在龟兹石窟中都出现较晚。所以在台台尔的中心柱窟中，第16窟的时代应最晚。

方形窟中，第1窟是盝顶，将它与同具盝顶的第13、15窟并列。第10窟因为是券顶，洞窟位置居中，比第1窟应更早一些。

以上是单窟的分期试析。再看洞窟的组合问题，可以被视为是组合窟的只有两组：

第一组为第11、12、13窟（僧房窟＋形制不明窟＋中心柱窟）。

第二组为第15、16窟（僧房窟＋中心柱窟）。

这两组窟窟外立面虽然未发现有成组构筑的遗迹，但是它们相互毗邻，窟口方向与地面高度基本一致，与其它洞窟分散布列的特点形成明显的对比。第一组中的第11窟主室是梯形顶，第13窟前室是盝顶，顶式接近；且三窟之间的距离小而均等，估计是同期内开凿的成组窟。第二组中的第15窟地面比第16窟略低，很可能是在第16窟开凿后，方与第15窟形成一组的。

综上所述，台台尔石窟大致可分为早、中、晚三期：

第Ⅰ期：可以称之为"僧房窟期"；除了僧房窟外，其他类别的洞窟尚未出现。这期的特点是，洞窟为单窟，分布较散，位置稍高，主室为券顶。

第Ⅱ期：除僧房窟继续开凿外，还出现了中心柱窟和方形窟。洞窟形制上的共同特点是顶式丰富了；不仅有券顶，还有盝顶和梯形顶。中心柱窟的壁画题材，主室内有塔中坐佛、佛本生等，后室甬道顶有山中入定僧和飞雁、宝盖等。方形窟平面多作横长方形。

这一期内，既有如第Ⅰ期中那样的单个、分散的洞窟，又出现了几个洞窟毗连成一组窟的新形式。这种新形式中，主要是僧房与中心柱窟的组合。

第Ⅲ期：开窟数量锐减，中心柱窟主室顶部由券顶变成了平顶，内容题材则突出带化佛的立佛，顶部出现了圆莲新纹样。组合的形式仍然保持着（详见台台尔石窟分期示意图）。

若将台台尔石窟与龟兹其它几处石窟相比，可以看出台台尔石窟第二期大致相当于龟兹石窟的盛期后段到晚期前段。由于踏查中未发现任

	中 心 柱 窟	僧 房 窟	方 形 窟	組 合 窟
第一期		7　　14　　18		
第二期	17　　13　　5	11　　15	10　　1	11　12　13
第三期	16			15　　16

何可提示开窟年代的铭刻或题记，台台尔石窟分期的进一步核实与校
正，还有待于它本身清理工作的展开和龟兹石窟分期问题的解决。

235

图版说明

丁明夷　马世长

图1　晨曦中的雀尔达格山远眺

在维吾尔族语言中，雀尔是指戈壁，达格为山的意思。一说可能是古龟兹北山。雀尔达格山脉，山峦逶迤，远远望去很像龟兹石窟壁画中特有的菱形山头。每当晨曦微露时，在荒漠的戈壁滩上霞光四射，五彩缤纷，别有一番深邃、神秘的气氛。

图2　从木扎提河北岸眺望雀尔达格山

库车、拜城县一带，有两大水系流经境内，东为铜厂河，西为渭干河，疑即北魏郦道元《水经注》所记"龟兹川"中的东西川水。《水经注》卷二："（龟兹川）水有二源，西源出北大山南……又出山东南流，枝水左派焉。又东南，水流三分，右二水俱东南流，注北河。又东川水，龟兹东北……南流，枝水右出，西南入龟兹城，音屈茨也，故延城矣……川水东南流，迳于轮台之东也……其水又东南流，右会西川枝水，水有二源，俱受西川。东流，迳龟兹城南，合为一水。水间有故城，盖屯校所守也。"西川水上游为渭干河，发源于天山汗腾格里山峰，流经两县，在雀尔达格山下汇入木扎提和克孜尔二河。沿木扎提河东下，便可抵达库车县境内的库木吐喇石窟。

图为从木扎提河北岸眺望雀尔达格山的景象。雀尔达格山自东向西北沿伸的余脉俗称南山，与克孜尔石窟悬崖南北对峙，木扎提河即流经两山之间。山谷河畔，溪流纵横，卵石成片。浩瀚戈壁山特有的柽柳、芨芨草等，点缀在沙枣丛中；在秋阳下，呈现一片金黄色调，成为一块色彩绚丽的沙漠绿洲。

图3　谷内区东北隅——"泪泉"

在谷内区东北角，群山环抱，峭壁耸立，泉水自岩隙中涓滴而下，细如泪线，淙淙有声，据圆照《悟空行状》，"安西（龟兹）境内有前践山，山下有伽蓝，其水滴滴，成音可爱。彼人每岁一时，采缀其声，以成曲调，故耶婆瑟鸡开元中用为羯鼓曲"。上述记载似即指此。但据当地民间传说，泪泉是一位美丽多情的少女泪珠所致。因此，男女青年每年都要聚此作追慕之游。这里的草木一片葱茏，树影婆娑，环境分外静谧。泉水顺着幽谷，遂成数股清溪，流向木扎提河，哺育着克孜尔石窟周围地区的万物。

图4　谷西区石窟远景

自泪泉至谷口为一条南北走向的苏格特沟，山谷以西的石窟群，称为谷西区，洞窟编号为第1—81窟。石窟开凿在戈壁悬崖上，前临木扎提河，隔河对岸便是雀尔达格山。

图5　谷西区石窟群第47—81窟外景

图为谷西区石窟群中部第47—81窟外景。窟群前方为

戈壁滩上特有的一片柽柳（即红柳）树丛，每当夏秋之季，形成由红变紫的圆椎形花序，点缀在戈壁滩上的灌木丛中，远远望去，格外美丽。窟前绿树成荫的地方，即是拜城县克孜尔千佛洞文物保管所。1961年，国务院把克孜尔石窟列为第一批全国重点文物保护单位。接着，建立了文物保管机构。建所初期，这里的生活条件十分艰苦，生活必需品均要从数十里外的县城，途经荒漠的戈壁、陡峭的山道，用毛驴驮来。但保管所的工作人员，出于对事业的一片热忱，忍受着难以想象的艰苦，对石窟的保管作出了贡献。近几年来，他们还对石窟进行了摄影、临摹和测绘，并开始从事研究工作。

这组石窟群，由以第47、48窟为主的两个大像窟及其旁的僧房所组成。大像窟以主室正壁高逾10米的大立佛为中心，通过低矮的左右甬道，进入宽敞的后室。这种洞窟形制，显然是为供信徒右绕礼拜大佛而设计的。这与《大唐西域记》卷一有关公元七世纪玄奘途经屈支国（龟兹）所见到的"大城西门外，路左右，各有立佛像，高九十余尺"的记载相符，反映了龟兹地区建造大立像的一代风气。

图6　谷西区石窟群第1—38窟外景

图为谷西区石窟群第1—38窟外景。现存石窟分四层，大多约属于公元四—六世纪时期的早、中期洞窟。早年曾在第18窟中发现估计为唐开元年间（公元713—741年）的汉文文书残片，可作为推断这一带洞窟废弃时间下限的参考。

图7　谷西区石窟群外景

克孜尔石窟均依戈壁悬崖上的山势凿出。崖壁系沙石水积层，适宜雕凿；但易受风化水蚀，较难保存，而这里又属地震区。故现存石窟的前室多已崩坍，有的仅存残垣断壁。图中山麓下的积土，有可能沉埋着早年崩坍的石窟。近期发掘的新1窟、69窟和81窟，即是一例。

图8　谷西区石窟群外景

图为谷西区东部石窟群外景。进入谷口，即为谷内区。右侧崖壁，为谷口东侧的石窟群远景。

图9　谷西区第2—17窟近景

此组石窟，位于谷西区最西端，包括在崖壁上开凿的三层洞窟。现存登临梯道系1977年重建。

图10　第4窟主室西北隅内景

第4窟主室正壁主龛中原塑坐佛像，龛上尚存安置泥塑菱形山的桩孔。西侧壁绘因缘佛传壁画，分上下二栏、左右三铺，铺间无格界。可辨识的有佛降伏迦叶三兄弟等。西甬道外侧壁绘一持钵立佛，佛右立一密迹金刚力士像，左手持金刚杵，右手举拂尘。

236

图11　第 4 窟西甬道

第 4 窟为一中心塔柱窟。图为西甬道。甬道外侧壁绘立佛二身，内侧壁为阿阇世王闻佛涅槃闷绝复苏的故事。甬道顶为券形，上绘菱形格图案。

图12　第 4 窟西甬道外侧壁立佛与金刚力士像

图为第 4 窟西甬道口外侧壁立佛与金刚力士像。立佛身着袒右肩赭红袈裟，通身背光。立佛的右侧为护法金刚力士像，有头光，戴冠，宝缯下垂，饰项饰，袒上身，下着裙。

图13　第 4 窟西甬道外侧壁立佛像

图为第 4 窟西甬道北口外侧壁另一尊立佛像。立佛右袒，着赭色袈裟，右手托钵。身右绘有三身双手合十的供养菩萨像，均面向立佛。

图14　第 7 窟后甬道西端壁度化善爱乾闼婆王图

第 7 窟中心塔柱的左、右、后壁及东、西甬道外侧壁，均绘出二排塔，塔内供奉有舍利盒。此图为后甬道西端壁壁画，在菩提树下绘二身交足立像。右为菩萨装束，双手弹箜篌；左像身相为赤肉色，帔巾绕身，回首凝视右立像。此图为佛度化乐神善爱乾闼婆王的故事。乾闼婆为八众之一的乐神。善爱乾闼婆王骄慢恣肆，不敬佛法。佛乃化身作乐神，手持玻璃箜篌，与善爱试比技艺。几番弹奏后，善爱自愧弗如，遂虔心皈佛，奉侍帝释，习奏伎乐（可参见《根本说一切有部毘奈耶杂事》卷三十七）。图中右持箜篌的立像，似描绘化身之佛。

图15　第 8 窟主室券顶前部及前壁壁画残部

第 8 窟主室券顶的壁画，均为以黑、白、绿三色相间的菱形山组成的图案，自中脊向两侧壁展开，各侧壁又分作六排。除最后一排半菱形格内描绘的是佛前生种种善行的本生故事外，其余五排突出地表现因缘故事。每菱格内，均绘一身袒右肩、作讲说状的坐佛。坐佛身侧描绘不同情节的人物形象，从而构成一幅幅因缘壁画。

前壁入口上部圆拱壁面残存的壁画，正中的像已残失，现存的是左右各二身天人，手持琵琶、盘宝、华绳、鲜花等，相向而飞。根据保存完整的同类壁画推测，画面可能表现的是弥勒在兜率天宫说法，诸天前来闻法、奏乐欢庆的情景。《普曜经》："其兜术天（即兜率天）有大天宫，名曰高幢……菩萨常坐为诸天人敷演经典。"弥勒原出生于婆罗门家庭，后为佛弟子，先佛入灭；上生于兜率天内院，经彼天四千岁（据佛教相当于人世间五十七亿六百万岁）下生人世间，成佛于华林园龙华树下（据《弥勒上生经》和《弥勒下生经》）。

图16　第 8 窟主室东北隅内景

第 8 窟是一中心柱窟。图为该窟主室正壁、东侧壁、东甬道及部分东券顶内景。正壁主龛内原塑坐佛，龛上侧为悬塑菱形山，现存残迹。券顶两侧壁各绘六排菱形格因缘故事壁画，券顶中脊依次绘日、立佛、双头金翅鸟、立佛、风神和月。东西侧壁均绘因缘佛传壁画。

图17　第 8 窟主室西南隅内景

图为第 8 窟主室西南角，可见部分为入口南壁右侧、西壁及券顶西侧壁。南壁窟门东西两侧各凿有一立像龛。主室西壁为一栏三铺因缘佛传壁画，铺间无格界。上方一列方形凹孔，为该处原安装木建筑构件的遗迹。

图18　第 8 窟主室前壁门上圆拱壁左侧飞天

图为第 8 窟主室前壁入口上方圆拱壁左侧的残存飞天壁画。飞天上下各为一身，均有头光、宝冠和帔帛。上一身执华绳，下一身捧盘，盘中堆宝。

图19　第 8 窟主室前壁门上圆拱壁右侧伎乐飞天

上一身飞天手持鲜花和盘，下一身飞天弹奏琵琶。背景绘作菱形山，间绘水池和树等。此图为诸天齐来闻法、奏乐欢庆的场面。

图20　第 8 窟主室前壁门上圆拱壁右侧听法菩萨像

听法菩萨二身，并肩而立，盼顾呼应。左身着妇女装束，右者袒上身。二像的右侧，残存一魔怪头部。

图21　第 8 窟主室东壁因缘佛传图

第 8 窟主室东壁因缘佛传壁画，一栏三铺，铺间无格界。每铺壁画，佛居中交脚而坐，头微侧，有头光及身光，袒右肩，着袈裟。画面均以佛说法为中心，与周围胁侍人物相呼应，构成不同的说法教化的场面。佛教以因缘为宗，"因缘合，诸法即生"（见《俱舍论》）。故说一切法，均不出因缘二字。

图中间的一铺因缘佛传壁画，佛右侧绘三排胁侍人物，中排为一身三头弟子，袒右肩合十向佛。佛座右下方亦绘有一穿百衲衣弟子，向佛双膝跪拜顶礼。此似为佛降伏迦叶三兄弟。迦叶三兄弟，即优楼频螺迦叶、伽耶迦叶和那提迦叶，各领五百徒众，为外道论师。优楼频螺迦叶曾企图诱陷佛于毒蛇窟，未成；后与二弟及徒众，分别在木瓜林、伽耶城和那提河边，舍邪从正，得罗汉道。此图疑即三迦叶皈依佛法、出家得道的场面（可参见《佛本行集经》卷四十）。

图22　第 8 窟主室西壁因缘佛传图

图为第 8 窟主室西壁因缘佛传图壁画，下部壁面，均已剥落，辨认不清。

中间一铺壁画，左侧坐佛头光上部绘有月中兔。右侧坐佛两侧的最下排，在坐佛的右侧绘有两排凭座交足菩萨坐像，在左侧绘有二身弟子，此似为罗睺罗命名的故事。罗睺罗为释迦在俗时之子，罗睺罗阿修罗王食月时生，因以为名。十五岁出家为沙弥，遂成阿罗汉果，为佛十大弟子之一（参见《佛本行集经》卷五十一）。

图23　第8窟主室东壁因缘佛传图听法天人像
　　图为第8窟主室东壁北起第一铺因缘佛传，图中为坐佛右侧上方几身听法天人的特写。

图24　第8窟主室东壁因缘佛传图听法天人、弟子像
　　此图为第8窟主室东壁北起第一铺与第二铺坐佛之间的听法天人和弟子特写。两铺间虽无明显格界，但由人物排列及其面向来看，仍可分出每铺人物的隶属关系。

图25　第8窟主室西壁因缘佛传图三弟子头像特写

图26　第8窟主室西壁因缘佛传图听法天人、弟子像
　　图为第8窟主室西壁北起第一铺与第二铺坐佛之间的听法天人、弟子像特写。

图27　第8窟主室券顶菱形格壁画全景
　　主室券顶以中脊为界，分为东、西侧壁两部分。中脊处自北至南依次绘日、立佛、双头金翅鸟、立佛、风神和月。东西侧壁自上而下为五排菱格，最下一列为三角形，内绘本生故事。菱形格因缘画，均以坐佛为中心，佛左侧和右侧表现与主题有关的人物或情节。一般说来，菱格因缘画的情节较简略，特征不甚明显，不易考释其内容。
　　龟兹石窟券顶壁画，一般都绘有菱形格装饰的画面（简称菱格画）。从构图来说，每个菱形山内以坐佛为中心，组成一排排整齐规则的菱形格图案，每排菱形山之间又采取左右交叉的形式。这种构图，虽按一定的方式排列，但由于由不同色块组合，看上去并不显得呆板，而给人以生动活泼、千变万化的感觉。这种装饰性菱形格图案，不见于其它地区的石窟，而是龟兹地区特有的风格，引起了研究者的浓厚兴趣。

图28　第8窟主室券顶东侧壁菱形格因缘画局部
　　此为第8窟主室券顶东侧壁北端上部菱格因缘画的局部。图中第二排右幅菱形格内，坐佛左立一人持盖供佛。第三排左幅菱格内，绘有一人在烈火中举双手向佛呼喊。其它因缘画，坐佛旁多作种种供养状。其内容待考。

图29　第8窟主室券顶东侧壁菱形格因缘画局部
　　图为第8窟主室券顶东侧壁北端下部的因缘画局部，图中下排右一幅，绘有一坐佛头光处伸出四蛇头的形象。坐佛右侧一人头部也画有蛇形龙的形象。此疑为龙女连茶耶供养佛（参见《佛本行集经》卷二十六）。图中最下一排为本

生画，其中右一幅绘有一王骑马引弓，前有一圆形水池，池旁一人正跪着持瓶取水。此为睒子孝养盲父母的故事。睒子孝养瞽亲之事，出于《六度集经》。

图30　第8窟主室券顶东侧壁菱形格因缘画蛤天人缘特写
　　图中一坐佛，面右侧，屈臂作说法状。其右一躬身立人，半裸，双手于胸前柱杖，杖下端有一物。此为蛤天人因缘（参见《善见律毗婆沙》卷四）。故事描写一牧牛人听佛说法，以杖刨地，误著听法的蛤头，蛤即命终生忉利天。

图31　第8窟主室券顶东侧壁菱形格因缘画局部
　　图中左侧坐佛，前跪一人，戴冠，裸上身，右手举一拂尘，作供养状。右侧坐一佛，前跪一男人，着世俗装，双手捧一容器供佛。内容待考。

图32　第8窟主室券顶东侧壁菱形格因缘及本生画局部
　　图中上二排菱格为因缘画；最下一排半菱格，是本生画。上排左幅菱格因缘，坐佛右侧一女，系小儿头坠入井内。此为女人系小儿入井缘。故事为一女正抱儿持瓶汲水，在井边见一男子，心遂迷恍，误将小儿作水瓶坠入井内……（参见《出曜经》卷四）。
　　下排半菱格内的本生故事画，左一幅是萨埵太子舍身饲虎。萨埵，名摩诃萨埵，为大车国王的幼子。有一次，三个太子出游山林，见一虎产二子，饥渴交加，遂生悲怆之念。萨埵太子为无上菩提，独入林中，至饿虎处，自取利木，刺身出血，委身而卧，舍身饲虎（参见《贤愚经》卷一）。图中一赤身露体卧于地上饲虎者即为萨埵太子。佛教以此故事，用以歌颂太子好善乐施的功德。这一题材，常见于龟兹石窟的壁画中。中间一幅，是兔王焚身供养梵志的故事。梵志为从事修行的婆罗门的通称。图中一婆罗门修行者，其身侧一兔，正在熊熊烈火中自焚，以供养梵志（参见《杂宝藏经》卷二）。关于兔王焚身，还有"以供天帝"之说。故事谓狐、兔、猿三兽，异类相亲。天帝为忖量三兽之心，显示出极度饥饿的神色，要求舍施。结果，狐衔一鲜鲤，猿采异花果，馈献天帝。唯独兔一无所得，乃自焚身死，供养天帝。天帝感其恩施，寄兔于月轮。月中之兔，自斯而有（参见《六度集经》卷三）。

图33　第8窟主室券顶西侧壁菱形格因缘及本生画局部
　　图中为第8窟主室券顶西侧壁南端下部菱格因缘及本生故事画局部。图中第一排左幅菱格壁画中，绘有池中伸出一蛇头；似为贤面长者悭吝不施，命终受毒蛇身缘。下排半菱格为本生故事画，中幅为萨薄燃臂炬引众商人出阇林，右幅为须大挐太子向婆罗门布施二小儿（以上可参见《撰集百缘经》卷六、《贤愚经》卷六和《六度集经》卷二）。

图34　第8窟主室券顶西侧壁菱形格因缘及本生画局部

此图为第8窟主室券顶西侧壁中下部菱格因缘及本生故事画的局部。第二排左侧菱格因缘内，坐佛左侧有一猴，正双臂持器于水中净蜜。此似为弥猴奉蜜缘（参见《贤愚经》卷十二）。最下一排半菱格内本生故事画中，中间一幅菱格内，树右一人正持剑作砍杀状；树左一人以发绕树，双手合十，似为月光王施头的故事（参见《贤愚经》卷六）。

图35　第8窟主室券顶西侧壁菱形格因缘画小儿播鼗踊戏缘特写

此特写在第8窟主室券顶西侧壁北端上部菱格因缘内。画中描绘一裸儿，跪在坐佛前，左手持一长柄鼗鼓摇击之；腹前悬一鼓，右手拍击之。此为小儿播鼗鼓踊戏缘（参见《六度集经》卷六）。

图36　第8窟主室券顶西侧壁菱形格因缘及本生画局部

图为第8窟主室券顶西侧壁北端下部菱形格壁画局部，上三排为因缘画，下一排为本生画。第三排中幅黑菱格内坐佛左侧，立一婆罗门老者，左手拄杖，右手上举作乞食状，似为梵豫王施谷缘（参见《撰集百缘经》卷三）。最下排左侧半菱格内，绘有一男人佩长剑行于后，其前一女，肩负一儿，应为须阇提割身肉济父母命本生（参见《贤愚经》卷一）。

图37　第8窟主室券顶西侧壁菱形格因缘及本生画特写

图中特写，位置在第8窟主室券顶西侧壁北端下部。图右侧即为上图介绍的须阇提割身肉济父母命本生故事的特写。

图38　第13窟主室券顶西侧壁菱形格本生画局部

第13窟主室券顶西侧壁，画菱格本生故事，打破了以前介绍的诸窟窟顶满绘菱格因缘的布局形式，仅在最后一排绘本生故事的布局形式。第13窟壁面因受风沙磨蚀，多已模糊不清。图中为券顶西侧壁的本生画局部，内容可辨识者有：昙摩钳太子本生（参见《贤愚经》卷一）、须阇提割身肉济父母命本生等。

图39　第13窟主室券顶东侧壁下皮水中人物像特写

图中为一裸人，卧于一物上，四周为绿色海水，水中浮游各种水生动物。此图寓意待考。

图40　第14窟正壁内景

第14窟为纵券顶方形窟。正壁主龛内原塑坐佛，主龛左右侧各绘二身供养菩萨。龛上方绘六排水中圆莲，莲上有小坐佛，可能是表现"无数诸佛，坐宝莲花"，"时佛奋现，如是神变"的情景。券顶东西侧壁满绘菱格本生故事，东西两壁布满因缘佛传图。

图41　第14窟正壁龛左侧听法菩萨像

图中二听法菩萨，左侧交脚而坐，披鬈发，头光，戴花饰，似抱一箜篌。右侧双手合十，作礼拜状。

图42　第14窟正壁龛右侧听法菩萨像

图中二菩萨像，位于正壁龛右侧，并列坐在束腰帛座上，各舒左腿，面向坐佛，作听法状。

图43　第14窟东壁因缘佛传图

第14窟东、西壁因缘佛传壁画，均作上下三栏，每栏三铺，铺间画格界，计每壁九个佛传画面。图为第14窟东壁因缘佛传图。图中上栏右铺，佛前立一婆罗门老人，其后立一面向格界的女子；婆罗门老人正抓住这一女子的左臂，面向佛。此似为摩因提梵志以女妻佛的故事（参见《义足经》卷上）。下栏左铺，佛两侧各绘二排天王，佛座前亦有一天王，面向佛头顶礼，应为佛成道后诸梵天劝请说法的故事（参见《佛本行集经》卷三十二）。下栏中铺，佛左右各绘一身手持金刚杵和拂尘的人物，交足而坐，疑为佛度舍利弗、目犍连出家的故事。目犍连与舍利弗为佛左右弟子。初，同为六师外道，后互约出家，皈依佛法（参见《佛本行集经》卷四十八）。

图44　第14窟西壁因缘佛传图

本壁仅存六铺。由于多已磨蚀，因缘佛传的具体情节不清。上栏右铺，从画面所示，佛右侧跪一袒右肩合十弟子；佛左侧立一婆罗门，正扶一小儿之手立于水中。内容待考。

图45　第14窟东壁因缘佛传图特写

图为第14窟东壁上栏中铺因缘佛传图。佛两侧上排为执华绳、奏琵琶的菩萨装人物，下排左侧为袒右肩的合十弟子，右侧为执金刚杵和拂尘的婆罗门。佛座前一比丘，双臂前伸，俯卧在地。

图46　第14窟券顶东侧壁菱形格本生画智马本生特写

图为第14窟券顶东侧壁南端上部菱格本生特写。画面作：一武士身着甲胄装，正骑马渡河而去；马足踏在莲花池上。此为智马本生故事：波罗㮈国梵授王，有一智马。国王与敌国交战中，马遭重伤。为救王命，智马奋跃莲池，驮王回宫，后即身死（参见《根本说一切有部毗奈耶杂事》卷三十八）。

图47　第14窟券顶东侧壁菱形格本生画局部

第14窟券顶东、西侧壁壁画，以佛前生种种善行的本生故事，取代叙述佛说法教化之因缘故事，占满全壁显著的位置。这些菱格本生故事壁画，色泽艳丽，构图清晰，虽间有残损，但在克孜尔石窟中是保存较好的。

图48　第14窟券顶东侧壁菱形格本生画马壁龙王本生特写

这一特写，在第14窟券顶东侧壁北端上部菱格内。画面描绘一条双头龙各绕一山头,龙背上站立两身合十致礼的俗装人物。此为马壁龙王救众商的故事：五百商人入海采宝遇险，得马壁龙王援救,安全渡过大海(参见《经律异相》卷二十四)。

图49　第14窟券顶东侧壁菱形格本生画狮王本生特写

图为第14窟券顶东侧壁中下部菱格本生画特写。画面左侧为一猴，双膝下跪，作向狮合十求助状。右侧一蹲狮，正抬头仰视,一鹰自空中俯冲而来。此为狮王本生故事:狮王与弥猴互相友善，猴以二幼子相托。山中一鹜鸟乘狮王熟睡之际，攫取幼猴。狮王求鹜，遂放还幼猴(参见《大集经》卷十一)。

图50　第14窟券顶西侧壁菱形格本生画特写

上排左侧菱格内，绘一比丘病卧在地，前跪一人，左手托钵,右手执匙喂比丘食。此为圣友施辟支佛乳本生。下排左一幅，池中立一人，正执器掏水，此为大施抒海本生;商主大施发誓掏尽海水，海神惧之，遂还宝珠(参见《贤愚经》卷八)。

图51　第14窟券顶西侧壁菱形格本生画大光明王本生特写

画面作一菩萨装的人物，双手正攀树欲从一急驰的大象上脱身。此为大光明王本生:光明王得一白象，令象师调教。后王试骑，象狂奔不止。光明王急中生智，紧抓树枝，始得脱险。王悟出象师可调身、唯佛方能调心的道理，始发无上菩提心(参见《贤愚经》卷三)。

图52　第14窟券顶西侧壁菱形格本生画马王本生特写

图为第14窟券顶西侧壁中下部马王本生特写。画面以菱形格山作背景，二商人共骑一马渡水过海。此为马王救诸商客本生:五百商人入海采宝，船遇险被漂流至罗刹国。罗刹女贪暴食人。商主等得马王助救，驮负还国(参见《六度集经》卷六)。

图53　第14窟券顶西侧壁菱形格本生画兔王本生特写

此图位置在第14窟券顶西侧壁南端上方。画面为一婆罗门，双手前伸，交足坐在束腰覆帛座上，凝视前方一堆正在焚兔的火堆。此为兔王焚身供养梵志本生。

图54　第14窟券顶西侧壁菱形格本生画樵人背恩本生特写

画面以菱形山为背景，一猎手，束发，裸上身，正引弓待发；前方山洞中有一卧熊，地上置一断臂。此为樵人背恩本生:一樵人入林中伐木，遇雨迷途，被一熊救护。后樵人背恩，唆使猎师射杀此熊，分得熊肉。樵人负义，双手断落(参见《根本说一切有部毗奈耶破僧事》卷十五)。

图55　第17窟东甬道

图为第17窟东甬道，其外侧壁右侧，绘有一身光的立佛；头光及身光外周，遍绘小坐佛；胸及腿部遍绘小菩萨；膝部各绘一圆轮。立佛左足下跪一袒右肩的弟子。甬道为券顶，上绘菱形格图案。

图56　第17窟主室券顶前部及前壁壁画

图中上方为第17窟主室券顶中脊处之天象和东西侧壁上的菱格本生壁画；下部为前壁入口处，门上圆拱壁内绘弥勒于兜率天宫说法的场面。克孜尔石窟中心柱窟，一般来说，在正壁主龛前方亦即佛像前方的建筑空间内，券顶自中脊向左右两侧壁展开,画有天象、菱格因缘和本生画，左右两壁为因缘佛传图。佛像对面上方半圆形的壁面上，绘有兜率天宫说法图。

图57　第17窟主室前壁门上圆拱壁兜率天宫菩萨说法图

图正中为一交足而坐的菩萨，作说法状；两侧分别绘两列五身闻法诸天，亦交足坐在高方座上。此图表现弥勒在兜率天宫说法的情景。

图58　第17窟主室东壁因缘佛传图残部

第17窟主室东壁因缘佛传图壁画，作上下二栏，每栏四铺，间以格界。此图为东壁下栏北起第一铺因缘佛传图残部，主要残存佛右侧的听法诸天人。

图59　第17窟主室西壁因缘佛传图全景

图为第17窟主室西壁的因缘佛传图。全壁分为上下两栏，每栏各四铺。栏间隔以白色栏框，铺间亦界以边饰花纹。图中上栏南起第二铺，佛头光上部绘出日、月，佛左右各绘一身四臂天王，左天王像手托日月。佛座下绘二身交足菩萨像。

图60　第17窟主室券顶东侧壁菱形格本生画全景

第17窟主室券顶中脊为天象图，残存部分依次为日天、立佛、风神和立佛。券顶各侧壁，满绘自上而下五排菱格本生画，最下一排仅绘出半个菱形格。此图为券顶东侧壁菱格本生画，可辨识的有：自左至右第一排为须大拏太子施舍、象王施牙、驳足罗刹王本生；第二排为萨薄商主燃臂引路、慕魄太子十三年不语、修楼婆王供养夜叉本生；第三排为羼提婆梨仙人忍辱断臂(参见《贤愚经》卷一)、大光明王本生、设头罗犍宁舍身为鱼、独角仙人淫乱失道本生；第四排为慈力王施血，萨埵太子舍身饲虎、猴王以身作渡桥本生；第五排为狮王本生等。

图61　第17窟主室券顶东侧壁菱形格本生画局部

图中上排右幅，为昙摩钳太子本生；中排右幅为大光明王本生；下排中幅，一人端坐不动，身上肋骨裸露，头顶上卧三小鸟。此当是常怀慈心，顶鸟不动(参见《僧伽罗利所集经》卷上）。

图62 第17窟主室券顶东侧壁菱形格本生画萨薄燃臂当炬本生特写

画面为萨薄举双手燃臂当炬，旁立二商伸臂指向火炬；商人身后一载货骆驼随行。故事写五百商人行路于山谷间，黑闇迷途。萨薄即以白氎自缠两臂，灌酥油燃之，指引众商走出闇谷。

图63 第17窟主室券顶东侧壁菱形格本生画局部

图中上排菱格内，一人骑兽，双手托兽头，兽跃河狂奔，内容不明。中排左图为慕魄太子本生（参见《太子慕魄经》）。右图一夜叉端坐在高方座上，双手擎一小儿入口咬食。此为修楼婆王本生：王欲闻法，毗沙门化为夜叉，对王曰："以王妻与子供食，乃与讲法。"王以夫人与子供夜叉食，以求闻法（参见《贤愚经》卷一）。下排左图为设头罗犍宁王本生。右图中一女骑坐在一人肩上，为独角仙人本生：修行之独角仙人，被淫女诱乱，乃失神通。淫女乃驾其肩上还归城邑（参见《大唐西域记》卷二）。

图64 第17窟主室券顶东侧壁菱形格本生画设头罗犍宁王本生特写

画面为一大鱼卧地，二人正持刀、斧斫取鱼肉充饥。故事写往昔亢旱，人民无食，死者甚众。设头罗犍宁王誓愿舍身化大鱼，以身肉施诸人。众人割鱼肉以济命，随割随生。食肉者皆生慈心，命终升天（参见《贤愚经》卷八）。

图65 第17窟主室券顶东侧壁菱形格本生画猴王以身作渡桥本生特写

画面作一猴王以身跨河于两岸，四足扶树为桥。岸边树上有一猴。猴王身上有二猴挽臂前行。故事描写群猴出游，被梵德王追捕，前有深涧阻挡，猴王乃自缚树间横置涧上，协助同伴逃生，自己却堕涧身亡（参见《六度集经》卷六）。

图66 第17窟主室券顶西侧壁菱形格本生画

第17窟主室券顶西侧壁菱格本生壁画，共分五排，自左至右可辨识的有：第一排四兽问道供养仙人、龟王救众商、快目王施眼本生；第二排穷陷人背恩、跋摩竭提施乳济人、大施抒海得珠、一切施王舍身、端正王断二母净儿、马壁龙王救众商本生；第三排尸毗王舍身贸鸽、伯叔杀龙济国、樵人背恩、智马救梵授王本生；第四排睒子孝养盲父母、月光王施头、昙摩钳闻法焚身、弥兰商主入铁城本生；第五排鸽王焚身济迷途人本生等。

图67 第17窟主室券顶西侧壁菱形格本生画局部

图中上排菱格内，为四兽问道本生。中排左图，一人

正双手举石，投击卧地一猴，此为穷陷人背恩。故事说一穷陷人入山谷内，不能自出，弥猴见此，救他出谷。猴疲极卧憩，穷陷人腹饥，生杀猴之念并食之，遂以石击猴首（参见《六度集经》卷五）。中排右图为跋摩竭提施乳济人本生（参见《菩萨本行经》卷上）。下排左图为尸毗王割肉贸鸽本生。尸毗王出自《贤愚经》卷一，言尝割身肉以饲饿鹰，至割肉尽。

图68 第17窟主室券顶西侧壁菱形格本生画局部

图中下排左图，为月光王施头。右图，一人立于莲池中，背后火焰升腾，左右各立一人用双手扶持。此为昙摩钳太子本生。太子乐闻正法，天帝释化为婆罗门语之曰：若能自投大火坑中供养，即为说法。太子投于火坑，坑乃变为莲池。

图69 第17窟主室券顶西侧壁菱形格本生画局部

图为第17窟主室券顶西侧壁中部菱格本生局部画面。第三排左幅菱格中，一双头龙屈身成圆形，正口吞一人。内坐三人，俯首扬臂作哀伤状。此为叔伯杀龙济国本生。一国蛟龙作恶，吞食黎民。有伯叔二人相议，化为象与狮，与龙争斗，三命同亡，斯国得济。在第38窟券顶上的同一本生画中，以狮登象身与龙搏斗的形象出现（参见《六度集经》卷六）。

图70 第17窟主室券顶西侧壁菱形格本生画快目王施眼本生特写

画面中高方座上侧身倚坐一人，左手屈举；前跪一人，双手举于坐者眼前。此疑是快目王施眼本生。一婆罗门双目失明，欲向快目王求眼。王即授刀令剜一眼，置于掌中，以此布施（参见《贤愚经》卷六）。

图71 第17窟主室券顶西侧壁菱形格本生画局部

图中左幅菱格内为智马救梵授王跃池脱险的故事。下排右幅菱格内，中有一卵形物，上有眼、鼻、口，状如人面，四周围绕七鸟啄之。此似为无头众生。一无头众生，两边生目，胸前生口，身常流血，诸虫唼食，痛彻骨髓（参见《杂阿含经》卷十九）。

图72 第17窟后甬道后壁涅槃局部及西端壁小龛

图为第17窟后甬道后壁之涅槃像和后甬道西端壁上圆拱形小龛。

图73 第27窟主室西南隅内景

第27窟为中心柱窟。主室门壁上部绘兜率天官说法图，现存西侧二排听法天人像。门两侧龛中原塑立佛像。窟顶作平棊顶。正壁及左、右壁布满圆拱小龛，龛中原塑佛像。正壁计61龛，左右壁各凿三列小龛，龛上部绘出宝盖。这

种洞窟形制，在克孜尔石窟中为一孤例。

图74　第27窟主室前壁门上圆拱壁右侧听法菩萨像

图为残存西侧二身听法菩萨像，一排四身，均戴单珠冠，有头光，交足坐在方座上。

图75　谷西区第31—40窟外景

这一外景，位于大像窟第47、48窟下层一排，其中仅第32、34、38诸窟为中心柱窟，现残存有壁画。其它多为僧房、仓室等。

图76　第32窟主室券顶东侧壁菱形格因缘画残部

现残存五排，可辨识的有提婆达多投石伤佛、罗睺罗洗佛足、佛度水牛升天等。

图77　第32窟主室券顶东侧壁菱形格壁画特写

坐佛右侧一人，裸上身，面向佛，双手下伸，作取宝状，下卧一牛。内容待考。

图78　第34窟主室券顶菱形格壁画全景

第34窟主室券顶中脊天象图，有日、蛇、立佛、金翅鸟、风神、月等。东、西侧各绘七排菱格因缘画，最下排半菱格内为本生画。菱格因缘画可辨识的有波塞奇画佛、布施佛幡、舍利摩提施塔、度旷野夜叉等。

图79　第34窟主室券顶东侧壁菱形格因缘画局部

第二排右幅菱格内，坐佛头光上绘一塔，佛右侧跪一人，合十礼拜。此为舍利摩提施塔缘（参见《杂宝藏经》卷五）。第三排中幅菱格内，坐佛头光上有一宝盖，其左侧一人合十礼拜。待考。

图80　第34窟主室券顶东侧壁菱形格因缘画局部

图中中排右幅菱格内，坐佛右前侧立一老婆罗门，向佛座前之水池倾倒食物，水中起火。此为婆罗门供食出火。婆罗门见佛数次乞食，心中厌恶。后闻佛说偈，乃奉美食于佛。佛不食，令著水中，水乃大沸，烟火俱出（参见《法苑珠林》卷五十四引《大智度论》）。

图81　第34窟主室券顶西侧壁菱形格壁画局部

第二排左一幅，佛左侧倚坐，伸手抚摸一裸儿，裸儿后站立一人。右一幅菱格内，坐佛右侧跪一比丘，左上方为一兽皮，佛座前卧一牛。其内容均不详。

图82　第38窟主室正壁全景

正龛中原塑坐佛像。龛上长圆形插孔，为悬塑菱形山的遗迹。龟兹石窟中多出现菱形山，用以表现释迦在深山环境中讲述自己前生及今世的主要"化迹"，这正适合小乘佛

教要求在深山中苦修以达到解脱的需要。

图83　第38窟主室前壁全景

38窟主室壁画保存较完整，窟门两侧拱形小龛中原塑佛像，门、龛上部原似绘一列菩萨，现仅存两侧思惟菩萨各一身。门壁上部绘兜率天宫说法。纵券顶中脊绘天象，两侧壁绘菱格因缘、本生壁画。券顶两侧壁下方各绘一列天宫伎乐。东西壁各绘一栏因缘佛传壁画。

图84　第38窟主室前壁门上圆拱壁兜率天宫菩萨说法图

此图均作菩萨装，交足坐于方座上。正中为诞生世间前的菩萨，有头光及身光，形体较大；左右各二排六身较小的听法诸天。圆拱龛两侧的建筑装饰，表明是在宫中说法。

图85　第38窟主室前壁门上圆拱壁左侧听法菩萨像特写

听法诸天皆裸上身，下著裙。图中一身，戴三珠冠，宝缯下垂，五指合拢作合十状。身饰耳环、项圈、臂钏、手镯、细璎珞等。

图86　第38窟主室前壁门上圆拱壁右侧听法菩萨像特写

图中一身左臂上扬，右手反掌向下举于胸前，戴大耳环，身绕帔帛与璎珞，神情沉静、体态优美。

图87　第38窟主室南壁门上左侧思惟菩萨像

38窟窟门的两侧，各凿一小龛。龛中原塑坐佛。窟门上方与兜率天宫说法图之间，原绘一列菩萨；中部画面已残损，仅两侧各余一身思惟菩萨像。菩萨头戴宝冠，侧身，左腿斜舒，搭于右腿上，坐在束腰覆帛座上。有头光及身光。左手支颐，右手抚腰，作沉思凝想状。座前有一树。表现菩萨于树下思惟的情景。

图88　第38窟主室前壁门上右侧思惟菩萨像

此像与左侧思惟菩萨像相对称。脸部略残，右腿斜舒，搭于左腿上。左手抚腰，右手支颐作沉思冥想状。树居于像后。此像的头光、身光、项饰、璎珞与左侧思惟菩萨略同。

图89　第38窟主室东壁上部天宫伎乐图特写

38窟主室券顶东西二侧壁菱形格壁画下部，各有一横列天宫伎乐。每壁绘七龛，每龛绘出二身伎乐，东、西二壁共绘十四龛二十八身。伎乐均裸露上半身，手中多持箜篌、手鼓、排箫、笛、钹、五弦、琵琶等乐器，作乐舞供养状。龛下绘出一列仿木结构建筑的悬空凭台。其他窟中，有的则直接塑出凭台，并留有安插枋木的长方孔。这都表示伎乐置身于天宫的环境中。图中二身伎乐，右者吹笛，左者弹琵琶。丰腴的肢体，隆起的乳房，显示了龟兹女性的特征。

图90　第38窟主室东壁上部天宫伎乐图特写

图中二身伎乐，左一身右手反掌上举，左手反掌向下，托一华绳。右一身左臂上抬，右臂下接，反掌向外，作击掌状。两身伎乐一舞华绳，一击掌合节，是优美的龟兹舞蹈形象。

图91　第38窟主室东壁上部天宫伎乐图特写
图中二身伎乐，右一身戴花冠、小耳环，双手捧持排箫。左一身戴三珠冠，大耳环，怀抱一乐器，左手握颈，右手持拨子作弹奏状。

图92　第38窟主室东壁上部天宫伎乐图特写
图左一身伎乐，头戴三珠冠，右手覆于胸前花盘上。右一身伎乐，头戴花冠，怀抱箜篌，左手以中指、无名指握箜篌弓颈，右手以指弹奏。

图93　第38窟主室东壁上部天宫伎乐图特写
图中左一身伎乐，头戴三珠冠，双手捧持一鼓状乐器，分别以双手拍击鼓之双面。右一身伎乐，头戴花冠，双手持一横笛，置于口边作吹奏状。

图94　第38窟主室东壁上部天宫伎乐图局部
图中左龛中二身伎乐，左一身头戴三珠冠，双手执一管状乐器吹奏。此器下口作喇叭状，形似唢呐。右一身头戴花冠，右手翻掌向上，左手于胸前执一华绳。右一身伎乐左手持一青蓝色圆形物于右肩处，右手动态不明。

图95　第38窟主室东壁因缘佛传图特写
38窟主室东、西壁因缘佛传壁画，均作一栏三铺，铺间没有明显格界；人物错落，依靠胁侍人物的面向和组合呼应关系来区别；佛和胁侍人物都作侧面处理。图中二身人物，左弹阮咸，作伎乐供养状。

图96　第38窟主室东壁因缘佛传图特写
该铺因缘佛传图，佛左右各绘密迹金刚力士坐于方座上。佛座下绘一长跪顶礼人物和一对鹿，似表现佛在鹿野苑初转法轮的场面。

图97　第38窟主室东壁因缘佛传图特写
图为因缘佛传图中的两身伎乐。左身伎乐戴三珠冠，头侧转，目视右者，双手执一横笛，作吹奏状。右身伎乐亦戴三珠冠，胸前似执一物，亦作吹奏状。因壁面残损，已不可辨识。

图98　第38窟主室东壁因缘佛传图特写
该铺壁画中，佛右侧绘一身菩萨坐于方座上，座前一戴大耳环的小儿；小儿身下跪一婆罗门，双手捧三珠冠。菩萨作双手接取状，正为小儿加冠。此图为释童婆提喇迦继位故事。释迦牟尼之父输头檀王因儿子出家为菩萨，烦

恼忧郁，不想再居王位，遂聚集释迦族眷属，表明心意并征求王位继承者。释童婆提喇迦自荐，得到了王位及天冠（参见《佛本行集经》卷五十八）。

图99　第38窟主室西壁因缘佛传图全景
胁侍菩萨等人物多戴三珠冠，宝缯翻飞，佩胸饰、臂钏、耳环、璎珞等，作奏乐、献花、捧巾、舞踊等动作。壁画下部近地面处，绘一横列三角垂帐纹。此壁画面内容不详

图100　第38窟主室西壁上部天宫伎乐图特写
图中二身伎乐，左者头戴三珠冠，胸前横置一曲身直头乐器，以左手弹奏。右者头戴花冠，双手执横笛，作吹奏状。

图101　第38窟主室西壁上部天宫伎乐图特写
左身伎乐，头戴三珠冠，左手于胸前擎华绳一端，右臂残去，似为上举执华绳的另一端。右身伎乐，头戴花冠，脸俯视，左手托一花盘，右臂上举，右手作散花状。

图102　第38窟主室西壁上部天宫伎乐图特写
图中二身伎乐，左者头戴三珠冠，怀抱阮咸，左手握器颈，右手以拨子弹奏。右者头戴花冠，左肩上耸，双手执横笛，作吹奏状。

图103　第38窟主室西壁上部天宫伎乐图特写
左者伎乐，头戴三珠冠，右手于胸前托一花盘，左臂和左手搭于右身伎乐的肩上。右身伎乐，头戴花冠，双手各执一器，似作碰击状。

图104　第38窟主室西壁上部天宫伎乐图特写
图中二身伎乐，左者头戴三珠冠，左手执一花盘，右手作散花状。右者头戴单珠花冠，左臂上扬，翻掌向上执华绳一端，右手举于胸前，将华绳另一端套于腕部。

图105　第38窟主室西壁上部天宫伎乐图特写
图中二身伎乐，左者头戴三珠冠，怀抱琵琶，左手握器颈，右手以拨子弹奏。左者头戴花冠，身微右转，双手执一管状乐器吹奏，器下口似喇叭，形如唢呐。

图106　第38窟主室西壁上部天宫伎乐图特写
图中二身伎乐，左者头戴三珠冠，双手均以拇指和食指相捻，各持一碰铃，作轻轻碰击状。右者头戴花冠，双手持排箫置于口边，作吹奏状。

图107　第38窟主室西壁因缘佛传图局部
此为38窟主室西壁北起第三铺因缘佛传图的局部，佛

243

面相微右转，余者为佛左侧的听法伎乐、弟子、诸天等形象。

图108　第38窟主室西壁因缘佛传图特写

此图为图107中二身弟子的特写，右者合十，左者右手上扬，二弟子左右呼应。

图109　第38窟主室西壁因缘佛传图特写

此为38窟主室西壁北起第一铺因缘佛传图佛左侧的听法伎乐特写。伎乐头戴三珠冠，大耳环，怀抱阮咸，左手握颈抚弦，右手以拨子弹奏。

图110　第38窟主室西壁因缘佛传图特写

图为38窟主室西壁北起第一铺因缘佛传图中佛左侧上排伎乐特写。伎乐头戴三珠冠，面向佛，手捧花盘作散花状。

图111　第38窟主室西壁因缘佛传图特写

图为38窟主室西壁北起第一铺因缘佛传图佛右侧弟子特写。佛右侧上方为一菩萨，中间为一年轻比丘，下方为一年老比丘。比丘皆剃发，袒右肩，双手合十礼拜，合十双手作拇指合拢上竖状，余四指指尖合拢前伸；中间比丘面部的高光处用白色描出，而下方比丘面部和上身的线条却具有白描画的效果。线条挺拔有力，落笔传神。

图112　第38窟主室券顶壁画全景

38窟主室券顶中脊绘一列天象图，券顶两侧壁各绘六排菱形格壁画，均采用一排本生与一排因缘画交错排列的形式。本生画列由各种人物、动物组成不同的画面，因缘画则由方座上的坐佛及其两侧的胁侍人物的动态来表现不同的内容。这种菱形格壁画，以山峦为背景，围成向上耸起的菱形山头。该窟山形为尖圆形峰顶，顶部呈瓣状，最宽处位于山峰中部。在中脊与第一排本生画之间，加画一列小菱格，内画禽兽和飞鸟。第六排下为一列半菱形，亦画鸟兽形象。

图113　第38窟主室券顶中脊前部天象图

图114　第38窟主室券顶中脊后部天象图

图113、114为第38窟主室券顶中脊的天象图。天象图自入口前壁至中心柱顶，纵贯窟顶中央，依次为日天、风神、立佛、双头金翅鸟、风神、立佛、月天。持钵立佛，有头光，著右袒袈裟跣足，身后绘四条光焰纹。日天，中绘辐射状的光芒，为观世音之化身，住太阳宫，名为宝光天子。月天作弯月形，周围环绕16个星点。月天住月宫，为势至菩萨之化身，名宝祥天子。日天与月天周围，衬以展翅飞翔的四只天鹅。据《秘藏记末》曰：日天赤肉色，左右手持莲茎，乘四马车轮。月天白肉色，杖上有半月形，乘

三鹅。

图115　第38窟主室券顶东侧壁菱形格壁画全景

本壁中的菱格本生，被盗割多幅，现存可辨识的内容有：第一排为修楼婆王本生、萨埵舍身饲虎本生、驳足罗刹本生、大光明王本生；第三排为鹿王救兔本生，猴王以身作渡桥本生；第五排为和默王杀生祠天疗母病本生、尸毗王割肉贸鸽本生、萨薄燃臂引路本生、慈力王施血本生、快目王施眼本生、羼提婆梨断臂本生等。第二、四、六排为菱格画因缘故事，有波塞奇画佛缘、罗云洗佛足缘等。

图116　第38窟主室券顶东侧壁菱形格本生画萨埵饲虎本生特写

图中一人自上飞身跃下，地上侧卧一人，旁立一虎，咬食之。其旁又有一小虎，略残。据画面，此当是萨埵太子舍身饲虎的故事。

图117　第38窟主室券顶东侧壁菱形格因缘及本生画局部

上方菱格内绘一鹿背负一小兔，奔驰跃河。此为鹿王救兔本生，说的是往昔林中起火，百兽惶遁，前有急流，后有猛火，鹿王身负塞兔，拚死救济；终因力竭，溺水而亡（参见《大唐西域记》卷六）。下方菱格绘一方形坛，坛上三侧各置一羊头。中跪一人，作合十状。旁跪一人，正以物刺其眼。右方坐一人，托钵。此似为和默王杀生祠天疗母病本生（参见《法句譬喻经》卷一）。

图118　第38窟券顶东侧壁菱形格本生画驳足王本生特写

图中绘一有翼飞人横抱一人从空掠过，下方浴池中一人作惊惶状。此为驳足罗刹本生。说的是驳足王喜食人肉，变为飞行罗刹，须陀素王与媒女在园中洗浴，被驳足王飞空攫取，劫至山中（《贤愚经》卷十一）。

图119　第38窟主室券顶东侧壁菱形格因缘及本生画局部

图中间一幅，绘高方座上裸身坐一人，双手托膝；左右各坐一夜叉，双手前举。此为慈力王施血本生：有五夜叉饥渴欲死，慈力王乃刺身施血，夜叉手执钵器而饮（参见《贤愚经》卷二）。

图120　第38窟主室券顶东侧壁菱形格本生画萨薄燃臂本生特写

画面作萨薄扬双臂燃烧作炬，其左前一商人引二驮物的牛。

图121　第38窟主室券顶东侧壁菱形格因缘及本生画局部

下方左一幅，绘佛左手托画钵，右手似执画笔。其右立一袒右肩的弟子，举一画帛。此为波塞奇画佛因缘：画师波塞奇，欲画弗沙佛像，终不能就。佛乃亲自作画，以

为模法(参见《贤愚经》卷三)。右一幅佛的右侧跪一老婆罗门，双手托一盘，上置供物，内容待考。

图122　第38窟主室券顶东侧壁菱形格因缘及本生画局部
　　中间一幅，绘水中站立一人，捧盘献物，一飞人从空中飞来接取，内容待考。下方右一幅佛右侧跪一人，旁立一塔。此似为舍利摩提施佛塔因缘。

图123　第38窟主室券顶东侧壁菱形格因缘及本生画局部
　　图为38窟主室券顶东侧壁菱格因缘和本生画局部。上方菱格因缘为舍利摩提供养佛塔缘，中左者为快目王施眼本生，中右者为羼提婆梨仙人修忍辱本生。

图124　第38窟主室券顶东侧壁菱形格因缘及本生画局部
　　左一幅在房舍门前绘一人正合十跪迎，右跪一鹿。此似为尼俱卢陀鹿王本生：波罗捺国梵当王在御苑中设伏捕获鹿群，杀鹿以供庖厨。尼俱卢陀鹿王宁可舍弃自己的生命，为孕鹿而死。王被感化，赦免群鹿，并受鹿王说法教诫，皈依佛法(可参见《六度集经》卷三)。右一幅为猴王以身作渡桥救众猴本生。

图125　第38窟主室券顶东侧壁菱形格本生画大光明王本生特写
　　图中，大光明王乘坐在狂象上。象奋力狂奔，王惶恐不安，以双手挽树。

图126　第38窟主室券顶东侧壁下皮水生动物装饰
　　38窟主室菱形格壁画与天宫伎乐壁画间，绘一横列水中动物，其中有摩尼宝珠、鱼、蛇、鸭、蛤、异兽等，含义不详。

图127　第38窟主室券顶西侧壁菱形格壁画全景
　　图中菱格本生，根据现存画面，可辨识的内容有：第一排为慕魄太子十二年不语、大施抒海、弥兰王入铁城、一切施王、婆罗门舍身闻偈本生；第三排为锯陀兽施皮、狮子王、鹿王以身救众本生；第五排为毗楞竭梨身钉千钉、龙王求经等本生。菱格因缘画，内容多不可考；可辨识的有梵志燃灯供养缘，贫女燃一灯供养缘等。

图128　第38窟主室券顶西侧壁菱形格壁画特写
　　图中左一菱格内，树下坐一人，俯视斜舒一腿。其旁跪一人，双手作托物状，内容待考。

图129　第38窟主室券顶西侧壁菱形格本生画慕魄及大施抒海本生特写
　　左一幅菱格内，棺中仰卧一人，棺旁跪二人正在解捆棺之绳索。此为慕魄太子本生：太子十二年不语，谓其不

祥。正欲深坑埋之，忽然慕魄即言：我是太子慕魄。右一幅绘水中一人执器掏水，水中另立一人，双手捧盘，内置宝珠，此当为大施抒海本生。

图130　第38窟主室券顶西侧壁菱形格本生画锯陀兽本生特写
　　图中下幅菱格，树下一人操刀割兽皮，其右蹲跪一兽，此为锯陀兽本生：梵达摩王梦见一兽，身毛金色，乃召猎师捕捉。一人入山搜捕遇难，为锯陀兽救活，并施己身之皮，以济猎师命(参见《贤愚经》卷三)。

图131　第38窟主室券顶西侧壁菱形格因缘及本生画局部
　　图中上排左一幅，一通肩禅定坐佛，被一蛇缠绕二匝，佛头上伸出三蛇头。坐佛左侧跪一人。此似为龙王守护缘：释迦初成正觉，龙王以身警卫，绕佛七匝，化出多头，俯垂为盖(可参见《大唐西域记》卷八)。中排左一菱格内，一人上扬右臂，其旁立一人以钉钉其身。此为毗楞竭梨王本生：王欲请劳度叉讲法，需身钉千钉始可讲法。王慨然应诺，寻得闻偈(参见《贤愚经》卷一)。

图132　第38窟主室券顶西侧壁菱形格因缘及本生画局部
　　左一幅菱格内，菩萨托钵坐于高座上，其右侧二婆罗门，一人执刀刺菩萨腿部，似为慈力王施血本生。右一幅菱格内一人裸身立于火焰中，前坐一人刺其腹部，内容待考。

图133　第38窟主室券顶西侧壁菱形格本生画弥兰商主本生特写
　　画面为：城中一人抚双膝端坐，头上顶一圆形轮；旁立二夜叉，以绳索其颈，以手牵持。此为弥兰商主入海求宝，至铁城为鬼卒所执，令其头顶火轮的故事(参见《六度集经》卷四)。

图134　第38窟主室券顶西侧壁菱形格因缘及本生画局部
　　上排中一幅菱格内，一人侧身坐于覆帛座上，双手合十；右坐一人，似在讲经论道。右一幅为一切施王本生。下排右一幅菱格内，坐佛右侧跪一袒右肩比丘，头、双肩和双手各燃一灯。此为梵志燃灯供养佛、僧因缘。

图135　第38窟主室券顶西侧壁菱形格本生画狮王本生特写
　　图中树下右蹲一卧狮，左跪一猴双手合十，空中一鸷攫取小猴。此为狮王本生。

图136　第38窟主室券顶西侧壁菱形格因缘及本生局部
　　图中菱格内，树下方形高座上坐一人，右手托颈。座前右下方为一双耳罐状器，器下火焰熊熊。坐者背后，跪一人，作刺取坐者身上物状。内容待考。

图137　第38窟主室券顶西侧壁菱形格本生画舍身闻偈本生特写

左幅菱格内，一人坐于方座上，头悬宝盖。前立一人，双手缚于背后，其后一人正挥臂讲说。此为一切施王本生。表现的是王舍身于婆罗门，并自缚随行的故事（参见《菩萨本经》卷上）。右一幅绘一人从树上跳下，其右侧立一夜叉。此为舍身闻偈的故事（参见《经律异相》卷八）。

图138　第38窟主室券顶西侧壁菱形格因缘及本生画局部

此图中部，画面中左立一人，其前跪卧一鹿，下方一大鼎，鼎下火焰升腾。此为鹿王舍身救众鹿本生故事。

图139　第38窟主室券顶西侧壁菱形格因缘及本生画局部

上排左一幅，坐佛之左跪一人，长发，双手持一灯供佛。此为贫女施灯缘。有一贫女难陀，一心供养，见阿阇世王燃灯供佛，作此功德，乃行乞得两钱，买油膏至佛前燃之供奉（见《阿阇世王授决经》、《愚贤经》）。下排为二菱格本生。

图140　第38窟主室券顶西侧壁菱形格因缘及本生画局部

此图中部菱格内，画面中一人坐于高方座上；其后跪一人，双手举卷状物。此为龙王求经；龙王向国王求索八关斋法。国王之一臣得经二卷，奉王，王以此经自送于龙王（参见《贤愚经》卷一）。

图141　第38窟西甬道

38窟东、西甬道外侧壁，各绘一排七座舍利塔，塔上悬幡，塔中有坐佛；中心塔柱左、右壁，各绘一排四座舍利塔，中为坐佛，塔间绘三身跪姿供养菩萨，手持鲜花、摩尼珠及长幡等物。中心柱后壁上部二小龛中原塑坐佛，下部绘舍利塔五座，中为舍利盒。图为自西甬道北端向南拍摄的景象。甬道顶为券形，上绘菱格山形图案。

图142　第38窟后甬道及西端壁

38窟后甬道周壁，绘一排塔中坐佛或舍利盒。塔由基座、塔身和塔刹三部分组成。基座作束腰须弥座式；塔身单层，饰以希腊哥特式立柱；中坐通肩禅定佛像。甬道两侧壁塔中坐佛曾经改绘，可能原绘舍利盒。塔刹分刹座、覆钵、刹身、相轮和刹顶五部分，上挂四幡。图为从后甬道东端向西视所见的图景。

图143　第38窟后甬道后壁涅槃及举哀弟子像

图为38窟后甬道后壁释迦涅槃像上方之举哀天王、菩萨像。

图144　第38窟后甬道后壁涅槃头像特写

此窟涅槃壁画保存较完整。在双娑罗树下，释迦着通

肩衣，手枕右臂右胁而卧，两足相累，身光上方有二菩萨四天王，天王两目圆睁，双耳作尖状，着甲胄、著冠。佛足边树下立二举哀弟子。足下跪一弟子，手抚佛足，头顶微有肉髻。佛头下圆庐中坐一戴风帽弟子，面向涅槃佛，此为身先入灭的百岁弟子须跋陀罗。涅槃为佛教佛徒修行的最高精神境界，按佛教小乘的说法，以"灰身灭智、捐形绝虑"为"涅槃"。释迦牟尼由王舍城出发，准备去拘尸那揭罗说法，中途染病，于公元前486年，死于拘尸那揭罗的跋提河畔双娑罗树间，遗骨火化，由信徒拿到各处建塔供奉。图中表现的是释迦牟尼"涅槃"时，弟子举哀的情景。

图145　第38窟后甬道后壁右侧举哀弟子像

图为释迦像右侧双足旁侍立的举哀诸天及弟子像。

图146　谷西区第42、43、46—48窟外景

42、43窟在大像窟下层，是由一个僧房（42窟）和一个中心柱窟（43窟）组成的一组洞窟。42窟包括甬道和主室，主室开明窗，43窟主室壁面刷白粉，侧壁及正壁龛中留有清代人的汉文题字，徐松《西域水道记》卷二中所指"壁有题字曰惠勒，盖僧名也"，可能即为此窟。

图147　第47窟西甬道西壁供养人像特写

此供养人着冠，裸上身，双手合十，佩长剑。此画系内层原绘壁画。

图148　第47窟后室

47窟主室原塑大立佛。为供信徒绕行礼拜用，乃将后甬道加宽、加高，形成宽敞开阔的后室。后室后壁下部凿出长形涅槃像台，台上原塑涅槃佛像，现仅存彩绘主佛身光及像上方安置举哀塑像的长方形桩孔。后室两端壁下部复砌出低平台，台上原塑立佛各一列。

图149　第47窟后室北壁涅槃像头光特写

此涅槃像位于后室后壁宽大的涅槃台上，原塑像已不存，仅存头光及身光。头光外为火焰纹一周，其内画袒右肩小立佛多身，再内为一周鸽子衔环图案。此壁壁画曾经数次重绘，此为最外的一层。

图150　第47窟后室东端壁供养弟子像

图为47窟后室东壁之供养弟子，现残存五身，前一弟子跪地作俯首顶礼状，后四弟子皆斜身前倾，身著右袒袈裟，双肩处均各有光焰两道。

图151　第47窟后室西端壁萨埵太子饲虎本生画特写

画面绘一人，飞身下落。地下仰卧一人，全身裸露，右臂上扬，一虎蹲踞其身上俯首唼食。虎尾末端分叉，成双尾状。下蹲卧二幼虎，昂首上视，亦作唼食状。此为萨埵

太子舍身饲饿虎本生。

图152　第47窟后室北壁飞天特写
图为47窟涅槃塑像侧残存的飞天，左手托持花盘，右手作散花状。

图153　第47窟后室券顶飞天残部

图154　第48窟后室东端壁举哀弟子像残部
现画面上仅存三身，表现的是佛在双婆罗树下涅槃时弟子举哀的情景。树左一人，跪姿，裸上身，上扬右臂，头部后仰，面容呈现出痛不欲生的神情。树右立一弟子，着通肩袈裟，以右手托颐。其下又跪一穿百衲衣的弟子，右手前伸，悲怆至极。

图155　第48窟后室东端壁举哀弟子像特写

图156　第48窟后室东端壁举哀弟子像特写

图157　第48窟后室东端壁举哀弟子头像特写
图为48窟后室东端壁举哀弟子像。俯首致哀，指尖并拢合十，面容严峻肃穆，沉浸在高度的悲痛之中。

图158　第48窟后室券顶伎乐飞天
共残存八身，裸上身或着披帛，下着大裙，赤足。或手执鲜花，或擎宝盖等物，凌空飞翔，作种种供养之状。

图159　第48窟后室券顶伎乐飞天局部
48窟后室券顶飞天，左侧两身，皆手擎宝盖，右者合十顶礼，飞天形体粗壮，姿态硬直。

图160　第48窟后室券顶伎乐飞天局部
48窟后室券顶绘散花、执盖供养飞天。壁上满绘摩尼宝珠、众星、花束、彩帛等物。似是表现释迦死后人天供养的盛大场面。

图161　第58窟东甬道
甬道顶部绘袒右肩的立佛二身，甬道两侧壁上部，绘菱形山图案，内画动物。甬道外壁绘菩萨立像三身，内壁（中心柱东壁）绘立佛四身。

图162　第58窟后甬道
58窟后甬道后壁，绘出分舍利图：中为一婆罗门持舍利罐，两侧残存有捧舍利盒的菩萨。中心柱后壁，绘佛涅

槃像：右胁累足而卧。上绘四菩萨，脚前为一弟子。

图163　第58窟主室券顶东侧壁菱形格因缘及本生画
共六排，最下一排半菱格中绘本生画。因缘壁画有猕猴奉蜜、俗人供宝珠等。本生壁画有驳足罗刹、象猴鹈鸟互为亲友缘、鸽王焚身等。佛装除袒右肩袈裟外，还出现了偏衫式袈裟。

图164　第63窟主室券顶东侧壁菱形格因缘及本生画特写
菱格因缘画多残损，最下一排为本生壁画。左侧半菱格中，树上一熊，怀抱一人。此当是熊救樵人：一樵人入山遇大虫，上树避之。树上一熊悯而抱之。后樵人起恶念，掷熊树下。（参见《根本说一切有部毗奈耶破僧事》卷十五）。

图165　第67窟穹窿顶西北隅
67窟为一方形穹窿顶窟。部分壁画本世纪初已被揭取，后劫往国外。穹窿顶大圆形天井，中心作圆莲装饰，再以半径为界，分成十二条幅。正壁在多种变形忍冬图案的彩色饰带边框中，绘出五组人物群像。早年德人曾在该窟发现一批婆罗谜字母的龟兹文古写本，据研究，其中龟兹王姓名可与《唐书》等汉文典籍的记载相印证，是研究龟兹历史、文字及克孜尔分期的重要资料。

图166　第67窟穹窿顶西北角窟顶下沿壁画
画面作一组五身像：中为著甲胄的天王坐像，左右各一身菩萨装坐像，再外各一身飞天。五像皆戴单珠冠，菩萨及飞天头上均有蛇头伸出。

图167　第67窟穹窿顶东部下沿纹饰
图案花纹，为由变形忍冬纹组成的波状卷曲的枝蔓，蔓茎端绘以圆形花朵。

图168　第67窟北壁及穹窿顶下沿纹饰
67窟侧壁上部与穹窿顶连接处，采用叠涩结构，各突出部分均饰以图案饰带，侧壁边框亦装饰多层图案。图案主要是各种变形忍冬纹。此外，尚有鱼鳞、散花等纹饰。

图169　第67窟穹窿顶西北角下沿护法龙王像残部
右者为戴冠著甲胄之天王，背后有白色三角形飘带，左者裸上身，披帛绕身，交脚坐。头光上在云中伸出数条蛇形龙。

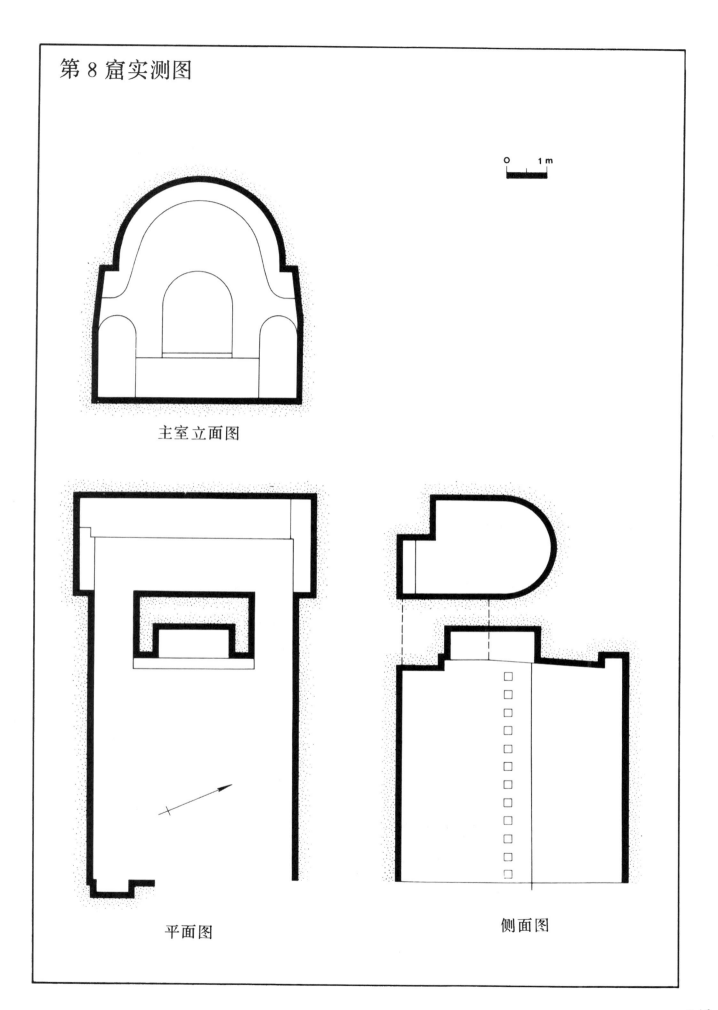

第 8 窟实测图

主室立面图

平面图　　　　　　　　　　　　　側面图

第17窟实测图

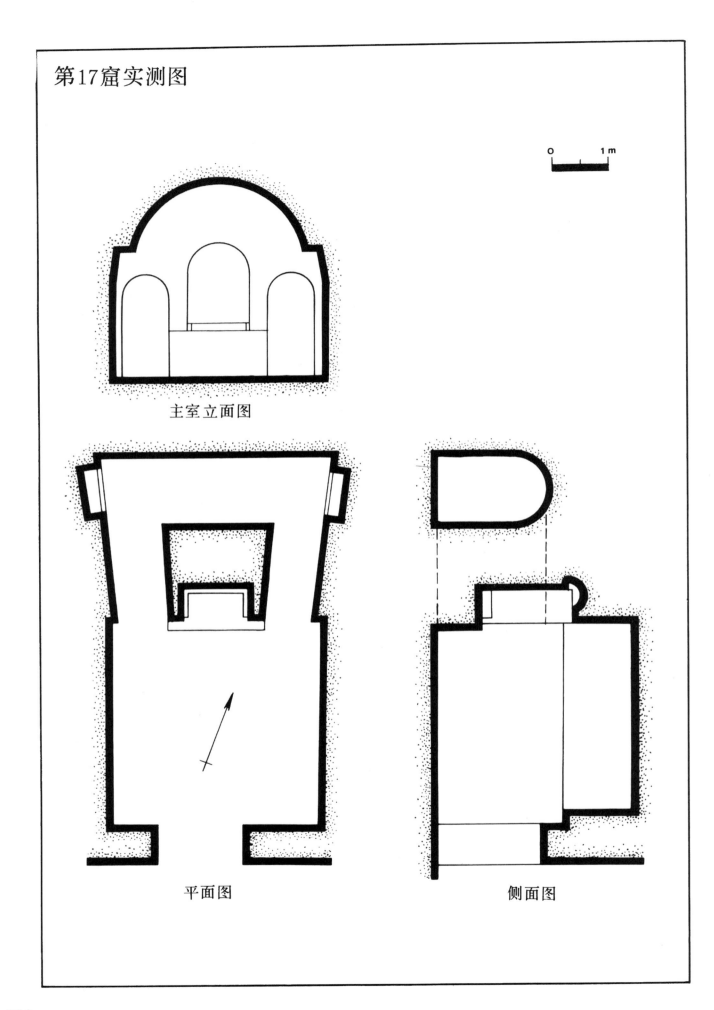

主室立面图

平面图

侧面图

第38窟实测图

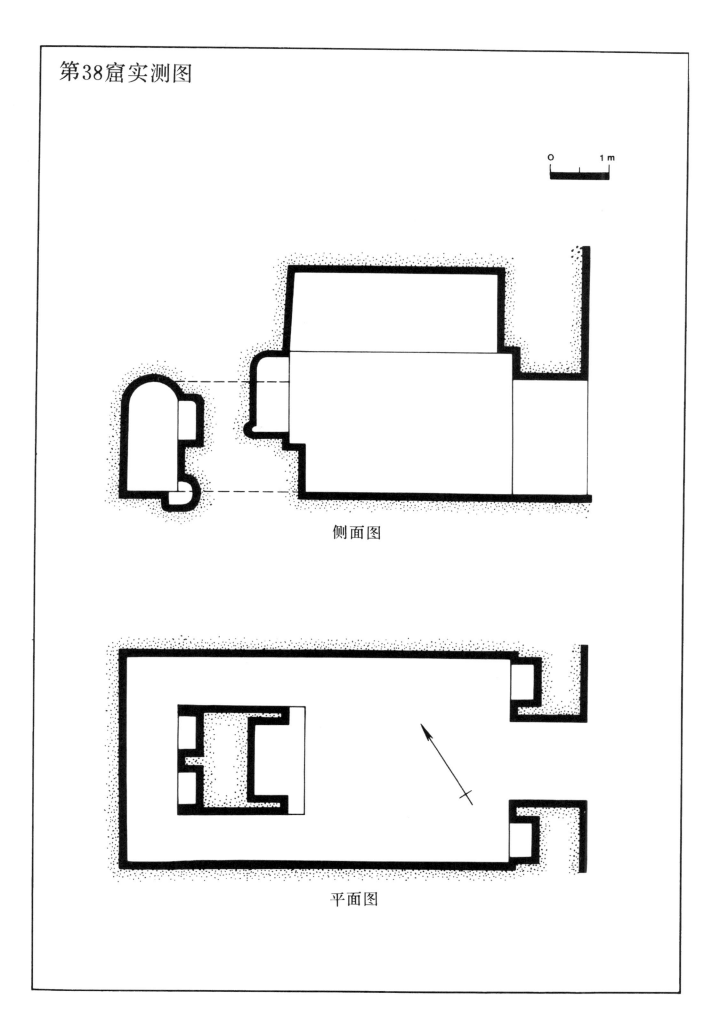

侧面图

平面图

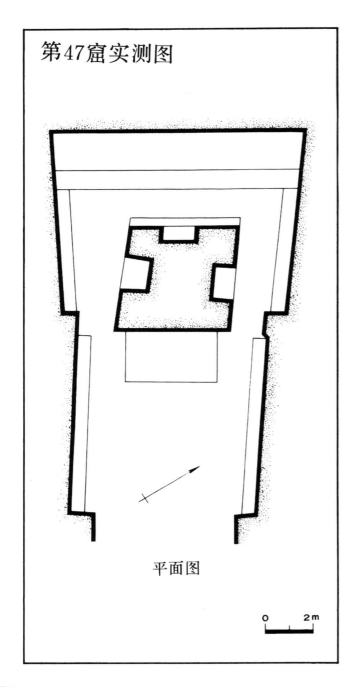

第47窟实测图

平面图

0 2m

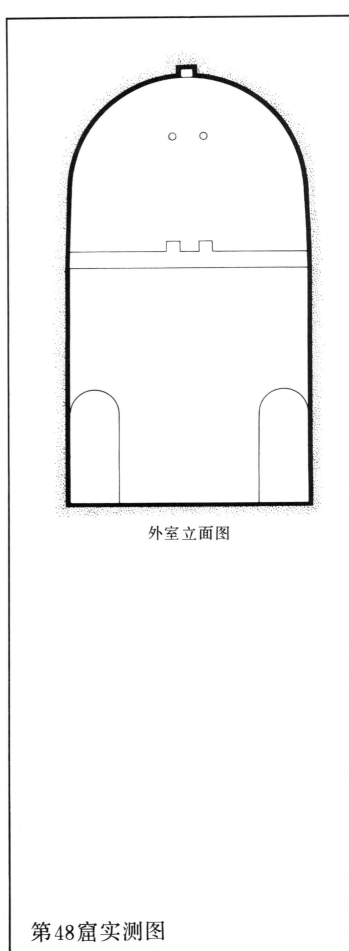

外室立面图

第48窟实测图

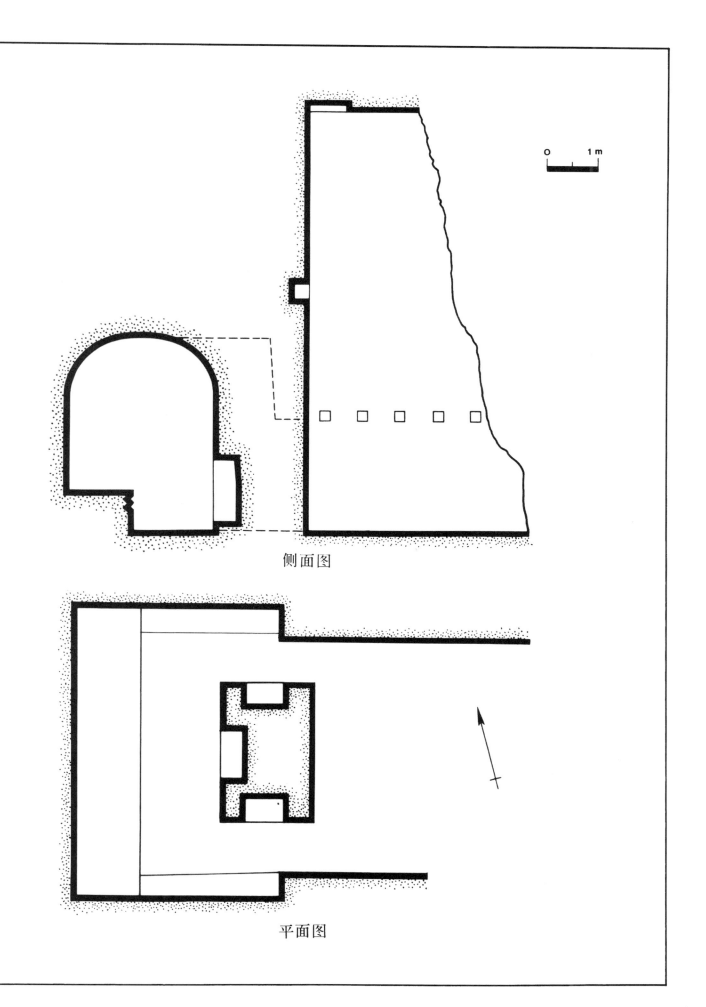

侧面图

平面图

龟兹事辑

（一）

许宛音　辑

例　言

※　龟兹文献资料的搜集工作，我早在1979年上半年就着手进行。当
时，只是为了在同年 8 月去新疆库车、拜城等地对龟兹石窟遗迹
进行考古实习作些准备。《龟兹事辑》则是在这个基础上重新整理、
辑录而成的。辑文内容分三部分，即：（一）正史；（二）其它古籍；
（三）佛典。最后，附有《龟兹事辑书目》。考虑到辑文内容的庞大，
除正史部分在本卷刊出外；其它古籍和佛籍部分，将分别在《克孜
尔石窟》第二卷及《第三卷》中刊出。

※　《龟兹事辑》的编排，正史部分以各书内容的时代先后为序；其
它古籍和佛典部分，则以各书的成书年代的先后为序。《龟兹事辑》
的体例，首行标明每种书的书名、撰者及版本，次行标明卷数和
卷名，细目则标于第三行。

※　同一史实见于数书者，择其年代最早或最详者辑入；细目有重
要出入者，则分别录入之。

原文中原校改处照录。原校勘记择要以小号字体排于该卷辑文
之末。原文的夹注和注释，亦择要以小号字体加圆括号排于被注
释的文句之后。辑者的注文则以小号字体附于辑文之末。

※　原文中的年号、谥号及庙号，均加上圆括号的阿拉伯数字来标
明其公元纪年。原文中出现书有年号的校文时，则按校文标明公
元纪年。

※　辑文有省略号的，表示此段原文在过录时有删节。段落之间占
一行的省略号，表示此处有一段或数段原文被删节。

为使辑文醒目起见，〔 〕中的文字系辑者所加。

《漢書》〔漢〕班　固撰　中華書局1962年版

卷七十　《傳常鄭甘陳段傳》

《傅介子傳》

傅介子，北地人也，以從軍爲官。先是龜茲、樓蘭皆嘗殺漢使者，語在《西域傳》。至元鳳(-80～-75)中，介子以駿馬監求使大宛，因詔令責樓蘭、龜茲國。

介子至樓蘭，責其王教匈奴遮殺漢使："大兵方至，王苟不教匈奴，匈奴使過至諸國，何爲不言？"王謝服，言"匈奴使屬過，當至烏孫，道過龜茲。"介子至龜茲，復責其王，王亦服罪。介子從大宛還到龜茲，龜茲言"匈奴使從烏孫還，在此。"介子因率其吏士共誅斬匈奴使者。還奏事，詔拜介子爲中郎，遷平樂監。

介子謂大將軍霍光曰："樓蘭、龜茲數反覆而不誅，無所懲艾。介子過龜茲時，其王近就人，易得也，願往刺之，以威示諸國。"大將軍曰："龜茲道遠，且驗之於樓蘭。"於是白遣之。

《常惠傳》

時漢五將皆無功，天子以惠奉使克獲，遂封惠爲長羅侯。復遣惠持金幣還賜烏孫貴人有功者，惠因奏請龜茲國嘗殺校尉賴丹，未伏誅，請便道擊之，宣帝(-74～-49)不許。大將軍霍光風惠以便宜從事。惠與吏士五百人俱至烏孫，還過，發西國兵二萬人，令副使發龜茲東國二萬人，烏孫兵七千人，從三面攻龜茲，兵未合，先遣人責其王以前殺漢使狀。王謝曰："乃我先王時爲貴人姑翼所誤耳，我無罪。"惠曰："卽如此，縛姑翼來，吾置王。"王執姑翼詣惠，惠斬之而還。

《鄭吉傳》

鄭吉，會稽人也，以卒伍從軍，數出西域，由是爲郎。吉爲人彊執，習外國事。自張騫通西域，李廣利征伐之後，初置校尉，屯田渠黎。至宣帝(-74～-49)時，吉以侍郎田渠黎，積穀，因發諸國兵攻破車師，遷衞司馬，使護鄯善以西南道。

神爵(-61～-58)中，匈奴乖亂，日逐王先賢撣欲降漢，使人與吉相聞。吉發渠黎、龜茲諸國五萬人迎日逐王，口萬二千人、小王將十二人隨吉至河曲，頗有亡者，吉追斬之，遂將詣京師，漢封日逐王爲歸德侯。

吉旣破車師，降日逐，威震西域，遂並護車師以西北道，故號都護。都護之置自吉始焉。

上嘉其功效，乃下詔曰："都護西域騎都尉鄭吉，拊循外蠻，宣明威信，迎匈奴單于從兄日逐王衆，擊破車師兜訾城，功效茂著。其封吉爲安遠侯，食邑千戶。"吉於是中西域而立莫府，治烏壘城，鎮撫諸國，誅伐懷集之。漢之號令班西域矣，始自張騫而成於鄭吉。語在《西域傳》。

《段會宗傳》

段會宗字子松，天水上邽人也。竟寧(-33)中，以杜陵令五府舉爲西域都護、騎都尉光祿大夫，西域敬其威信。三歲，更盡還……西域諸國上書願得會宗，陽朔(-24～-21)中復爲都護。

……

會宗旣出。諸國遣子弟郊迎。小昆彌安日前爲會宗所立，德之，欲往謁，諸翎侯止不聽，遂至龜茲謁。……

卷九十六上　《西域傳上》

《扜彌國傳》

扜彌國……東北至都護治所三千五百五十三里，南與渠勒、東北與龜茲、西北與姑墨接，西通于闐三百九十里。今名寧彌。

卷九十六下　《西域傳下》

《烏孫傳》

匈奴聞其與漢通，怒欲擊之。……烏孫於是恐，使使獻馬，願得尚漢公主，爲昆弟。……漢元封(-110～-105)中，遣江都王建女細君爲公主，以妻焉。……烏孫昆莫以爲右夫人。……

……

昆莫年老……其孫……岑陬遂妻公主。昆莫死，岑陬代立。……公主死，漢復以楚王戊之孫解憂爲公主，妻岑陬。……岑陬且死；以國與季父大祿子翁歸靡……。

翁歸靡旣立，號肥王，復尚楚主解憂，生三男兩女……長女弟史爲龜茲王絳賓妻……。

《姑墨國傳》

姑墨國，王治南城，去長安八千一百五十里。戶三千五百，口二萬四千五百，勝兵四千五百人。姑墨侯、輔國侯、都尉、左右將、左右騎君各一人，譯長二人。東至都護治所(一)〔二〕千二十一里，南至(於)〔于〕闐馬行十五日，北與烏孫接。出銅、鐵、雌黃。東通龜茲六百七十里。王莽(9～23)時，姑墨王丞殺溫宿王，並其國。

《溫宿國傳》

溫宿國，王治溫宿城，去長安八千三百五十里。戶二千二百，口八千四百，勝兵千五百人。輔國侯、左右將、左右都尉、左右騎君、譯各二人。東至都護治所二千三百八十里，西至尉頭三百里，北至烏孫赤谷六百一十里。土地物類所有與鄯善諸國同。東通姑墨二百七十里。

《龜茲國傳》

龜茲國，王治延城，去長安七千四百八十里 ①。戶六

257

千九百七十，口八萬一千三百一十七，勝兵二萬一千七十
六人。大都尉丞、輔國侯、安國侯、擊胡侯、卻胡都尉、擊
車師都尉、左右將、左右都尉、左右騎君、左右力輔君各
一人，東西南北部千長各二人，卻胡君三人，譯長四人②。
南與精絕、東南與且末、西南與扜彌、北與烏孫、西與姑
墨接。能鑄冶，有鉛。東至都護治所烏壘城三百五十里③。

《烏壘傳》
烏壘，戶百一十，口千二百，勝兵三百人。城都尉、譯
長各一人。與都護同治。其南三百三十里至渠犁。

《渠犁傳》
渠犁，……西有河，至龜茲五百八十里。
……
初，貳師將軍李廣利擊大宛，還過扜彌，扜彌遣太子
賴丹為質於龜茲。廣利責龜茲曰："外國皆臣屬於漢，龜
茲何以得受扜彌質?"即將賴丹入至京師。昭帝(-87～-74)
乃用桑弘羊前議，以扜彌太子賴丹為校尉將軍，田輪臺，輪
臺與渠犁地皆相連也。龜茲貴人姑翼謂其王曰："賴丹本臣
屬吾國，今佩漢印綬來，迫吾國而田，必為害。"王即殺賴丹，
而上書謝漢，漢未能征。
宣帝(-74～-49)時，長羅侯常惠使烏孫還，便宜發諸
國兵，合五萬人攻龜茲，責以前殺校尉賴丹。龜茲王謝曰：
"乃我先王時為貴人姑翼所誤，我無罪。"執姑翼詣惠，惠斬
之。時烏孫公主遣女來至京師學鼓琴，漢遣侍郎樂奉送主
女，過龜茲。龜茲前遣人至烏孫求公主女，未還。會女過
龜茲，龜茲王留不遣，復使使報公主，主許之。後公主上
書，願令女比宗室入朝，而龜茲王絳賓亦愛其夫人，上書
言得尚漢外孫為昆弟，願與公主女俱入朝。元康元年(-65)，
遂來朝賀。王及夫人皆賜印綬。夫人號稱公主，賜以車騎
旗鼓，歌吹數十人，綺繡雜繒琦珍凡數千萬。留且一年，厚
贈送之。後數來朝賀，樂漢衣服制度，歸其國，治宮室，作
徼道周衛，出入傳呼，撞鐘鼓，如漢家儀。外國胡人皆曰：
"驢非驢，馬非馬，若龜茲王，所謂贏也。"絳賓死，其子丞
德自謂漢外孫，成(-33～-7)、哀帝(-7～-1)時往來尤數，
漢遇之亦甚親密。
東通尉犁六百五十里。

《車師後城長國傳》
天鳳(二)〔三〕(16)年，乃遣五威將王駿、西域都護李
崇將戊己校尉出西域④，諸國皆郊迎，送兵穀。焉耆詐降
而聚兵自備。駿等將莎車、龜茲兵七千餘人，分為數部入
焉耆，焉耆伏兵要遮駿。及姑墨、尉犁、危須國兵為反間，
還共襲擊駿等，皆殺之。唯戊己校尉郭欽別將兵，後至焉
耆。焉耆兵未還，欽擊殺其老弱，引兵還。莽封欽為劋胡

子。李崇收餘士，還保龜茲。數年莽死，崇遂沒，西域因絕。

①③龜茲延城去長安里數，清徐松改定為七千七百八十八里："東至都護治
所烏壘城三百五十里"，徐松認為"三蓋五字之訛"。見《漢書西域傳補注》
卷下(叢書集成初編)，並請參見岑仲勉《漢書西域傳地里校釋》下冊《龜
茲》(中華書局 1981年北京)
②《後漢書》卷四十七《班超傳》記龜茲有"左將軍"。
④"李崇"，《後漢記》卷作"李宗"。

卷九十九中 《王莽傳中》
是歲〔天鳳三年(16)〕，遣大使五威將王駿、西域都護李
崇將戊己校尉出西域，諸國皆郊迎貢獻焉。諸國前殺都護
但欽，駿欲襲之，命佐帥何封、戊己校尉郭欽別將。焉者
詐降，伏兵擊駿等，皆死。欽、封後到，襲擊老弱，從車
師還入塞。莽拜欽為填外將軍，封剄胡子，何封為集胡男。
西域自此絕。

《後漢書》〔宋〕范 曄撰 中華書局1965年版
卷二 《顯宗孝明帝紀》
永平……十八年(75)……六月……焉者、龜茲攻西域
都護陳睦，悉沒其衆。

卷十九 《耿弇傳 弟國 國子秉 秉弟夔 國弟子恭》
《耿恭傳》
……永平十七年(74)冬，騎都尉劉張出擊車師，請恭
為司馬，與奉車都尉竇固及從弟駙馬都尉秉破降之。始置
西域都護、戊己校尉，乃以恭為戊己校尉，屯後王部金蒲
城，謁者關寵為戊己校尉，屯前王柳中城，屯各置數百
人。……
明年三月，北單于遣左鹿蠡王二萬騎擊車師①。恭遣
司馬將兵三百人救之，道逢匈奴騎多，皆為所殁。匈奴遂
破殺後王安得，而攻金蒲城。恭乘城搏戰，以毒藥傅矢。……
匈奴……遂解去。恭以疏勒城傍有澗水可固，五月，乃引
兵據之。七月，匈奴復來攻恭，恭募先登數千人直馳之，胡
騎散走，匈奴遂於城下擁絕澗水。恭於城中穿井十五丈不
得水，吏士渴乏，笮馬糞汁而飲之。恭……為吏士禱。有頃，
水泉奔出，衆皆稱萬歲。乃令吏士揚水以示虜。虜出不意，
以為神明，遂引去。
時焉者、龜茲攻殁都護陳睦，北虜亦圍關寵於柳中。會
顯宗崩〔永平十八年(75)〕，救兵不至，車師復畔，與匈奴
共攻恭。恭厲士衆擊走之。後王夫人先世漢人，常私以虜
情告恭，又給以糧餉。數月，食盡窮困，乃煮鎧弩，食其
筋革。恭與士推誠同死生，故皆無二心，而稍稍死亡，餘
數十人。單于知恭已困，欲必降之。復遣使招恭曰："若降
者，當封為白屋王，妻以女子。"恭乃誘其使上城，手擊殺
之，炙諸城上。虜官屬望見，號哭而去。單于大怒，更益
兵圍恭，不能下。

初，關寵上書求救，時肅宗(75～88)新卽位，乃詔公卿會議。……遣秦彭與謁者王蒙、皇甫援發張掖、酒泉、敦煌三郡及鄯善兵，合七千餘人，建初元年(76)正月，會柳中擊車師，攻交河城……北虜驚走，車師復降。

會關寵已歿，蒙等聞之，便欲引兵還。先是恭遣軍吏范羌至敦煌迎兵士寒服，羌因隨王蒙軍俱出塞。羌固請迎恭，諸將不敢前，乃分兵二千人與羌，從山北迎恭，遇大雪丈餘，軍僅能至。……明日，遂相隨俱歸。虜兵追之，且戰且行。……三月至玉門，唯餘十三人②。……

①這場戰役，焉耆、龜茲均參與。見《後漢紀》卷十《後漢孝明皇帝紀》。
②《後漢紀》卷十一《後漢孝章皇帝紀》此句後作"關寵病死以喪歸，西域遂絕"。

卷四十七 《班梁傳》

《班超傳》

時龜茲王建爲匈奴所立，倚恃虜威，據有北道，攻破疏勒，殺其王（龜茲國居延城，去長安七千四百八十里，南與精絕，東與且末，北與烏孫，西與姑墨接。《前書音義》龜茲音丘慈。……自車師前王庭隨北山波河西行，至疏勒，爲北道)，而立龜茲人兜題爲疏勒王。明年春，超從閒道至疏勒。去兜題所居橐槖城九十里，逆遣吏田慮先往降之。勑慮曰："兜題本非疏勒種，國人必不用命。若不卽降，便可執之。"慮旣到，兜題見慮輕弱，殊無降意。慮因其無備，遂前劫縛兜題。左右出其不意，皆驚懼奔走。慮馳報超，超卽赴之，悉召疏勒將吏，說以龜茲無道之狀，因立其故王兄子忠爲王（《續漢書》曰"求得故王兄子楡勒立之，更名曰忠"也)，國人大悅。忠及官勒由屬皆請殺兜題，超不聽，欲示以威信，釋而遣之。疏是與龜茲結怨。

十八年(75)，帝崩。焉耆以中國大喪，遂攻沒都護陳睦。超孤立無援，而龜茲、姑墨數發兵攻疏勒。超守橐槖城，與忠爲首尾，士吏單少，拒守歲餘①。肅宗初卽位(75)，以陳睦新沒，恐超單危不能自立，下詔徵超。超發還，疏勒舉國憂恐。其都尉黎弇曰："漢使棄我，我必復爲龜茲所滅耳。誠不忍見漢使去。"因以刀自剄。超還至于窴，王侯以下皆號泣曰："依漢使如父母，誠不可去。"互抱超馬脚，不得行。超恐于窴終不聽其東，又欲遂本志，乃更還疏勒。疏勒兩城自超去後，復降龜茲，而與尉頭連兵。超捕斬反者，擊破尉頭，殺六百餘人，疏勒復安。

建初三年(78)，超率疏勒、康居、于窴、拘彌兵一萬人攻姑墨石城，破之，斬首七百級。超欲因此叵平諸國，乃上疏請兵。曰："臣竊見先帝欲開西域，故北擊匈奴，西使外國，鄯善、于窴卽時向化。今拘彌、莎車、疏勒、月氏、烏孫、康居復願歸附，欲共並力破滅龜茲，平通漢道。若得龜茲，則西域未服者百分之一耳。臣伏自惟念，卒伍小吏，實願從谷吉效命絕域，庶幾張騫棄身曠野。昔魏絳列國大

夫，尙能和輯諸戎，況臣奉大漢之威，而無鈆刀一割之用乎？前世議者皆曰取三十六國，號爲斷匈奴右臂。今西域諸國，自日之所入，莫不向化，大小欣欣，貢奉不絕，唯焉耆、龜茲獨未服從。臣前與官屬三十六人奉使絕域，備遭艱厄。自孤守疏勒，於今五載，胡夷情數，臣頗識之。問其城郭小大，皆言'倚漢與依天等'。以是效之，則葱領可通，葱領通則龜茲可伐。今宜拜龜茲侍子白霸爲其國王，以步騎數百送之，與諸國連兵，歲月之閒，龜茲可禽。以夷狄攻夷狄，計之善者也。臣見莎車、疏勒田地肥廣，草牧饒衍，不比敦煌、鄯善閒也，兵可不費中國而糧食自足。且姑墨、溫宿二王，特爲龜茲所置，旣非其種，更相厭苦，其勢必有降反。若二國來降，則龜茲自破。願下臣章，參考行事。……"書奏，帝知其功可成，議欲給兵。平陵人徐幹素與超同志，上疏願奮身佐超。五年(80)，遂以幹爲假司馬，將弛刑及義從千人就超。

先是莎車以爲漢兵不出，遂降於龜茲，而疏勒都尉番辰亦復反叛。會徐幹適至，超遂與幹擊番辰，大破之，斬首千餘級，多獲生口。超旣破番辰，欲進攻龜茲。以烏孫兵彊，宜因其力，乃上言："烏孫大國，控弦十萬，故武帝(-141～-87)妻以公主，至孝宣皇帝(-74～-49)，卒得其用。今可遣使招慰，與共合力。"帝納之。八年(83)②，拜超爲將兵長史；假鼓吹幢麾。以徐幹爲軍司馬，別遣衛侯李邑護送烏孫使者，賜大小昆彌以下錦帛。

李邑始到于窴，而值龜茲攻疏勒，恐懼不敢前，因上書陳西域之功不可成，又盛毀超擁愛妻，抱愛子，安樂外國，無內顧心。……帝知超忠，乃切責邑……令邑詣超受節度。詔超："若邑任在外者，便留與從事。"超卽遣邑將烏孫侍子還京師。……

明年，復遣假司馬和恭等四人將兵八百詣超，超因發疏勒、于窴兵擊莎車。莎車陰通使疏勒王忠，啗以重利，忠遂反從之，西保烏卽城。超乃更立其府丞成大爲疏勒王，悉發其不反者以攻忠。積半歲，而康居遣精兵救之，超不能下。是時月氏新與康居婚，相親，超乃使使多齎錦帛遺月氏王，令曉示康居王，康居王乃罷兵，執忠以歸其國，烏卽城遂降於超。

後三年，忠說康居王借兵，還據損中（損中，未詳。《東觀記》作"頓中"，《續漢》及《華嶠書》並作"損中"，本或作"植"，未知孰是也)，密與龜茲謀，遣使詐降於超。超內知其姦而外僞許之③。忠大喜，卽從輕騎詣超④。超密勒兵待之，爲供張設樂。酒行，乃叱吏縛忠斬之。因擊破其衆，殺七百餘人，南道於是遂通。

明年，超發于窴諸國兵二萬五千人，復擊莎車。而龜茲王遣左將軍發溫宿、姑墨、尉頭合五萬人救之。超召將校及于窴王議曰："今兵少不敵，其計莫若各散去。于窴從是而東，長史亦於此西歸，可須夜鼓聲而發。"⑤陰緩所得

259

生口。龜茲王聞之大喜，自以萬騎於西界遮超，溫宿王將八千騎於東界徼之寶。⑥超知二虜已出，密召諸部勒兵，雞鳴馳赴莎車營，胡大驚亂奔走，追斬五千餘級，大獲其馬畜財物。莎車遂降，龜茲等因各退散，自是威震西域。

初，月氏嘗助漢擊車師有功，是歲奉珍寶，符拔、師子，因求漢公主。超拒還其使，由是怨恨。永元二年(90)，月氏遣其副王謝將兵七萬攻超。超眾少，皆大恐。超譬軍士曰："月氏兵雖多，然數千里踰葱領來，非有運輸，何足憂邪？但當收穀堅守，彼飢窮自降，不過數十日決矣。"謝遂前攻超，不下，又鈔掠無所得。超度其糧將盡，必從龜茲求救，乃遣兵數百於東界要之⑦。謝果遣騎齎金銀珠玉以賂龜茲。超伏兵遮擊，盡殺之，持其使首以示謝。謝大驚，即遣使請罪，願得生歸。超縱遣之。月氏由是大震，歲奉貢獻。

明年⑧，龜茲、姑墨、溫宿皆降，乃以超為都護，徐幹為長史⑨。拜白霸為龜茲王，遣司馬姚光送之。超與光共脅龜茲廢其王尤利多而立白霸，使光將尤利多還詣京師，超居龜茲它乾城，徐幹屯疏勒。西域唯焉耆、危須、尉犁以前沒都護，懷二心，其餘悉定。

六年(94)秋⑩，超遂發龜茲、鄯善等八國兵合七萬人，及吏士賈客千四百人討焉耆。……

……七月晦，到焉耆……更立元孟為焉耆王。超留焉耆半歲，慰撫之。於是西域五十餘國悉皆納質內屬焉

……超少子勇。

①《後漢紀》卷十一《後漢孝章皇帝紀》此句作"初，班超與疏勒王忠首尾，吏士單少，徒以恩義相撫。數歲，幾為龜茲所得。"
②《後漢紀》卷十二《後漢孝章皇帝紀》系此事於八年秋。
③《後漢紀》卷十二此句作"其後忠設詐偽降，願棄前罪，為殺新王。超內知其謀，而偽許之。"
④《後漢紀》卷十二此句作"忠大喜，將輕騎三百詣超"。
⑤《後漢紀》卷十二此句作"超召部曲及于寶王、疏勒王議曰："今兵少不敵，其計莫若各散去。于寶從此西，長史亦從此東，可須夜鼓聲而發"。
⑥《後漢紀》卷十二此句作"龜茲王聞之大喜，使左將軍將萬騎於西界欲遮之寶王。"
⑦《後漢紀》卷十二此句作"乃遣兵數千於東界要之"。
⑧《後漢紀》卷十三《後漢孝和皇帝紀》此句作"三年(91)十二月……"。
⑨《後漢紀》卷十三"徐幹為長史"後有"復置戊己校尉"。
⑩《後漢紀》卷十三此事系於"七年(95)春正月"。

《班超傳附班勇傳》

勇字宜僚，少有父風。永初元年(107)，西域反叛，以勇為軍司馬。與兄雄俱出敦煌，迎都護及西域甲卒而還。因罷都護。後西域絕無漢吏十餘年。

元初六年(119)，敦煌太守曹宗遣長史索班將千餘人屯伊吾，車師前王及鄯善王皆來降班。後數月，北單于與車師後部遂共攻沒班，進擊走前王，略有北道。鄯善王急，求救於曹宗，宗因此請出兵五千人擊匈奴，報索班之恥，因復取西域。鄧太后召勇詣朝堂會議。先是公卿多以為宜閉玉門關，遂棄西域。勇上議曰："昔孝武皇帝(-141～-87)患匈奴彊盛，兼總百蠻，以逼降塞。於是開通西域，離其黨與，論者以為奪匈奴府藏，斷其右臂。遭王莽(9～23)篡盜，征求無厭，胡夷忿毒，遂以背叛。光武(25～57)中興，未遑外事，故匈奴負彊，驅率諸國。及至永平(58～75)，再攻敦煌，河西諸郡，城門晝閉。孝明皇帝(57～75)深惟廟策，乃命虎臣，出征西域，故匈奴遠遁，邊境得安。及至永元(89～105)，莫不內屬。會閒者羌亂，西域復絕，北虜遂遣責諸國，備其逋租，高其價直，嚴以期會。鄯善、車師皆懷憤怨，思樂事漢，其路無從。前所以時有叛者，皆由牧養失宜，還為其害故也。今曹宗徒恥於前負，欲報雪匈奴，而不尋出兵故事，未度當時之宜也。夫要功荒外，萬無一成，若兵連禍結，悔無及已。況今府藏未充，師無後繼，是示弱於遠夷，暴短於海內，臣愚以為不可許也。舊敦煌郡有營兵三百人，今宜復之，復置護西域副校尉，居於敦煌，如永元(89～105)故事。又宜遣西域長史將五百人屯樓蘭，西當焉耆、龜茲徑路，南彊鄯善、于寶心膽，北扞匈奴，東近敦煌。如此誠便。"

……於是從勇議，復敦煌郡營兵三百人，置西域副校尉居敦煌。雖復羈縻西域，然亦未能出屯。其後匈奴果數與車師共入寇鈔，河西大被其害。

延光二年(123)夏，復以勇為西域長史，將兵五百人出屯柳中。明年正月，勇至樓蘭，以鄯善歸附，特加三綬。而龜茲王白英猶自疑未下，勇開以恩信，白英乃率姑墨、溫宿自縛詣勇降。勇因發其兵步騎萬餘人到車師前王庭，擊走匈奴伊蠡王於伊和谷，收得前部五千餘人，於是前部始復開通。還，屯田柳中。

《梁慬傳》

梁慬字伯威，北地弋居人也。……

……延平元年(106)拜西域副校尉。慬行至河西，會西域諸國反叛，攻都護任尚於疏勒。尚上書求救，詔慬將河西四郡羌胡五千騎馳赴之，慬未至而尚已得解。會徵尚還，以騎都尉段禧為都護，西域長史趙博為騎都尉。禧、博守它乾城。它乾城小，慬以為不可固，乃譎說龜茲王白霸，欲入共保其城，白霸許之。吏人固諫，白霸不聽。慬既入，遣將急迎禧、博，合軍八九千人。龜茲吏人並叛其王，而與溫宿、姑墨數萬兵反，共圍城。慬等出戰，大破之。連兵數月，胡眾敗走，乘勝追擊，凡斬首萬餘級，獲生口數千人，駱駝畜產數萬頭，龜茲乃定。而道路尚隔，檄書不通。歲餘，朝廷憂之。公卿議者以為西域阻遠，數有背叛，吏士屯田，其費無已。永初元年(107)，遂罷都護，遣騎都尉王弘發關中兵迎慬、禧、博及伊吾盧、柳中屯田吏士。

卷五十六 《張王种陳傳》
《种暠傳》

260

……會匈奴寇並涼二州，桓帝(146～167)擢暠爲度遼將軍。暠到營所，先宣恩信，誘降諸胡，其有不服，然後加討。羌虜先時有生見獲質於郡縣者，悉遣還之。誠心懷撫，信賞分明，由是羌胡、龜茲、莎車、烏孫等皆來順服。暠乃去烽燧，除候望，邊方晏然無警。

卷六十五　《皇甫張段傳》

《張奐傳》

張奐字然明，敦煌(酒)〔淵〕泉人也。……

永壽元年(155)，遷安定屬國都尉。初到職，而南匈奴左薁鞬臺耆、且渠伯德等七千餘人寇美稷，東羌復舉種應之，而奐壁唯有二百許人，聞即勒兵而出。軍吏以爲力不敵，叩頭爭止之。奐不聽，遂進屯長城，收集兵士，遣將王衛招誘東羌，因據龜茲(龜茲音丘慈，縣名，屬上郡。《前書音義》曰"龜茲國人來降之，因以名縣"也)，使南匈奴不得交通東羌。諸豪遂相率與奐和親，共擊薁鞬等，連戰破之。伯德惶恐，將其衆降，郡界以寧。

卷六十七　《黨錮傳》

《李膺傳》

永壽二年(156)，鮮卑寇雲中，桓帝(146～167)聞膺能，乃復徵爲度遼將軍。先是羌虜及疏勒、龜茲，數出攻鈔張掖、酒泉、雲中諸郡，百姓屢被其害。自膺到邊，皆望風懼服，先所掠男女，悉送還塞下。自是之後，聲振遠域。

卷八十七　　《西羌傳》

順帝永建……四年(129)，尚書僕射虞詡上疏曰："……《禹貢》雍州之域，厥田惟上。且沃野千里，穀稼殷積，又有龜茲鹽池以爲民利(上郡龜茲縣有鹽官、即雍州之城也)。水草豐美，土宜產牧，牛馬銜尾，羣羊塞道，北阻山河，乘阸據險。因渠以漑，水舂河漕。用功省少，而軍糧饒足。故孝武皇帝(-141～-87)及光武(25～57)築朔方，開西河，置上郡，皆爲此也。……"書奏，帝乃復三郡。使謁者郭璜督促徙者，各歸舊縣，繕城郭，置候驛。既而激河浚渠爲屯田，省內郡費歲一億計。……。

卷八十八　《西域傳》

武帝(-141～-87)時，西域內屬，有三十六國。漢爲置使者、校尉領護之。宣帝(-74～-42)改曰都護。元帝(-49～-33)又置漢已二校尉，屯田於車師前王庭。哀(―7～―1)平(1～5)閒，自相分割爲五十五國。王莽(9～23)篡位，貶易侯王，由是西域怨叛，與中國遂絕，並復役屬匈奴。匈奴斂稅重刻，諸國不堪命，建武(25～57)中，皆遣使求內屬，願請都護。光武以天下初定，未遑外事，竟不許之。會匈奴衰弱，莎車王賢誅滅諸國，賢死之後，遂更相攻伐。小宛、精絕、戎盧、且末爲鄯善所幷。渠勒、皮山爲于寘所統，悉有其地。

郁立、單桓、孤胡、烏貪訾離爲車師所滅。後其國並復立。永平(58～75)中，北虜乃脅諸國共寇河西郡縣，城門晝閉。六六年(73)，明帝(57～75)乃命將帥，北征匈奴，取伊吾盧地，置宜禾都尉以屯田，遂通西域，于寘諸國皆遣子入侍。西域自絕六十五載，乃復通焉。明年，始置都護、戊己校尉。及明帝崩〔永平十八年(75)〕，焉耆、龜茲攻沒都護陳睦，悉覆其衆，匈奴、車師圍戊己校尉。建初元年(76)春，酒泉太守段彭大破車師於交河城。章帝(25～88)不欲疲敝中國以事夷狄，乃迎還戊己校尉，不復遣都護。二年(77)，復罷屯田伊吾，匈奴因遣兵守伊吾地。時軍司馬班超留于寘，綏集諸國。和帝永元元年(89)，大將軍竇憲大破匈奴。二年(90)，憲因遣副校尉閻槃將二千餘騎掩擊伊吾，破之。三年(91)，班超遂定西域，因以超爲都護，居龜茲。復置戊己校尉，領兵五百人，居車師前部高昌壁，又置戊部候，居車師後部候城，相去五百里。六年(94)，班超復擊破焉耆，於是五十餘國悉納質內屬……。

及孝和晏駕(105)，西域背畔。安帝永初元年(107)，頻攻圍都護任尙、段禧等。朝廷以其險遠，難相應赴，詔罷都護。自此遂棄西域。北匈奴即復收屬諸國，共爲邊寇十餘歲。敦煌太守曹宗患其暴害，元初六年(119)，乃上遣行長史索班，將千餘人屯伊吾以招撫之，於是車師前王及鄯善王來降。數月，北匈奴復率車師後部王共攻沒班等，遂擊走其前王。鄯善逼急，求救於曹宗，宗因此請出兵擊匈奴，報索班之恥，復欲進取西域。鄧太后不許，但令置護西域副校尉，居敦煌，復部營兵三百人，羈縻而已。其後北虜連與車師入寇河西，朝廷不能禁，議者因欲閉玉門、陽關，以絕其患。

延光二年(123)，敦煌太守張璫上書陳三策……帝納之。乃以班勇爲西域長史，將弛刑士五百人，西屯柳中。勇遂破平車師。自建武(25～56)至於延光(122～125)，西域三絕三通。順帝永建二年(127)，勇復擊降焉者。於是龜茲、疏勒、于寘、莎車等十七國皆來服從，而烏孫、葱領已西遂絕。六年(131)，帝以伊吾舊膏腴之地，傍近西域，匈奴資之，以爲鈔暴，復令開設屯田如永元(89～105)時事，置伊吾司馬一人。自陽嘉(132～135)以後，朝威稍損，諸國驕放，轉相陵伐。元嘉二年(152)，長史王敬爲于寘所沒。永興元年(153)，車師後王復反攻屯營。雖有降首，曾莫懲革，自此浸以疏慢矣。班固記諸國風土人俗，皆已詳備《前書》。今撰建武(25～56)以後其事異於先者，以爲《西域傳》，皆安帝(106～125)末班勇所記云。

《莎車國傳》

莎車國西經蒲犁、無雷至大月氏，東去洛陽萬九百五十里。

匈奴單于因王莽(9～23)之亂，略有西域，唯莎車王延最強，不肯附屬。元帝(-49～-33)時，嘗爲侍子，長於京師，慕樂中國，亦復參其典法。常勑諸子，當世奉漢家，不可負也。天鳳五年（18），延死，謚忠武王，子康代立。

光武初，康率傍國拒匈奴，擁衛故都護吏士妻子千餘口，檄書河西，問中國動靜，自陳思慕漢家。建武五年(29)，河西大將軍竇融乃承制立康爲漢莎車建功懷德王、西域大都尉，五十五國皆屬焉。

九年(33)，康死，謚宣成王。弟賢代立，攻破拘彌、西夜國，皆殺其王，而立其兄康兩子爲拘彌、西夜王。十四年(38)，賢與鄯善王安並遣使詣闕貢獻，於是西域始通。葱領以東諸國皆屬賢。十七年(41)，賢復遣使奉獻，請都護。天子以問大司空竇融，以爲賢父子兄弟相約事漢，款誠又至，宜加號位以鎮安之。帝乃因其使，賜賢西域都護印綬，及車旗黄金錦繡。敦煌太守裴遵上言："夷狄不可假以大權，又令諸國失望。"詔書收還都護印綬，更賜賢以漢大將軍印綬。其使不肯易，遵迫奪之，賢由是始恨。而猶詐稱大都護，移書諸國，諸國悉服屬焉，號賢爲單于。賢浸以驕横，重求賦稅，數攻龜茲諸國，諸國愁懼。

二十一年(45)冬，車師前王、鄯善、焉耆等十八國俱遣子入侍，獻其珍寶。及得見，皆流涕稽首，願得都護。天子以中國初定，北邊未服，皆還其侍子，厚賞賜之。是時賢自負兵強，欲并兼西域，攻擊益甚。諸國聞都護不出，而侍子皆還，大憂恐，乃與敦煌太守檄，願留侍子以示莎車，言侍子見留，都護尋出，冀且息其兵。裴遵以狀聞，天子計之，二十二年(46)，賢知都護不至，遂遺鄯善王安書，令絕通漢道。安不納而殺其使。賢大怒，發兵攻鄯善。安迎戰，兵敗，亡入山中。賢殺略千餘人而去。其冬，賢復攻殺龜茲王，遂兼其國。鄯善、焉耆諸國侍子久留敦煌，愁思，皆亡歸。鄯善王上書，願復遣子入侍，更請都護。都護不出，誠迫於匈奴。天子報曰："今使者大兵未能得出，如諸國力不從心，東西南北自在也。"於是鄯善、車師復附匈奴，而賢益横。

嬀塞王自以國遠，遂殺賢使者，賢擊滅之，立其國貴人駟鞬爲嬀塞王。賢又自立其子則羅爲龜茲王。賢以則羅年少，乃分龜茲爲烏壘國，徙駟鞬爲烏壘王，又更以貴人爲嬀塞王。數歲，龜茲國人兵殺則羅、駟鞬，而遣使匈奴，更請立王。匈奴立龜茲貴人身毒爲龜茲王，龜茲由是屬匈奴。

賢以大宛貢稅減少，自將諸國兵數萬人攻大宛，大宛王延留迎降，賢因將還國，徙拘彌王橋塞提爲大宛王。而康居數攻之，橋塞提在國歲餘，亡歸，賢復以爲拘彌王，而遣延留還大宛，使貢獻如常。賢又徙于寘王兪林爲驪歸王，立其弟位侍爲于寘王。歲餘，賢疑諸國欲畔，召位侍及拘彌、姑墨、子合王，盡殺之，不復置王，但遣將鎮守其國。位侍子戎亡降漢，封爲守節侯。

莎車將君得在于寘暴虐，百姓患之。明帝永平三年(60)，

其大人都末出城，見野豕，欲射之。豕乃言曰："無射我，我乃爲汝殺君得。"都末因此即與兄弟共殺君得。而大人休莫霸復與漢人韓融等殺都末兄弟，白立賢于寘王，復與拘彌國人攻殺莎車將在皮山者，引兵歸。於是賢遣其太子、國相，將諸國兵二萬人擊休莫霸，霸迎與戰，莎車兵敗走，殺萬餘人。賢復發諸國數萬人，自將擊休莫霸，霸復破之，斬殺過半，賢脫身走歸國。休莫霸進圍莎車，中流矢死，兵乃退。

于寘國相蘇榆勒等共立休莫霸兄子廣德爲王。匈奴與龜茲諸國共攻莎車，不能下。廣德承莎車之敝，使弟輔國侯仁將兵攻賢。賢連被兵革，乃遣使與廣德和。先是廣德父拘在莎車數歲，於是賢歸其父，而以女妻之，結爲昆弟，廣德引兵去。明年，莎車相且運等患賢驕暴，密謀反城降于寘。于寘王廣德乃將諸國兵三萬人攻莎車。賢城守，使使謂廣德曰："我還汝父，與汝婦，汝來擊我何爲？"廣德曰："王，我婦父也，久不相見，願各從兩人會城外結盟。"賢以問且運，且運曰："廣德女壻至親，宜出見之。"賢乃輕出，廣德遂執賢。而且運等因內于寘兵，虜賢妻子而并其國。鎖賢將歸，歲餘殺之。

匈奴聞廣德滅莎車，遣五將發焉耆、尉黎、龜茲十五國兵三萬餘人圍寘，廣德乞降，以其太子爲質，約歲給罽絮。冬，匈奴復遣兵將賢質子不居征立爲莎車王，廣德又攻殺之，更立其弟齊黎爲莎車王，章帝元和三年(86)〔也〕。時長史班超發諸國兵擊莎車，大破之，由是遂降漢。事已具《班超傳》。

莎車東北至疏勒。

《疏勒國傳》

疏勒國去長史所居五千里，去洛陽萬三百里。領戶二萬一千，勝兵三萬餘人。

明帝永平十六年(73)，龜茲王建攻殺疏勒王成，自以龜茲左侯兜題爲疏勒王。冬，漢遣軍司馬班超劫縛兜題，而立成之兄子忠爲疏勒王。忠後反畔，超擊斬之。事已具《超傳》。

安帝元初(114～120)中，疏勒王安國以舅臣磐有罪，徙於月氏，月氏王親愛之。後安國死，無子，母持國政，與國人共立臣磐同產弟子遺腹爲疏勒王。臣磐聞之，請月氏王曰："安國無子，種人微弱，若立母氏，我乃遺腹叔父也，我當爲王。"月氏乃遣兵送還疏勒。國人素敬愛臣磐，又畏憚月氏，即共奪遺腹印綬，迎臣磐立爲王，更以遺腹爲磐橐城侯。後莎車〔連〕畔于寘，屬疏勒，疏勒以強，故得與龜茲、于寘爲敵國焉。

順帝永建二年(127)，臣磐遣使奉獻，帝拜臣磐爲漢大都尉，兄子臣勳爲守國司馬。五年(130)，臣磐遣侍子與大宛、莎車使俱詣闕貢獻。陽嘉二年(133)，臣磐復獻師子、封

牛。至靈帝建寧元年(168),疏勒王漢大都尉於獵中爲其季父和得所射殺,和得自立爲王。(五)〔三〕年(170),涼州刺史孟佗遣從事任涉將敦煌兵五百人,與戊(己)司馬曹寬、西域長史張晏,將焉耆、龜茲、車師前後部,合三萬餘人,討疏勒,攻楨中城,四十餘日不能下,引去。其後疏勒王連相殺害,朝廷亦不能禁。

東北經尉頭、溫宿、姑墨、龜茲至焉耆。

《焉耆國傳》

焉耆國王居南河城,北去長史所居八百里,東去洛陽八千二百里。戶萬五千,口五萬二千,勝兵二萬餘人。其國四面有大山,與龜茲相連,道險阨易守。有海水曲入四山之內,周匝其城三十餘里。

永平(58～75)末,焉耆與龜茲共攻沒都護陳睦、副校尉郭恂,殺吏士二千餘人。至永元六年(94),都護班超發諸國兵討焉耆、危須、尉黎、山國,遂斬焉耆、尉黎二王首,傳送京師,縣蠻夷邸。超乃立焉耆左(侯)〔候〕元孟爲王,尉黎、危須、山國皆更立其王。至安帝(106～125)時,西域背畔。延光(122～125)中,超子勇爲西域長史,復討定諸國。元孟與尉黎、危須不降。永建二年(127),勇與敦煌太守張朗擊破之,元孟乃遣子詣闕貢獻。

志第二十三 《郡國五》
上郡秦置。 十城,戶五千一百六十九,口二萬
　　八千五百九十九。
　　膚施　白土　漆垣　奢延　雕陰　楨林
　　定陽　高奴　龜茲屬國　候官

《三國志》 〔晉〕陳　壽撰　中華書局1959年版
卷二　《魏書》二《文帝紀》
　　〔黃初〕三年(222)……二月,鄯善、龜茲、于闐王各遣使奉獻,詔曰:"西戎即敍,氐、羌來王,《詩》、《書》美之。頃者西域外夷並款塞內附,其遣使者撫勞之。"是後西域遂通,置戊己校尉。

卷二十四　《魏書》二十四《韓崔高孫王傳》
　　《崔林傳》
　　崔林字德儒,清河東武城人也。……
　　文帝(220～226)踐阼,拜尚書,出爲幽州刺史。……在官一期,寇竊寢息;猶以不事上同,左遷河閒太守,清論多爲林怨也。
　　遷大鴻臚。龜茲王遣侍子來朝,朝廷嘉其遠至,褒賞其王甚厚。餘國各遣子來朝,閒使連屬,林恐所遣或非眞的,權取疏屬賈胡,因通使命,利得印綬,而道路護送,所損滋多。勞所養之民,資無益之事,爲夷狄所笑,此曩時之所患也。乃移書燉煌喻指,並錄前世待遇諸國豐約故事,使有恒常。

卷三十　《魏書》三十《烏丸鮮卑東夷傳》
　　《鮮卑傳》
　　……及漢氏遣張騫使西域,窮河源,經歷諸國,遂置都護以總領之,然後西域之事具存,故史官得詳載焉。魏興,西域雖不能盡至,其大國龜茲、于窴、康居、烏孫、疎勒、月氏、鄯善、車師之屬,無歲不奉朝貢,略如漢氏故事。

　　裴注引《魏略·西戎傳》曰:
　　……西域諸國,漢初開其道,時有三十六,後分爲五十餘。從建武(25～56)以來,更相吞滅,於今有二十道。從燉煌玉門關入西域,前有二道,今有三道。從玉門關西出,經婼羌轉西,越蔥領,經縣度,入大月氏,爲南道。從玉門關西出,發都護井,回三隴沙北頭,經居盧倉,從沙西井轉西北,過龍堆,到故樓蘭,轉西詣龜茲,至蔥領,爲中道。從玉門關西北出,經橫坑,辟三隴沙及龍堆,出五船北,到車師界戊己校尉所治高昌,轉西與中道合龜茲,爲新道。……南道西行,且志國、小宛國、精絕國、樓蘭國皆並屬鄯善也。戎盧國、扜彌國、渠勒國、(穴山國)〔皮山國〕皆並屬窴。罽賓國、大夏國、高附國、天竺國等並屬大月氏。
　　……

　　中道西行尉梨國、危須國、山王國皆並屬焉耆,姑墨國、溫宿國、尉頭國皆並屬龜茲也,楨中國、莎車國、竭石國、渠沙國、西夜國、依耐國、滿犁國、億若國、榆令國、捐毒國、休脩國、琴國皆並屬疏勒。自是以西,大宛、安息、條支、烏弋。烏弋一名排特,此四國次在西,本國也,無增損。……
　　……

　　北新道西行,至東且彌國、西且彌國、單桓國、畢陸國、蒲陸國、烏貪國,皆並屬車師後部王。王治於賴城,魏賜其王壹多雜守魏侍中,號大都尉,受魏王印。轉西北則烏孫、康居,本國無增損也。……

《晉書》 〔唐〕房玄齡等撰　中華書局1974年版
卷三　《武帝紀》
　　太康……六年(285)……冬十月……龜茲、焉耆國遣子入侍。

卷八十六　《張軌傳》
　　……自軌據涼州,屬天下之亂,所在征伐,軍無寧歲。至駿,境內漸平。又使其將楊宣率衆越流沙,伐龜茲、鄯善,於是西域並降。

卷九十五 、《藝術傳》

《佛圖澄傳》

佛圖澄，天竺人也。本姓帛氏。少學道，妙通玄術。永嘉四年(310)，來適洛陽……。

《鳩摩羅什傳》

鳩摩羅什，天竺人也。世爲國相。父鳩摩羅炎①，聰懿有大節，將嗣相位，乃辭避出家，東渡蔥嶺。龜茲王聞其名，郊迎之，請爲國師。王有妹，年二十，才悟明敏，諸國交娉，並不許，及見炎，心欲當之，王乃逼以妻焉。既而羅什在胎，其母慧解倍常。及年七歲，母遂與俱出家。

羅什從師受經，日誦千偈，偈有三十二字，凡三萬二千言，義亦自通。年十二，其母攜到沙勒，國王甚重之，遂停沙勒一年。博覽五明諸論及陰陽星算，莫不必盡，妙達吉凶，言若符契。爲性率達，不拘小檢，修行者頗共疑之。然羅什自得於心，未嘗介意，專以大乘爲化，諸學者皆共師焉②。年二十，龜茲王迎之還國③，廣說諸經，四遠學徒莫之能抗。

有頃，羅什母辭龜茲王往天竺，留羅什住，謂之曰：「方等深敎，不可思議，傳之東土，惟爾之力。但於汝無利，其可如何？」什曰：「必使大化流傳，雖苦而無恨。」母至天竺，道成，進登第三果。西域諸國咸伏羅什神儁，每至講說，諸王皆長跪坐側，令羅什踐而登焉。

符堅聞之，密有迎羅什之意。會太史奏云：「有星見外國分野，當有大智入輔中國。」堅曰：「朕聞西域有鳩摩羅什，將非此邪？」乃遣驍騎將軍呂光等率兵七萬，西伐龜茲，謂光曰：「若獲羅什，即馳驛送之。」光軍未至：羅什謂龜茲王白純曰：「國運衰矣，當有勍敵從日下來，宜恭承之，勿抗其鋒。」純不從，出兵距戰，光遂破之，乃獲羅什。光見其年齒尚少，以凡人戲之，強妻以龜茲王女，羅什距而不受，辭甚苦至。光曰：「道士之操不踰先父，何所固辭？」乃飲以醇酒，同閉密室。羅什被逼，遂妻之。光還，中路置軍於山下，將士已休，羅什曰：「在此必狼狽，宜徙軍隴上。」光不納。至夜，果大雨，洪潦暴起，水深數丈，死者數千人，光密異之。

光欲留王西國，羅什謂光曰：「此凶亡之地，不宜淹留，中路自有福地可居。」光還至凉州，聞符堅已爲姚萇所害，於是竊號河右，屬姑臧大風，羅什曰：「不祥之風當有姦叛，然不勞自定也。」俄而有叛者，尋皆殄滅。

沮渠蒙遜先推建康太守段業爲主，光遣其子纂率衆討之。時論謂業等烏合，纂有威聲，勢必全克。光以訪羅什，答曰：「此行未見其利。」既而纂敗於合黎，俄又郭䝉起兵，纂棄大軍輕還，復爲䝉所敗，僅以身免。

中書監張資病，光博營救療。有外國道人羅叉，云能差資病。光喜，給賜甚重。羅什知叉詭詐，告資曰：「叉不

能爲益，徒煩費耳。冥運雖隱，可以事試也。」乃以五色統作繩結之，燒爲灰末，投水中，灰若出水還成繩者，病不可愈。須臾，灰聚浮出，復爲繩，又療果無效，少日資亡。

頃之，光死，纂立。有猪生子，一身三頭。龍出東箱井中，於殿前蟠臥，比旦失之。纂以爲美瑞，號其殿爲龍翔殿。俄而有黑龍升於當陽九宮門，纂改九宮門爲龍興門。羅什曰：「比日潛龍出游，豕妖表異，龍者陰類，出入有時，而今屢見，則爲災眚，必有下人謀上之變。宜克己修德，以答天戒。」纂不納，後果爲呂超所殺。

羅什之在凉州積年，呂光父子既不弘道，故蘊其深解，無所宣化。姚興遣姚碩德西伐，破呂隆，乃迎羅什，待以國師之禮，仍使入西明閣及逍遙園，譯出衆經。羅什多所暗誦，無不究其義旨，既覽舊經多有紕繆，於是興使沙門僧叡、僧肇等八百餘人傳受其旨，更出經論，凡三百餘卷。沙門慧叡才識高明④，常隨羅什傳寫，羅什每爲慧叡論西方辭禮，商略同異，云：「天竺國俗甚重文制，其宮商體韵，以入管弦爲善。凡覲國王，必有贊德，經中偈頌，皆其式也。」羅什雅好大乘，志在敷演，常歎曰：「吾若著筆作大乘阿毗曇，非迦旃子比也。今深識者既寡，將何所論！」惟爲姚興著《實相論》二卷，興奉之若神。

嘗講經於草堂寺，興及朝臣、大德沙門千有餘人肅容觀聽，羅付忽下高坐，謂興曰：「有二小兒登吾肩，慾鄣須婦人。」興乃召宮女進之，一交而生二子焉⑤。興嘗謂羅什曰：「大師聰明超悟，天下莫二，何可使法種少嗣。」遂以伎女十人，逼令受之。爾後不住僧坊，別立解舍，諸僧多效之。什乃聚針盈鉢，引諸僧謂之曰：「若能見效食此者，乃可畜室耳。」因舉匕進針，與常食不別，諸僧愧服乃止⑥。

杯渡比丘在彭城，聞羅什在長安，乃歎曰：「吾與此子戲，別三百餘年，相見杳然未期，遲有遇於來生耳。」羅什未終少日，覺四大不悆，乃口出三番神呪，令外國弟子誦之以自救，未及致力，轉覺危殆，於是力疾與衆僧告別曰：「因法相遇，殊未盡心，方復後世，惻愴可言。」死於長安。姚興於逍遙園依外國法以火焚尸，薪滅形碎，惟舌不爛。

①此傳本於《高僧傳》卷二《鳩摩羅什傳》，有刪簡。"父鳩摩羅炎"，《高僧傳》作"鳩摩炎"。
②"專以大乘爲化，諸學者皆共師焉。"此在《高僧傳》中指的是莎車王子須耶利蘇摩，並云："什亦宗而奉之。"時什初染大乘，故應以《高僧傳》爲確。
③龜茲王迎什還國時什之年歲，《出三藏記集》與《高僧傳》均無載。但云"至年二十，受戒於王宮"。
④《出三藏記集》亦作"沙門慧叡"，《高僧傳》作"沙門僧叡"。
⑤"嘗講經於草堂寺……生二子焉。"此段《出三藏記集》與《高僧傳》無載。
⑥ "諸僧多效之……愧服乃止。"此段《出三藏記集》與《高僧傳》無載。

卷九十七 《四夷傳》
《西戎·焉者國傳》

焉耆國西去洛陽八千二百里，其地南至尉犁，北與烏孫接，方四百里。四面有大山，道險隘，百人守之，千人不過。其俗丈夫翦髮，婦人衣襦，著大袴。婚姻同華夏。好貨利，任姦詭。王有侍衛數十人，皆倨慢無尊卑之禮。

武帝太康(280～289)中，其王龍安遣子入侍。安夫人獪胡之女，姙身十二月，剖脅生子，曰會，立之爲世子。會少而勇傑，安病篤，謂會曰："我嘗爲龜茲王白山所辱，不忘於心。汝能雪之，乃吾子也。"及會立，襲滅白山，遂據其國，遣子熙歸本國爲王。會有膽氣籌略，遂霸西胡，蔥嶺以東莫不率服。然恃勇輕率，嘗出宿於外，爲龜茲國人羅雲所殺。

其後張駿遣沙州刺史楊宣率衆疆理西域，宣以部將張植爲前鋒，所向風靡。軍次其國，熙距戰於賁崙城，爲植所敗。植進屯鐵門，未至十餘里，熙又率衆先要之於遮留谷。植將至，或曰："漢祖畏於柏人，岑彭死於彭亡，今谷名遮留，殆將有伏？"植單騎嘗之，果有伏發。植馳擊敗之，進據尉犁，熙率羣下四萬人肉袒降於宣。呂光討西域，復降於光。及光僭位，熙又遣子入侍。

《西戎‧龜茲國傳》

龜茲國西去洛陽八千二百八十里，俗有城郭，其城三重，中有佛塔廟千所。人以田種畜牧爲業，男女皆翦髮垂項。王宮壯麗，煥若神居。

武帝太康(280～289)中，其王遣子入侍。惠懷(290～313)末，以中國亂，遣使貢方物於張重華。苻堅時，堅遣其將呂光率衆七萬伐之，其王白純距境不降，光進軍討平之。

卷一百十七　《姚興載記上》

興如逍遙園，引諸沙門於澄玄堂聽鳩摩羅什演說佛經。羅什通辯夏言，尋覽舊經，多有乖謬，不與胡本相應。興與羅什及沙門僧略、僧遷、道樹、僧叡、道坦、僧肇、曇順等八百餘人，〔六〕更出大品，羅什持胡本，興執舊經，以相考校，其新文異舊者皆會於理義。續出諸經並諸論三百餘卷。今之新經皆羅什所譯。興既託意於佛道，公卿已下莫不欽附，沙門自遠而至者五千餘人。起浮圖於永貴里，立波若臺於中宮，沙門坐禪者恆有千數。州郡化之，事佛者十室而九矣。

原校勘記〔六〕　興與羅什及沙門僧略僧遷道樹僧叡道坦僧肇曇順等八百餘人　丁國鈞《晉書校文》：僧遷、僧叡、僧肇、曇順俱見梁沙門慧皎《高僧傳》，而僧略、道坦、道樹無其名。考《鳩摩羅什傳》言興使沙門僧䂮、道遷、法欽、道流、道恒、道標、僧肇等八百人諮受什旨云云，乃知僧略、道樹、道坦實僧䂮、道標、道恒之譌，皆形近致誤也。僧䂮爲姚興國內僧主，《高僧傳》中有專傳。標與恒同什譯經事，亦具《道恒傳》中，均可互證《載記》字形之譌。

卷一百二十二　《呂光載記》

堅既平山東，士馬強盛，遂有圖西域之志，乃授光使持節、都督西討諸軍事，率將軍姜飛、彭晃、杜進、康盛等總兵七萬，鐵騎五千，以討西域。……進兵至焉耆，其王泥流率其旁國請降。龜茲王帛純距光，光軍其城南，五里爲一營，深溝高壘，廣設疑兵，以木爲人，被之以甲，羅之壘上。帛純驅徙城外人入於城中，附庸侯王各嬰城自守。

……

又進攻龜茲城，夜夢金象飛越城外。光曰："此謂佛神去之，胡必亡矣。"光攻城既急，帛純乃傾國財寶請救獪胡。獪胡弟吶龍、侯將馗率騎二十餘萬，並引溫宿、尉頭等國王，合七十餘萬以救之。胡便弓馬，善矛矟，鎧如連鎖，射不可入，以革索爲羂，策馬擲人，多有中者。衆甚憚之。諸將咸欲每營結陣，案兵以距之。光曰："彼衆我寡，營又相遠，勢分力散，非良策也。"於是遷營相接陣，爲勾鎖之法，精騎爲遊軍，彌縫其闕。戰於城西，大敗之，斬萬餘級。帛純收其珍寶而走，王侯降者三十餘國。光入其城，大饗將士，賦詩言志。見其宮室壯麗，命參軍京兆段業著《龜茲宮賦》以譏之。胡人奢侈，厚於養生，家有蒲桃酒，或至千斛，經十年不敗，士卒淪沒酒藏者相繼矣。諸國憚光威名，貢款屬路，乃立帛純弟震爲王以安之。光撫寧西域，威恩甚著，桀黠胡王昔所未賓者，不遠萬里皆來歸附，上漢所賜節傳，光皆表而易之。"

堅聞光平西域，以爲使持節、散騎常侍、都督玉門已西諸軍事、安西將軍、西域校尉，道絕不通。光既平龜茲，有留焉之志。時始獲鳩摩羅什，羅什勸之東還，語在《西夷傳》。〔三〕光於是大饗文武，博議進止。衆咸請還，光從之，以駝二萬餘頭致外國珍寶及奇伎異戲、殊禽怪獸千有餘品，駿馬萬餘匹。

原校勘記〔三〕　語在西夷傳　周家祿《晉書校勘記》：羅什語見《藝術傳》，誤作《西夷》。吳仕鑒《晉書斠注》：本書《西戎傳》但云光進軍討平龜茲，并無始獲羅什及勸其東還之語，且《傳》稱"西戎"，非"西夷"。

《宋書》　〔梁〕沈約撰　　　中華書局1974年版
卷九十五　《索虜傳》

《芮芮傳》

自索虜破慕容，據有中國，而芮芮虜有其故地，蓋漢世匈奴之北庭也。芮芮一號大檀，又號檀檀，亦匈奴別種。自西路通京師，三萬餘里。僭稱大號，部衆殷強，歲時遣使詣京師，與中國亢禮，西域諸國焉耆、鄯善、龜茲、姑墨東道諸國，並役屬之。

《梁書》　〔唐〕姚思廉撰　　　中華書局1973年版
卷二　《武帝紀中》

天監……二年(503)……秋七月，扶南、龜茲、中天竺國各遣使獻方物。

卷四十 《劉子遴傳》
　　之遴好古愛奇，在荆州聚古器數十百種。……又獻古器四種於東宮。……其第三種，外國澡灌一口，銘云"元封二年(一109)，龜茲國獻"。……

卷五十四 《諸夷傳》
　　《西北諸戎傳》
　　魏時三方鼎時，日事干戈，晉氏平吳以後，少獲寧息，徒置戊己之官，諸國亦未賓從也。繼以中原喪亂，胡人遞起，西域與江東隔礙，重譯不交。呂光之涉龜茲，亦猶蠻夷之伐蠻夷，非中國之意也。自是諸國分並，勝負強弱，難得詳載。明珠翠羽，雖仞於後宮；蒲梢龍文，希入於外署。有梁受命，其奉正朔而朝闕庭者，則仇池、宕昌、高昌、鄧至、河南、龜茲、于闐、滑諸國焉。

　　《高昌國傳》
　　高昌國……其國蓋車師之故地也。南接河南，東連燉煌，西次龜茲，北隣敕勒。

　　《滑國傳》
　　滑國者，車師之別種也。……
　　元魏之居桑乾也，滑猶爲小國，屬芮芮。後稍強大，征其旁國波斯、盤盤、罽賓、焉耆、龜茲、疏勒、姑墨、于闐、句盤等國，開地千餘里。

　　《龜茲國傳》
　　龜茲者，西域之舊國也。後漢光武(25～57)時，其王名弘，爲莎車王賢所殺，滅其族。賢使其子則羅爲龜茲王，國人又殺則羅。匈奴立龜茲貴人身毒爲王，由是屬匈奴。然龜茲在漢世常爲大國，所都曰延城。魏文帝(220～226)初即位，遣使貢獻。晉太康(280～289)中，遣子入侍。太元七年(382)，秦主苻堅遣將呂光伐西域，至龜茲，龜茲王帛純載寶出奔，光入其城。城有三重，外城與長安城等。室屋壯麗，飾以琅玕金玉。光立帛純弟震爲王而歸，自此與中國絕不通。普通二年(521)，玉尼瑞摩珠那勝遣使奉表貢獻。

《魏書》〔北齊〕魏　收撰　中華書局1974年版
卷四上 《世祖紀上》
　　太延元年(435)……夏五月……遣使者二十輩使西域。
……
　　　三年(437)……三月……癸巳，龜茲、悅般、焉耆、車師、粟特、疏勒、烏孫、渴槃陁、鄯善諸國各遣使朝獻。……

……
　　　五年(439)……夏四月丁酉，鄯善、龜茲、疏勒、焉耆諸國遣使朝獻。

卷四下 《世祖紀下》
　　〔太平眞君〕……九年(448)……夏五月甲戌，以交趾公韓拔爲假節、征西將軍、領護西戎校尉、鄯善王，鎮鄯善，賦役其民，比之郡縣。……
　　　……九月……成周公萬度歸千里驛上，大破焉耆國，其王鳩尸卑那奔龜茲。
　　　……十有二月，詔成周公萬度歸自焉耆西討龜茲。……
　　　十年(449)……十有一月，龜茲、疏勒、破洛那、員闊諸國各遣使朝獻①。

　　①太平眞君十年十一月事，《北史》無載。

卷七上 《高祖紀上》
　　〔延興〕……五年(475)……夏四月丁丑，龜茲國遣使朝獻。
　　……
　　〔太和元年〕(477)……冬十月……龜茲國遣使朝獻①。
　　……
　　　二年(478)……秋七月戊辰，龜茲國遣使獻名駝七十頭②。……九月……龜茲國遣使獻大馬、名駝、珍寶甚眾。
　　　三年(479)……九月……高麗、吐谷渾、地豆于、契丹、庫莫奚、龜茲諸國各遣使朝獻。

　　①此條記事，《北史》無載。
　　②同①。

卷八 《世宗紀》
　　〔永平……三年〕(510)……冬十月……戊戌，高車、龜茲、難地、那竭、庫莫奚等諸國並遣使朝獻①。

　　①《北史》卷四記作："是歲，西域、東夷、北狄十六國並遣使朝貢。"

卷九 《肅宗紀》
　　〔神龜元年〕(518)……秋七月……閏月……丁未，波斯、疏勒、烏萇、龜茲諸國並遣使朝獻①。

　　①《北史》卷四記作："是歲，東夷、西域、北狄十一國並遣使朝貢。"

　　〔正光〕三年(522)……秋七月壬子，波斯、不漢、龜茲諸國遣使朝貢。

卷九十五
　　《略陽氐呂光傳》
　　堅以光爲驍騎將軍，率衆七千討西域①，所經諸國，莫不降附。光至龜茲，王帛純拒之，西域諸胡救帛純者，七十餘萬人。光乃結陳爲勾鎖之法，戰於城西，大破之，斬級萬餘，帛純逃走，降者三十餘萬。光以駝二千餘頭②，致外國珍寶及奇伎、異戲、殊禽、怪獸千有餘品，駿馬萬餘匹而還。苻堅涼州刺史梁熙遣兵拒之，光擊破熙軍，遂入姑臧。斬熙，自署護羌校尉、涼州刺史。

①呂光“率衆七千討西域”，《太平御覽》卷一二五《偏霸部九》《後涼·呂光》引崔鴻《十六國春秋·後涼錄》作“率……步騎七萬”，《晉書》卷三《鳩摩羅什傳》、《晉書》卷一二二《呂光載記》分別作“率兵七萬”、“總兵七萬”。故“千”似爲“萬”之訛。

②“光以駝二千餘頭”，《太平御覽》卷一二五引《十六國春秋·後涼錄》作“以馳二萬餘頭”；《晉書》卷一二二亦作“以駝二萬餘頭”。故“千”似爲“萬”之訛。

卷一百二〔一〕《西域傳》

太祖（386～409）初，經營中原，未暇及於四表。既而西戎之貢不至，有司奏依漢氏故事，請通西域，可以振威德於荒外，又可致奇貨於天府。太祖曰：“漢氏不保境安人，乃遠開西域，使海內虛耗，何利之有？今若通之，前弊復加百姓矣。”遂不從。歷太宗（409～423）世，竟不招納。

太延（435～440）中，魏德益以遠聞，西域龜茲、疏勒、烏孫、悅般、渴槃陁、鄯善、焉耆、車師、粟特諸國王始遣使來獻。世祖（424～452）以西域漢世雖通，有求則卑辭而來，無欲則驕慢王命，此其自知絕遠，大兵不可至故也。若報使往來，終無所益，欲不遣使。有司奏九國不憚遐嶮，遠貢方物，當與其進，安可豫抑後來，乃從之。於是始遣行人王恩生、許綱等西使，恩生出流沙，爲蠕蠕所執，竟不果達。又遣散騎侍郎董琬、高明等多齎錦帛，出鄯善，招撫九國，厚賜之。初，琬等受詔，便道之國可往赴之。琬過九國，北行至烏孫國。其王得朝廷所賜，拜受甚悅，謂琬曰：“傳聞破洛那、者舌皆思魏德，欲稱臣致貢，但患其路無由耳。今使君等既到此，可往二國，副其慕仰之誠。”琬於是自向破洛那，遣明使者舌。烏孫王爲發導譯達二國，琬等宣詔慰賜之。已而琬、明東還，烏孫、破洛那之屬遣使與琬俱來貢獻者十有六國。自後相繼而來，不間於歲，國使亦數十輩矣。

初，世祖每遣使西域，常詔河西王沮渠牧犍令護送，至姑臧，牧犍恒發使導路出於流沙。後使者自西域還，至武威，牧犍左右謂使者曰：“我君承蠕蠕吳提妄說，云：‘去歲魏天子自來伐我，士馬疫死，大敗而還，我禽其長弟樂平王丕。’我君大喜，宣言國中。”又聞吳提遣使告西域諸國，稱：“魏已削弱，今天下唯我爲強，若更有魏使，勿復恭奉。”西域諸國亦有貳者。牧犍事主稍以慢惰。使還，具以狀聞，世祖遂議討牧犍。涼州既平，鄯善國以爲“脣亡齒寒，自然之道也，今武威爲魏所滅，次及我也。若通其使人，知我國事，取亡以近，不如絕之，可以支久。”乃斷塞行路，西域貢獻，歷年不入。後平鄯善，行人復通。

始琬等使還京師，具言凡所經見及傳聞傍國，云：西域自漢武時五十餘國，後稍相並，至太延中，爲十六國，分其地爲四域。……

《于闐國傳》

于闐國，在且末西北，葱嶺之北二百餘里。東去鄯善千五百里，南去女國二千里，西去朱俱波千里，北去龜茲千四百里，去代九千八百里。其地方亙千里，連山相次。所都城方八九里，部內有大城五，小城數十。于闐城東三十里有首拔河，中出玉石。土宜五穀並桑麻，山多美玉，有好馬、駝、騾。其刑法，殺人者死，餘罪各隨輕重懲罰之。自外風俗物產與龜茲略同。俗重佛法，寺塔僧尼甚衆，王尤信尚，每設齋日，必親自灑掃饋食焉。城南五十里有贊摩寺，即昔羅漢比丘盧旃爲其王造覆盆浮圖之所，石上有辟支佛跣處，雙跡猶存。于闐西五百里有比摩寺，云是老子化胡成佛之所。俗無禮義，多盜賊，淫縱。自高昌以西，諸國人等深目高鼻，唯此一國，貌不甚胡，頗類華夏。……

……顯祖（466～471）末，蠕蠕寇于闐，于闐患之，遣使素目伽上表曰：“西方諸國，今皆已屬蠕蠕，奴世奉大國，至今無異。今蠕蠕軍馬到城下，奴聚兵自固，故遣使奉獻，延望救援。”顯祖……詔之曰：“但去汝遐阻，雖復遣援，不救當時之急，已停師不行，汝宜知之。……”

《焉耆國傳》

焉耆國，在車師南，都員渠城，白山南七十里，漢時舊國也。去代一萬二百里。其王姓龍，名鳩尸卑那，即前涼張軌所討龍熙之胤。所都城方二里，國內凡有九城。國小人貧，無綱紀法令。兵有弓刀甲矟。婚姻略同華夏。死亡者皆焚而後葬，其服制滿七日則除之。丈夫並翦髮以爲首飾。文字與婆羅門同。俗事天神，並崇信佛法。尤重二月八日、四月八日，是日也，其國咸依釋教，齋戒行道焉。氣候寒，土田良沃，穀有稻粟菽麥，畜有駝馬。養蠶不以爲絲，唯充綿纊。俗尚蒲萄酒，兼愛音樂。南去海十餘里，有魚鹽蒲葦之饒。東去高昌九百里；西去龜茲九百里，皆沙磧；東南去瓜州二千二百里。

恃地多險，頗剽劫中國使。世祖怒之，詔成周公萬度歸討之，約齎輕糧，取食路次。度歸入焉耆東界，擊其邊守左回、尉犁二城拔之，進軍向員渠。鳩尸卑那以四五萬人出城守險以拒。度歸募壯勇，短兵直往衝，鳩尸卑那衆大潰，盡虜之，單騎走入山中。度歸進屠其城，四鄙諸戎皆降服。焉耆爲國，斗絕一隅，不亂日久，獲其珍奇異玩殊方譎詭不識之物，橐駝馬牛雜畜巨萬。時世祖幸陰山北宮，度歸破焉耆露板至，世祖省訖，賜司徒崔浩書曰：“萬度歸以五千騎經萬餘里，拔焉耆三城，獲其珍奇異物及諸委積不可勝數。自古帝王雖云剋序西戎，有如指注，不能控引也。朕今手把而有之，如何？”浩上書稱美，遂命度歸鎮撫其人。初鳩尸卑那走山中，猶覬城不拔，得還其國，既見盡爲度歸所克，乃奔龜茲，龜茲以其壻，厚待之。

《龜茲國傳》
龜茲國，在尉犁西北，白山之南一百七十里，都延城，漢時舊國也。去代一萬二百八十里。其王姓白，即後涼呂光所立白震之後。其王頭繫綵帶，垂之於後，坐金師子牀。所居城方五六里。其刑法，殺人者死，劫賊則斷其一臂並刖一足。稅賦準地徵租，無田者則稅銀錢①。風俗、婚姻、喪葬、物產與焉耆略同，唯氣候少溫爲異。又出細氈，饒銅、鐵、鉛、麞皮、氍毹、鐃沙〔十三〕、鹽綠、雌黃、胡粉、安息香、良馬、犎牛等。東有輪臺，即漢貳師將軍李廣利所屠者。其南三百里有大河東流，號計式水，即黃河也。東去焉耆九百里，南去于闐一千四百里，西去疏勒一千五百里，北去突厥牙帳六百餘里，東南去瓜州三千一百里〔十四〕。其東闕城戍〔十五〕。寇竊非一。世祖詔萬度歸率騎一千以擊之，龜茲遣烏羯目提等領兵三千距戰，度歸擊走之，斬二百餘級，大獲駝馬而還。俗性多淫，置女市，收男子錢入官。土多孔雀，羣飛山谷間，人取養而食之②，孳乳如鷄鶩，其王家恒有千餘隻云。其國西北大山中有如膏者流出成川，行數里入地，如餹餳，甚臭，服之髮齒已落者能令更生，病人服之皆愈③。自後每使朝貢。

《姑默國傳》
姑默國，居南城，在龜茲西，去代一萬五百里。役屬龜茲。

《溫宿國傳》
溫宿國，居溫宿城，在姑默西北，去代一萬五百五十里。役屬龜茲。

《尉頭國傳》
尉頭國，居尉頭城，在溫宿北，去代一萬六百五十里。役屬龜茲。

《烏孫國傳》
烏孫國，居赤谷城，在龜茲西北，去代一萬八百里。……

《疏勒國傳》
疏勒國，在姑默西，白山南百餘里，漢時舊國也。去代一萬一千二百五十里。……東去龜茲千五百里，……。

《悅般國傳》
悅般國，在烏孫西北，去代一萬九百三十里。其先，匈奴北單于之部落也。爲漢車騎將軍竇憲所逐，北單于度金

微山，西走康居，其羸弱不能去者住龜茲北。地方數千里，衆可二十餘萬。涼州人猶謂之"單于王"。其風俗言語與高車同，而其人清潔於胡。……

原校勘記〔一〕 魏書卷一百二 諸本目錄此卷注"闕"字，卷末有宋人校語殿本入《考證》云："魏收書《西域傳》亡，此卷全寫《北史·西域傳》卷九七，而不錄安國以後。"……

〔十三〕 鐃沙諸 本及《北史》卷九七無"鐃"字，《周書》卷五〇、《隋書》卷八三《龜茲傳》有。按《通典》卷一九一龜茲條注引《隋西域圖》稱白山"即是出磠沙之處"。"磠"乃"碙"字訛，碙沙即鐃沙。這里脫"鐃"字，今據補。

〔十四〕 東南去瓜州三千一百里 諸本及《北史》卷九七"三"下無"千一"二字，《隋書》卷八三《龜茲傳》有。按上云"東去焉耆九百里"，《焉耆傳》云"西去龜茲九百里，皆沙磧；東南去瓜州二千二百里"，合計正得三千一百里，知這裏脫"千一"二字，今據《隋書》補。

〔十五〕 其東闕城戍 諸本"闕"字作正文，《北史》卷九七訛作"關"。按"闕"字指"東"下有闕文，本是旁注，誤作正文，今改正。

①《北史》卷九七《西域傳·龜茲國傳》中此句作"賦稅準地徵租，無田者則稅銀。"《周書》卷五十《異域傳下·龜茲國傳》作"無田者則稅銀錢"。
②《北史》卷九七此句作"人取而食之"。
③《北史》卷九七此句作"癩人服之皆愈"。

卷一百一十 《食貨志》
神䴥二年(429)，帝親御六軍，略地廣漠。分命諸將，窮追蠕蠕，東至瀚海，西接張掖，北度燕然山，大破之，虜其種落及馬牛雜畜方物萬計。其後復遣成周公萬度歸西伐焉耆，其王鳩尸卑那單騎奔龜茲，舉國臣民負錢懷貨，一時降款，獲其奇寶異玩以巨萬，駝馬雜畜不可勝數。度歸遂入龜茲，復獲其殊方瑰詭之物億萬已上。

卷一百十四 《釋老志》
……後有沙門常山衛道安性聰敏，日誦經萬餘言，研求幽旨。……以前所出經，多有舛駁，乃正其乖謬。……道安後入苻堅，堅素欽德問，既見，宗以師禮。時西域有胡沙門鳩摩羅什，思通法門，道安思與講釋，每勸堅致羅什。什亦承安令問，謂之東方聖人，或時遙拜致敬。道安卒後二十餘載而羅什至長安，恨不及安，以爲深慨。道安所正經義，與羅什譯出，符會如一，初無乖舛。於是法旨大著中原。
……
是時，鳩摩羅什爲姚興所敬，於長安草堂寺集義學八百人，重譯經本。羅什聰辯有淵思，達東西方言。時沙門道彤、僧略、道恆、道標、僧肇、曇影等，與羅什共相提挈，發明幽致。諸深大經論十有餘部，更定章句，辭義通明，至

268

今沙門共所祖習。道肜等皆識學洽通，僧肇尤爲其最。羅什之撰譯，僧肇常執筆，定諸辭義，注《維摩經》，又著數論，皆有妙旨，學者宗之。

……

世祖初平赫連昌，得沙門惠始，姓張。家本清河，聞羅什出新經，遂詣長安見之，觀習經典。坐禪於白渠北，晝則入城聽講，夕則還處靜坐。三輔有識多宗之。……

……

……〔太和〕十九年(495)四月，帝幸徐州白塔寺。顧謂諸王及侍官曰："此寺近有名僧嵩法師，受《成實論》於羅什，在此流通。後授淵法師，淵法師授登、紀二法師。朕每玩《成實論》，可以釋人染情，故至此寺焉。"……二十一年(497)五月，詔曰："羅什法師可謂神出五才，志入四行者也。今常住寺，猶有遺地，欽悅修蹤，情深遐遠，可於舊堂所，爲建三級浮圖。又見逼昏虐，爲道殄軀，既暫同俗禮，應有子胤，可推訪以聞，當加叙接。"

《北齊書》〔唐〕李百藥撰　中華書局1972年版
卷五十　《恩倖傳》

甚哉齊末之嬖倖也，蓋書契以降未之有焉。心利錐刀，居臺鼎之任；智昏菽麥，當機衡之重。刑殘閹宦、蒼頭盧兒、西域醜胡、龜茲雜伎，封王者接武，開府者比肩。

《韓鳳傳》

韓鳳，字長鸞，昌黎人也。父永興，青州刺史。鳳少而聰察，有膂力，善騎射。稍遷都督，後主(565～576)居東宮，年幼稚，世祖(561～565)簡都督二十人送令侍衛，鳳在其數。後主親就衆中牽鳳手曰："都督看兒來。"因此被識，數喚共戲。

後主卽位，累遷侍中、領軍，總知內省機密，無不經手，與高阿那肱、穆提婆共處衡軸，號曰三貴，損國害政，日月滋甚。壽陽陷沒，鳳與穆提婆聞告敗，握槊不輟，曰："他家物，從他去。"後帝使於黎陽臨河築城戍，曰："急時且守此作龜茲國子，更可憐人生如寄，唯當行樂，何因愁爲？"君臣應和若此。……

《周書》〔唐〕令狐德棻等撰　中華書局1971年版
卷五　《武帝紀上》

保定元年(561)……五月……戊辰，突厥、龜茲並遣使獻方物。

卷五十　《異域傳下》
《龜茲國傳》

龜茲國在白山之南一百七十里，東去長安六千七百里。其王姓白，卽後涼呂光所立白震之後。所治城方五六里。其刑法，殺人者死，劫賊則斷其一臂，並刖一足。賦稅，准地徵租，無田者則稅銀錢〔三六〕。婚姻、喪葬、風俗、物產與焉支崑同〔三七〕。唯氣候少溫爲異。又出細氈、麖皮、氈毼、鐃(多)〔沙〕、鹽綠、雌黃、胡粉及良馬、封牛等〔三八〕。東有輪臺，卽漢貳師將軍李廣利所屠。其南三百里有大水東流，號計戍水，卽黃河也。

保定元年(561)，其王遣使來獻。

原校 勘記〔三六〕賦稅准地徵租，無田者則稅銀錢　宋蜀刻元明遞修本作"賦稅准地山之天田者則稅銀錢"。按"天"爲"無"之訛無疑，"山"當是"出"之訛。《周書》原文疑作"賦稅准地出之"，"出"字訛作"山"，語不可解，後人遂據《北史》改。

〔三七〕與焉支略同　宋蜀刻元明遞修本作"與洽封天白"，不可解，且不知其誤所自。《北史》卷九七《龜茲傳》、《册府》卷九六〇一一二九九頁"支"作"者"，疑是。

〔三八〕又出細氈麖皮氈毼鐃(多)〔沙〕鹽綠雌黃胡粉及良馬封牛等　《册府》卷九六〇一一二九九頁此節出《周書》，但"麖"作"麞"，"鐃多"作"鐃沙"，"雌黃"上有"雄"字，"封"作"犎"。《隋書》卷八三載產物略有異同，其同者"氈毼"作"氈氎"，"鐃多"作"鐃沙"。《北史》出于《隋書》，唯"麖"字百衲本作"麞"，清乾隆四年武英殿本作"麞"，"氎"作"毼"，無"鐃"字。按"麞"見《山海經》，《北史》百衲本作"麞"，乃誤刻；《册府》及《北史》殿本作"麞"，乃後人所改。"氈毼""氈氎"是互見，"封"和"犎"也都不誤。《周書》之"鐃多"當從《隋書》作"鐃沙"。《通典》卷一九一龜茲條引《西域圖》云："白山一名阿羯山，常有火及煙，卽是出硇沙之處。""硇"不成字，乃"硇"之訛。"硇"音"鐃"，《集韻》卷三爻韵云："硇沙，藥石。"知"鐃沙"卽"硇沙"，"多"乃"沙"之訛，今據改。

《隋書》〔唐〕魏徵等撰　中華書局1973年版
卷四　《煬帝紀下》

〔大業〕十一年(615)春正月甲午朔，大宴百僚。突厥、新羅、靺鞨、畢大辭、訶咄、傳越、烏那曷、波臘、吐火羅、俱慮建、忽論、靺鞨、訶多、沛汗、龜茲、疎勒、于闐、安國、曹國、何國、穆國、畢、衣密、失范延、伽折、契丹等國並遣使朝貢。……乙卯，大會蠻夷，設魚龍曼延之樂，頒賜各有差。

卷十四　《音樂志中》

……及文宣(550～559)初禪，尚未改舊章。……其後將有創革，尚樂典御祖珽……上書曰："……至太武帝(423～452)平河西，得沮渠蒙遜之伎，賓嘉大禮，皆雜用焉。此聲所興，蓋苻堅之末，呂光出平西域，得胡戎之樂，因又改變，雜以秦聲，所謂《秦漢樂》也。至永熙(532～534)中，錄尚書長孫承業，共臣先人太常卿瑩等，斟酌繕修，戎華兼采，至於鐘律，煥然大備。自古相襲，損益可知，今之創制，請以爲準。"斑因采魏安豐王延明及信都芳等所著《樂說》，而定正聲。始具宮懸之器，仍雜西凉之曲，樂名《廣成》，而舞不立號，所謂"洛陽舊樂"者也。

武成(559～560)之時，始定四郊、宗廟、三朝之樂。……
……

雜樂有西凉鼙舞、清樂、龜茲等。然吹笛、彈琵琶、五絃及歌舞之伎，自文襄(547～549)以來，皆所愛好。至河清(562～565)以後，傳習尤盛。後主唯賞胡戎樂，耽愛無已。於是繁手淫聲，爭新哀怨。故曹妙達、安未弱、安馬駒之徒，至有封王開府者，遂服簪纓而爲伶人之事。後主亦自能度曲，親執樂器，悅玩無倦，倚絃而歌。別採新聲，爲《無愁曲》，音韻窈窕，極於哀思，使胡兒閹官之輩，齊唱和之，曲終樂闋，莫不殞涕。雖行幸道路，或時馬上奏之，樂往哀來，竟以亡國。

……

周……太祖輔魏之時，高昌款附，乃得其伎，教習以備饗宴之禮。及天和六年(571)，武帝罷掖庭四夷樂。其後帝娉皇后於北狄，得其所獲康國、龜茲等樂，更雜以高昌之舊，並於大司樂習焉。採用其聲，被於鍾石，取《周官》制以陳之。

……

開皇二年(582)，齊黃門侍郎顏之推上言："禮崩樂壞，其來自久。今太常雅樂，並用胡聲，請馮梁國舊事，考尋古典。"高祖不從，曰："梁樂亡國之音，奈何遣我用邪？"是時尚因周樂，命工人齊樹提檢校樂府，改換聲律，益不能通。俄而柱國、沛公鄭譯奏上，請更修正。於是詔太常卿牛弘、國子祭酒辛彥之、國子博士何妥等議正樂。然淪謬既久，言律多乖，積年議不定。高祖大怒曰："我受天命七年，樂府猶歌前代功德邪？"命治書侍御史李諤，引弘等下，將罪之。諤奏："武王克殷，至周公相成王，始制禮樂。斯事體大，不可速成。"高祖意稍解。

又詔求知音之士，集尚書，參定音樂。譯云："考尋樂府鍾石律呂，皆有宮、商、角、徵、羽、變宮、變徵之名。七聲之內，三聲乖應，每恒求訪，終莫能通。先是周武帝(561～578)時，有龜茲人曰蘇祗婆，從突厥皇后入國，善胡琵琶。聽其所奏，一均之中間有七聲。因而問之，答云：'父在西域，稱爲知音。代相傳習，調有七種。'以其七調，勘校七聲，冥若合符。一曰'娑陁力'，華言平聲，即宮聲也。二曰'雞識'，華言長聲，即商聲也。三曰'沙識'，華言質直聲，即角聲也。四曰'沙侯加濫'，華言應聲，即變徵聲也。五曰'沙臘'，華言應和聲，即徵聲也。六曰：'般贍'，華言五聲，即羽聲也。七曰'俟利箑'，華言斛牛聲，即變宮聲也。"譯因習而彈之，始得七聲之正。然其就此七調，又有五旦之名，旦作七調。以華言譯之，旦者則謂"均"也。其聲亦

應黃鍾、太簇、林鍾、南呂、姑洗五均，已外七律，更無調聲。……

卷十五　《音樂志下》

〔開皇九年(589)〕牛弘……等，更共詳議曰：……荀勗論三調爲均首者，得正聲之名，明知雅樂悉在宮調。已外徵、羽、角，自爲謠俗之音耳。且西凉、龜茲雜伎等，曲數既多，故得隸於衆調，調各別曲，至如雅樂少，須以宮爲本，歷十二均而作，不可分配餘調，更成雜亂也。
……

始開皇(581～600)初定令，置《七部樂》：一曰《國伎》，二曰《清商伎》，三曰《高麗伎》，四曰《天竺伎》，五曰《安國伎》，六曰《龜茲伎》，七曰《文康伎》。又雜有疎勒、扶南、康國、百濟、突厥、新羅、倭國等伎。……

及大業(605～618)中，煬帝乃定《清樂》、《西凉》、《龜茲》、《天竺》、《康國》、《疎勒》、《安國》、《高麗》、《禮畢》，以爲《九部》。樂器工衣創造既成，大備於茲矣。
……

《西凉》者，起苻氏之末，呂光、沮渠蒙遜等，據有凉州，變龜茲聲爲之，號爲秦漢伎。魏太武既平河西得之，謂之《西凉樂》。至魏、周之際，遂謂之《國伎》。今曲項琵琶、豎頭箜篌之徒，並出自西域，非華夏舊器。《楊澤新聲》、《神白馬》之類，生於胡戎。胡戎歌非漢魏遺曲，故其樂器聲調，悉與書史不同。其歌曲有《永世樂》，解曲有《萬世豐》，舞曲有《于闐佛曲》。其樂器有鍾、磬、彈箏、搊箏、臥箜篌、豎箜篌、琵琶、五絃、笙、簫、大篳篥、長笛、小篳篥、橫笛、腰鼓、齊鼓、擔鼓、銅拔、貝等十九種，爲一部。工二十七人。

《龜茲》者，起自呂光滅龜茲，因得其聲。呂氏亡，其樂分散，後魏平中原，復獲之。其聲後多變易。至隋有《西國龜茲》、《齊朝龜茲》、《土龜茲》等，凡三部。開皇(581～600)中，其器大盛於閭閈。時有曹妙達、王長通、李士衡、郭金樂、安進貴等，皆妙絕弦管，新聲奇變，朝改暮易，持其音技，估衒公王之間，舉時爭相慕尚。高祖病之，謂羣臣曰："聞公等皆好新變，所奏無復正聲，此不祥之大也。自家形國，化成人風，勿謂天下方然，公家家自有風俗矣。存亡善惡，莫不繫之。樂感人深，事資和雅，公等對親賓宴飲，宜奏正聲；聲不正，何可使兒女聞也！"帝雖有此勅，而竟不能救焉。煬帝不解音律，略不關懷。後大製豔篇，辭極淫綺。令樂正白明達造新聲，創《萬歲樂》、《藏鉤樂》、《七夕相逢樂》、《投壺樂》、《舞席同心髻》、《玉女行觴》、《神仙留客》、《擲磚續命》、《鬬雞子》、《鬬百草》、《汎龍舟》、《還舊宮》、《長樂花》及《十二時》等曲，掩抑摧藏，哀音斷絕。帝悅之無已，謂幸臣曰："多彈曲者，如人多讀書。讀書多則能撰書，彈曲多即能造曲。此理之然也。"因語明達云："齊氏偏

隅，曹妙達猶自封王。我今天下大同，欲貴汝，宜自修謹。"
六年(610)，高昌獻《聖明樂》曲，帝令知音者，於館所聽之，
歸而肄習。及客方獻，先於前奏之，胡夷皆驚焉。其歌曲
有《善善摩尼》，解曲有《婆伽兒》，舞曲有《小天》，又有《疎勒
鹽》。其樂器有豎箜篌、琵琶、五弦、笙、笛、簫、篳篥、毛
員鼓、都曇鼓、荅臘鼓、腰鼓、羯鼓、雞婁鼓、銅拔、貝
等十五種，為一部。工二十人。

卷三十五 《經籍志四》

道安……後至長安，苻堅甚敬之。道安素聞天竺沙門
鳩摩羅什，思通法門，勸堅致之。什亦聞安令問，遙拜致
敬。姚萇弘始二年(400)〔五五〕，羅什至長安，時道安卒後
已二十載矣，什深慨恨。什之來也，大譯經論，道安所正，
與什所譯，義如一，初無乖舛。

初，晉元熙(419～420)中，新豐沙門智猛，策杖西行，
到華氏城，得《泥洹經》及《僧祇律》，東至高昌，譯《泥洹》爲
二十卷。後有天竺沙門曇摩羅讖復齎胡本，來至河西。沮
渠蒙遜遣使至高昌取猛本，欲相參驗，未還而蒙遜破滅。姚
萇弘始十年(408)，猛本始至長安，譯爲三十卷。曇摩羅讖
又譯《金光明》等經。時胡僧至長安者數十輩，惟鳩摩羅什
才德最優。其所譯則《維摩》、《法華》、《成實論》等諸經，及
曇無讖所譯《金光明》，曇摩羅讖所譯《泥洹》等經，並爲大乘
之學。而什又譯《十誦律》，天竺沙門佛陀耶舍譯《長阿含經》
及《四方律》〔五六〕，兜佉勒沙門曇摩難提譯《增一阿含經》
〔五七〕，曇摩耶舍譯《阿毗曇論》，並爲小乘之學。其餘經論，
不可勝記。自是佛法流通，極於四海矣。……

原校勘記〔五五〕 姚萇弘始二年"萇"或是"興"字之誤。下同。
〔五六〕 四方律"方"當作"分"。
〔五七〕 兜佉勒沙門曇摩難提"佉"原作"法"，
"曇"原作"雲"，據《高僧傳》一改。

卷六十七 《裴矩傳》

煬帝即位，營建東都，矩職修府省，九旬而就。時西
域諸蕃，多至張掖，與中國交市。帝令矩掌其事。矩知帝
方勤遠略，諸商胡至者，矩誘令言其國俗山川險易，撰《西
域圖記》三卷，入朝奏之。其序曰
……
發自敦煌，至於西海，凡爲三道，各有襟帶。北道從
伊吾，經蒲類海鐵勒部，突厥可汗庭，度北流河水，至拂
菻國，達於西海。其中道從高昌，焉耆，龜茲，疏勒，度
葱嶺，又經鏺汗，蘇對沙邪國，康國，曹國，何國，大、小
安國，穆國，至波斯，達於西海。其南道從鄯善，于闐，朱
俱波，喝槃陀，度葱嶺，又經護密，吐火羅，挹怛，忛延，
漕國，至北婆羅門，達於西海。其三道諸國，亦各自有路，

南北交通。……

卷八十三 《西域傳》

《焉耆國傳》

焉耆國，都白山之南七十里，漢時舊國也。其王姓龍，
字突騎。都城方二里。國內有九城，勝兵千餘人。國無綱維。
其俗奉佛書，類婆羅門。婚姻之禮有同華夏。死者焚之，持
服七日。男子剪髮。有魚鹽蒲葦之利。東去高昌九百里，西
去龜茲九百里，皆沙磧。東南去瓜州二千二百里。大業(605～
618)中，遣使貢方物。

《龜茲國傳》

龜茲國，都白山之南百七十里，漢時舊國也。其王姓
白，字蘇尼咥。都城方六里。勝兵者數千。俗殺人者死，劫
賊斷其一臂，並刖一足。俗與焉耆同。王頭繫綵帶，垂之
於後，坐金師子座。土多稻、粟、菽、麥、饒銅、鐵、鉛、
麖皮、氍毹、鐃沙、鹽綠、雌黃、胡粉、安息香、良馬、封
牛。東去焉耆九百里，南去于闐千四百里，西去疏勒千五
百里，西北去突厥牙六百餘里，東南去瓜州三千一百里。大
業中，遣使貢方物。

《疏勒國傳》

疏勒國，都白山南百餘里，漢時舊國也。……東去龜
茲千五百里……

《于闐國傳》

于闐國，都葱嶺之北二百餘里。其王姓王，字卑示閉
練。都城方八九里。國中大城有五，小城數十，勝兵者數
千人。俗奉佛，尤多僧尼，王每持齋戒。城南五十里有贊
摩寺者，云是羅漢比丘比盧旃所造，石上有辟支佛徒跣之
跡。于闐西五百里有比摩寺，云是老子化胡成佛之所。俗
無禮義，多賊盜淫縱。王錦帽，金鼠冠，妻戴金花。其王
髮不令人見。俗云，若見王髮，年必儉。土多麻、麥、粟、
稻、五果，多園林，山多美玉。東去鄯善千五百里，南去
女國三千里，西去朱俱波千里，北去龜茲千四百里，東北
去瓜州二千八百里。大業中，頻遣使朝貢。

卷八十四 《北狄傳》

《西突厥傳》

西突厥者，木杆可汗之子大邏便也。與沙鉢略有隙，因
分爲二，漸以強盛。東拒都斤，西越金山，龜茲、鐵勒、伊
吾及西域諸胡悉附之。大邏便爲處羅侯所執，其國立鞅素
特勤之子，是爲泥利可汗。卒，子達漫立，號泥攝處羅可
汗。其母向氏，本中國人，生達漫而泥利卒，向氏又嫁其
弟婆實特勤。開皇(581～600)末，婆實共向氏入朝，遇達

頭亂，遂留京師，每舍之鴻臚寺。處羅可汗居無恒處，然多在烏孫故地。復立二小可汗，分統所部。一在石國北，以制諸胡國。一居龜茲北，其地名應娑。……

《南史》 〔唐〕李延壽撰　　中華書局1975年版
卷七十九　《夷貊列傳下》
《西域諸國傳》
玉門以西，達於西海，考之漢史，通爲西域，高昌迄於波斯，則其所也。自晉、宋以還，雖有時而至，論其風土，甚未能詳。

《龜茲傳》
龜茲者，西域之舊國也。自晉渡江不通，至梁普通二年(521)，王尼瑞摩珠那勝遣使奉表貢獻。

《北史》 〔唐〕李延壽撰　　中華書局1974年版
卷九十七　《西域傳》
東西魏時，中國方擾，及於齊、周，不聞有事西域，故二代書並不立記錄〔三〕。

隋開皇(581～600)、仁壽(601～604)之間，尚未云經略。煬帝(604～617)時，乃遣侍御史韋節、司隸從事杜行滿使於西藩諸國，至罽賓得瑪瑙盃，王舍城得佛經，史國得十舞女、師子皮、火鼠毛而還。帝復令聞喜公裴矩於武威、張掖間往來以引致之。其有君長者四十四國，矩因其使者入朝，啗以厚利，令其轉相諷諭。大業(605～617)中，相率而來朝者四十餘國，帝因置西戎校尉以應接之。尋屬中國大亂，朝貢遂絕。

《龜茲國傳》
隋大業(605～618)中，其王白蘇尼呬遣使朝，貢方物。是時，其國勝兵可數千人。

原校勘記〔三〕　故二代書並不立記錄　按《周書》卷五〇《異域傳》下卽記西域諸國事，並爲《北史》所引用。此語不確。

卷九十九
《突厥傳附西突厥傳》
西突厥者，大杆可汗之子大邏便也。與沙鉢略有隙，因分爲二，漸以強盛。東拒都斤，西至龜茲〔四四〕，鐵勒、伊吾及西域諸胡悉附之。

原校勘記〔四四〕　西至龜茲《隋書》卷八四《西突厥傳》"西至"作"西越金山"，"龜茲"從下讀。

《舊唐書》 〔後晉〕劉昫等撰　　中華書局1975年版
卷二　《太宗紀上》
〔武德九年(626)〕

是歲，新羅、龜茲、突厥、高麗、百濟、黨項並遣使朝貢。

卷三　《太宗紀下》
〔貞觀八年(634)〕

是歲，龜茲、吐蕃、高昌、女國、石國遣使朝貢。

〔貞觀十四年(640)〕

八月……癸巳，交河道行軍大總管侯君集平高昌，以其地置西州①。

九月……乙卯，於西州置安西都護府。

〔貞觀十八年(644)〕

多十月……甲寅，幸洛陽宮。安西都護郭孝恪帥師滅焉耆，執其王突騎支送行在所。

〔貞觀二十一年(647)〕

十二月戊寅，左驍衛大將軍阿史那社爾、右驍衛大將軍契苾何力、安西都護郭孝恪、司農卿楊弘禮爲崑山道行軍大總管，以伐龜茲②。

〔貞觀二十二年(648)〕

十二月……閏月丁丑朔，崑山道總管阿史那社爾降處密、處月，破龜茲大撥等五十城，虜數萬口，執龜茲王訶黎布失畢以歸，龜茲平，西域震駭。副將薛萬徹脅于闐王伏闍信入朝。

〔貞觀二十三年(649)〕

二十三年春正月辛亥，俘龜茲王訶黎布失畢及其相那利等，獻於社廟。

二月丙戌，置瑤池都督府，隸安西都護府。

①《新唐書》卷二《太宗紀》作"八月……癸酉，侯君集克高昌。"
②《新唐書》卷二《太宗紀》作"十二月戊寅，左驍衛大將軍契苾何力爲崑丘道行軍大總管，率三總管兵以伐龜茲。"

卷四　《高宗紀上》
〔永徽元年(650)〕

十二月，瑤池都督、沙鉢羅葉護阿史那賀魯以府叛，自稱可汗，總有西域之地。

〔永徽二年(651)〕

十一月……丁丑，以高昌故地置安西都護府。

〔顯慶三年(658)〕

二月……蘇定方攻破西突厥沙鉢羅可汗賀魯及咥運、闕啜。賀魯走石國，副將蕭嗣業追擒之，收其人畜前後四十餘萬。甲寅，西域平，以其地置濛池、崑陵二都護府。復於龜茲國置安西都護府，以高昌故地爲西州。置懷化大將軍正三品，歸化將軍從三品，以授初附首領，仍分隸諸衛。

卷五　《高宗紀下》

〔咸亨元年(670)〕

夏四月，吐蕃……與于闐合衆襲龜茲撥換城，陷之。罷安西四鎮①。

〔上元二年(675)〕

二年春正月……庚午，龜茲王白素稽獻銀頗羅。

……

十二月丁亥，龜茲王白素稽獻名馬。

〔永淳元年(682)〕

四月……安西副都護王方翼破車薄、咽麪，西域平。

① 《新唐書》卷四《高宗紀上》，此事系於"四月癸卯"。

卷六 《則天皇后紀》

〔長壽元年(692)〕

冬十月，武威軍總管王孝傑大破吐蕃，復龜茲、于闐、疏勒、碎葉鎮①。

① 《新唐書》卷四《則天皇后紀》，此事系於"十月丙戌。"

卷七 《中宗紀》

〔景龍二年(708)〕

冬十一月庚申，突厥首領娑葛叛，自立爲可汗，遣弟遮弩率衆犯塞。

卷八 《玄宗紀上》

〔開元十四年(726)〕

九月己丑，檢校黃門侍郎兼磧西副大都護杜暹同中書門下平章事。

〔開元十五年(727)〕

夏五月……癸酉，以……延王洄爲安西大都護、磧西節度大使……並不出閤。

……

九月……閏月庚子，突騎施蘇祿、吐蕃贊普圍安西，副大都護趙頤貞擊走之。

〔開元十六年(728)〕

十六年春正月……壬寅，安西副大都護趙頤貞敗吐蕃於曲子城。

〔開元二十三年(735)〕

冬十月辛亥，移隸伊西、北庭都護屬四鎮節度。突騎施寇北庭及安西撥換城。

卷九 《玄宗紀下》

〔天寶十三載(754)〕

三月……乙丑，左羽林上將軍封常清權北庭都護、伊西節度使。

〔天寶十四載(755)〕

十一月……封常清自安西入奏，至行在。

〔天寶十五載(756)〕

秋七月……丁卯，詔以……豐王珙武威郡都督，領河西、隴右、安西、北庭等路節度大使。

卷十 《肅宗紀》

肅宗……玄宗第三子……景雲二年乙亥生，初名嗣昇，二歲封陝王，五歲拜安西大都護、河西四鎮諸蕃落大使。……

〔至德二載(757)〕

九月……丁亥，元帥廣平王統朔方、安西、迴紇、南蠻、大食之衆二十萬，東向討賊。壬寅，與賊將安守忠，李歸仁等戰於香積寺西北，賊軍大敗，斬首六萬級，賊帥張通儒棄京城東走。癸卯，廣平王收西京。

卷十二 《德宗紀上》

〔建中二年(781)〕

秋七月戊子朔，詔曰："二庭四鎮，統任西夏五十七蕃。十姓部落，國朝以來，相奉率職。自關、隴失守，東西阻絕，忠義之徒，泣血相守，愼固封略，奉遵禮教，皆侯伯守將交修共理之所致也。伊西北庭節度觀察使李元忠可北庭大都護，四鎮節度留後郭昕可安西大都護、四鎮節度觀察使。"自河、隴陷虜，伊西北庭爲蕃戎所隔，間者李嗣業、荔非元禮、孫志直、馬璘輩皆遙領其節度使名。初，李元忠、郭昕爲伊西北庭留後，隔絕之後，不知存亡，至是遣使歷迴紇諸蕃入奏，方知音信，上嘉之。其伊西北庭將士敘官，仍超七資。

卷十三 《德宗紀下》

〔貞元六年(790)〕

是歲，吐蕃陷我北庭都護所，節度使楊襲古奔西州。迴紇大相頡干迦斯紿襲古，請合軍收復北庭，乃殺襲古，安西因是阻絕，唯西州猶固守之。

卷二十九

《音樂志二》

高祖登極之後，享宴因隋舊制，用九部之樂，其後分爲立坐二部。今立部伎有《安樂》、《太平樂》、《破陣樂》、《慶善樂》、《大定樂》、《上元樂》《聖壽樂》、《光聖樂》，凡八部。

……

自《破陣舞》以下①，皆雷大鼓，雜以龜茲之樂，聲振百里，動蕩山谷。……

……

坐部伎有《讌樂》、《長壽樂》、《天授樂》、《烏歌萬壽樂》、《龍池樂》、《破陣樂》，凡六部。

……

自《長壽樂》已下皆用龜茲樂……。

273

……

　　自周、隋已來，管絃雜曲將數百曲，多用西涼樂，鼓舞曲多用龜茲樂，其曲度皆時俗所知也。……

　　後魏(386～534)有曹婆羅門，受龜茲琵琶於商人，世傳其業，至孫妙達，尤爲北齊高洋所重，常自擊胡鼓以和之。周武帝聘虜女爲后，西域諸國來滕，於是龜茲、疏勒、安國、康國之樂，大聚長安。胡兒令羯人白智通教習，頗雜以新聲。……隋文帝……列九部伎……我太宗平高昌，盡收其樂。……今著令者，惟此十部。①……

……

　　《龜茲樂》，工人皁絲布頭巾，緋絲布袍，錦袖，緋布袴②。舞者四人，紅抹額，緋襖，白袴帑，烏皮靴。樂用竪箜篌一，琵琶一，五絃琵琶一，笙一，橫笛一，簫一，篳篥一，毛員鼓一，都曇鼓一③，答臘鼓一，腰鼓一，羯鼓一，雞婁鼓一，銅拔一，貝一。毛員鼓今亡。

……

　　……又有新聲河西至者，號胡音聲，與《龜茲樂》、《散樂》俱爲時重，諸樂咸爲之少寢。

　　①此句《通典》一四六《樂六》《坐立部伎》與《唐會要》三三《雅樂下》作"自《安樂》以後……"。
　　②此句《通典》一四六《樂六》《四方樂》作"緋布袴"。
　　③《通典》一四六無"都曇鼓一"。

卷三十八
《地理志一》
　　開元二十一年(733)，分天下爲十五道，……又於邊境置節度、經略使，式遏四夷。……

　　安西節度使，撫寧西域，統龜茲、焉耆、于闐、疏勒四國。安西都護府治所，在龜茲國城內，管戍兵二萬四千人，馬二千七百疋，衣賜六十二萬疋段。焉耆治所，在安西府東八百里。于闐，在安西府南二千里。疏勒，在安西府西二千餘里。

卷四十　《地理志三》
《隴右道》
　　安西大都護府　貞觀十四年(640)，侯君集平高昌，置西州都護府〔一三三〕，治在西州。顯慶二年(657)十一月，蘇定方平賀魯，分其地置濛池、崑陵二都護府。分其種落，列置州縣。於是，西盡波斯國，皆隸安西都護府。仍移安西都護府理所於高昌故地。三年(658)五月，移安西府於龜茲國。舊安西府復爲西州。龍朔元年(661)，西域吐火羅款塞，乃於于闐以西、波斯以東十六國，皆置都督，督州八十，縣一百一十，軍府一百二十六，仍立碑於吐火羅以志

之。咸亨元年(670)四月，吐蕃陷安西都護府。至長壽二年(693)，收復安西四鎮，依前於龜茲國置安西都護府。至德(756～758)後，河西、隴右戍兵皆徵集，收復兩京。上元元年(760)，河西軍鎮多爲吐蕃所陷。有舊將李元忠守北庭，郭昕守安西府，二鎮與沙陀、迴鶻相依，吐蕃久攻之不下。建中元年(780)，元忠、昕遣使間道奏事，德宗嘉之，以元忠爲北庭都護，昕爲安西都護。其後，吐蕃急攻沙陀、迴鶻部落，北庭、安西無援，貞元三年(787)，竟陷吐蕃。

　　北庭都護府〔一三四〕　本龜茲國。顯慶(656～661)中，自西州移府治於此。東至焉耆鎮守八百里，西至疏勒鎮守二千里，南至于闐二千里，東北至北庭府二千里，南至吐蕃界八百里，北至突騎施界雁沙川一千里。安西都護府，鎮兵二萬四千人，馬二千七百匹。都護兼鎮西節度使。
　　　安西都護所統四鎮
　　龜茲都督府　本龜茲國。其王姓白，理白山之南。去瓜州三千里，勝兵數千。貞觀二十二年(648)，阿史那社尒破之，虜龜茲王而還，乃於其地置都督府，領蕃州之九。至顯慶三年(658)，破賀魯，仍自西州移安西府置於龜茲國城。
　　毗沙都督府　……在安西都護府西南二千里。
　　疏勒都督府　……在安西都護府西南二千里。
　　焉耆都督府　……在安西都護府東八百里。
　　　西域十六都督州府
　　龍朔元年(661)，西域諸國，遣使來內屬，乃分置十六都督府，州八十，縣一百一十，軍府一百二十六，皆隸安西都護府，仍於吐火羅國立碑以紀之。

　　原校勘記〔一三三〕　置西州都護府　據本卷下文及本書卷三《太宗紀下》、《通典》卷一七四、《寰宇記》卷一五六，"西州"當作"安西"。
　　　　　　　　〔一三四〕　北庭都護府　按北庭都護府及其沿革已見上文，本段內容富屬安西大都護府。此處文字有舛誤。

卷五十六
《輔公祏傳附王雄誕傳》
　　〔王雄誕子〕果，垂拱(685～688)初官至廣州都督、安西大都護。

卷七十七
《楊纂傳附族子弘禮傳》
　　弘禮，隋尙書令素弟之子也。……
　　〔貞觀〕二十年(646)，拜中書侍郎。明年(647)，加銀青光祿大夫，尋遷司農卿，兼充崑丘道副大總管，諸道軍將咸受節度。於是破處月，降處密，殺焉耆王，降馺支部，獲龜茲、于闐王。

卷八十三

《郭孝恪傳》

俄又以孝恪為崑丘道副大總管以討龜茲，破其都城，孝恪自留守之，餘軍分道別進，龜茲國相那利率眾遁逃。孝恪以城外未賓，乃出營於外，有龜茲人來謂孝恪曰："那利為相，人心素歸，今亡在野，必思為變。城中之人，頗有異志，公宜備之。"孝恪不以為虞。那利等果率眾萬餘，陰與城內降胡表裏為應。孝恪失於警候，賊將入城鼓譟，孝恪始覺之，乃率部下千餘人入城，與賊合戰。城中人復應那利，攻孝恪。孝恪力戰而入，至其王所居，旋復出，戰於城門，中流矢而死，孝恪子待詔亦同死於陣。賊竟退走，將軍曹繼叔復拔其城。

《蘇定方傳》

永徽(650～655)中，轉左衞勳一府中郎將，從左衞大將軍程知節征賀魯，為前軍總管。至鷹娑川，突厥有二萬騎來拒，總管蘇海政與戰，互有前卻。既而突厥別部鼠尼施等又領二萬餘騎續至。定方正歇馬，隔一小嶺，去知節十許里，望見塵起，率五百騎馳往擊之，賊眾大潰，追奔二十里，殺千五百餘人，獲馬二千匹，死馬及所棄甲仗，縣互山野，不可勝計。……

明年，擢定方為行軍大總管，又征賀魯……。

卷八十四

《裴行儉傳》

麟德二年(665)，累拜安西大都護，西域諸國多慕義歸降，徵拜司文少卿。……

……儀鳳四年(679)，十姓可汗阿史那匐延都支及李遮匐扇動蕃落，侵逼安西，連和吐蕃，議者欲發兵討之。行儉建議："吐蕃叛換，干戈未息，敬玄、審禮，失律喪元，安可更為西方生事？今波斯王身沒，其子泥涅師師充質在京，望差使往波斯冊立，即路由二蕃部落，便宜從事，必可有功。"高宗從之，因命行儉冊送波斯王，仍為安撫大食使。……

至西州……行儉仍召四鎮諸蕃酋長豪傑謂曰："……誰能從吾獵也？"是時蕃酋子弟投募者僅萬人。行儉假為畋遊，教試部伍，數日，遂倍道而進。……擒都支、遮匐而還。

卷八十九

《狄仁傑傳》

……神功元年(697)，入為鸞臺侍郎、同鳳閣鸞臺平章事，加銀青光祿大夫，兼納言。仁傑以百姓西戍疏勒等四鎮，極為凋弊，乃上疏曰："……近者國家頻歲出師，所費滋廣，西戍四鎮，東戍安東，調發日加，百姓虛弊。開守西域，事等石田，費用不支，有損無益，轉輸靡絕，杼軸殆空。越磧踰海，分兵防守，行役既久，怨曠亦多。……

竊見阿史那斛瑟羅，陰山貴種，代雄沙漠，若委之四鎮，使統諸蕃，封為可汗，遣禦寇患，則國家有繼絕之美，荒外無轉輸之役。如臣所見，請捐四鎮以肥中國，罷安東以實遼西，省軍費於遠方，並甲兵於塞上，則恆、代之鎮重，而邊州之備實矣。……"

卷九十二

《蕭至忠傳附宗楚客傳》

景龍(707～710)中，西突厥娑葛與阿史那忠節不和，屢相侵擾，西陲不安。安西都護郭元振奏請徙忠節於內地，楚客與晉卿、處訥等各納忠節重賂，奏請發兵以討娑葛，不納元振所奏。娑葛知而大怒，舉兵入寇，甚為邊患。

卷九十三

《王孝傑傳》

……孝傑久在吐蕃中，悉其虛實。長壽元年(692)，為武威軍總管，與左武衞大將軍阿史那忠節率眾以討吐蕃，乃克復龜茲、于闐、疏勒、碎葉四鎮而還。則天大悅，謂侍臣曰："昔貞觀中具綏得此蕃城，其後西陲不守，並陷吐蕃。今既盡復於舊，邊境自然無事。……"乃拜孝傑為左衞大將軍。

《唐休璟傳》

垂拱(685～688)中，遷安西副都護。會吐蕃攻破焉耆，安息道大總管、文昌右相韋待價及副使閻溫古失利，休璟收其餘眾，以安西土。遷西州都督，上表請復取四鎮。則天遣王孝傑破吐蕃，拔四鎮，亦休璟之謀也。……

休璟尤諳練邊事，自碣石西踰四鎮，綿互萬里，山川要害，皆能記之。長安(701～704)中，西突厥烏質勒與諸蕃不和，舉兵相持，安西道絕，表奏相繼。則天令休璟與宰相商度事勢，俄頃間草奏，便遣施行。後十餘日，安西諸州表請兵馬應接，程期一如休璟所畫。則天謂休璟曰："恨用卿晚。"因遷夏官尚書、同鳳閣鸞臺三品。又謂魏元忠及楊再思、李嶠、姚元崇、李迴秀等曰："休璟諳練邊事，卿等十不當一也。"

卷九十七

《郭元振傳》

……則天聞其名，召見與語，甚奇之。時吐蕃請和，乃授元振右武衞鎧曹，充使聘於吐蕃。吐蕃大將論欽陵請去四鎮兵，分十姓之地，朝廷使元振因察其事宜。元振還，上疏曰：

"……今欽陵欲分裂十姓，去四鎮兵，此誠動靜之機，不可輕舉措也。今若直塞其善意，恐邊患之起，必甚於前。若以鎮不可拔，兵不可抽，則宜為計以緩之，藉事以誘之，使彼和望未絕，則其惡意亦不得頓生。

"且四鎮之患遠，甘、涼之患近，取捨之計，實宜深圖。今國之外患者，十姓、四鎮是也；內患者，甘、涼、瓜、肅是也。關、隴之人，久事屯戍，向三十年，力用竭矣。脫甘、涼有不虞，豈堪廣調發耶？夫善爲國者，當先料內以敵外，不貪外以害內，然後夷夏晏安，昇平可保。如欽陵云'四鎮諸部接界，懼漢侵竊，故有是請'，此則吐蕃所要者。然青海、吐渾密邇蘭、鄯，比爲漢患，實在茲輩，斯亦國家之要者。

"今宜報欽陵云：'國家非吝四鎮，本置此以扼蕃國之要，分蕃國之力，使不得併兵東侵。今委之於蕃，力強易爲東擾。必實無東侵意，則還漢吐渾諸部及青海故地，即俟斤部落亦還吐蕃。'如此，則足塞欽陵之口，而事未全絕也。如欽陵小有乖，則曲在彼矣。又西邊諸國，款附歲久，論其情義，豈可與吐蕃同日而言。今未知其利害，未審其情實，遙有分裂，亦恐傷彼諸國之意，非制馭之長算也。"

則天從之。

又上言曰："臣揣吐蕃百姓倦徭戍久矣，咸願早和。其大將論欽陵欲分四鎮境，統兵專制，故不欲歸款。若國家每歲發和親使，而欽陵常不從命，則彼蕃之人怨欽陵日深，望國恩日甚，設欲廣舉醜徒，固亦難矣。斯亦離間之漸，必可使其上下俱懷猜阻。"則天甚然之。自是數年間，吐蕃君臣果相猜貳，因誅大將論欽陵。……

……

神龍（705～707）中，遷左驍衛將軍，兼檢校安西大都護。時西突厥首領烏質勒部落強盛，款塞通和，元振就其牙帳計會軍事。時天大雪，元振立於帳前，與烏質勒言議，須臾，雪深風凍，元振未嘗移足，烏質勒年老，不勝寒苦，會罷而死。其子娑葛以元振故殺其父，謀勒兵攻之。……元振……安臥帳中。明日，親入虜帳，哭之甚哀，行弔贈之禮。娑葛乃感其義，復與元振通好。……制以元振爲金山道行軍大總管。

先是，娑葛與阿史那闕啜忠節不和，屢相侵掠，闕啜兵衆寡弱，漸不能支。元振奏請追闕啜入朝宿衛，移其部落入於瓜沙等州安置，制從之。闕啜行至播仙城，與經略使、右威衛將軍周以悌相遇，以悌謂之曰："國家以高班厚秩待君者，以君統攝部落，下有兵衆故也。今輕身入朝，是一老胡耳，在朝之人，誰復喜見？非惟官資難得，亦恐性命在人。今宰相有宗楚客、紀處訥，並專權用事，何不厚賂二公，請留不行。仍發安西兵並引吐蕃以擊娑葛，求阿史那獻爲可汗以招十姓，使郭虔瓘往拔汗那徵甲馬以助軍用。既得報讎，又得存其部落。如此，與入朝受制於人，豈復同也！"闕啜然其言，使勒兵攻陷于闐坎城，獲金寶及生口，遣人間道納賂於宗、紀。元振聞其謀，遽上疏曰：

"往者吐蕃所爭，唯論十姓、四鎮，國家不能捨與，所

以不得通和。今吐蕃不相侵擾者，不是顧國家和信不來，直是其國中諸豪及泥婆羅門等屬國自有攜貳。……非是本心能忘情於十姓、四鎮也。……

"今忠節乃不論國家大計，直欲爲吐蕃作鄉導主人，四鎮危機，恐從此啓。頃緣默啜憑陵，所應處兼四鎮兵士，歲久貧羸，其勢未能得爲忠節經略，非是憐突騎施也。忠節不體國家中外之意，而別求吐蕃，吐蕃得志，忠節則在其掌握，若爲復得事漢？往年吐蕃於國非有恩有力，猶欲爭十姓、四鎮；今若効力樹恩之後，或請分于闐、疏勒，不知欲以何理抑之？……故臣愚以爲用吐蕃之力，實爲非便。

"又請阿史那獻者，豈不以獻等並可汗子孫，來即可以招脅十姓？但獻父元慶、叔僕羅、兄俀子並斛瑟羅及懷道，豈不俱是可汗子孫？往四鎮以他匐十姓不安，請冊元慶爲可汗，竟不能招脅得十姓，卻令元慶沒賊，四鎮盡淪。頃年，忠節請斛瑟羅及懷道俱爲可汗，亦不能招脅得十姓，卻遣碎葉數年被圍，兵士飢餒。又，吐蕃頃年亦冊俀子及僕羅並拔布相次爲可汗，亦不能招得十姓，皆自磨滅。何則？此等子孫非有惠下之才，恩義素絕，故人心不歸，來者既不能招攜，唯與四鎮卻生瘡痏，則知冊可汗子孫，亦未獲招脅十姓之算也。今料獻之恩義，又隔遠於其父兄，向來既未樹立得威恩，亦何由卽遣人心懸附。若自舉兵，力勢能取，則可招脅十姓，不必要須得可汗子孫也。

"又，欲令郭虔瓘入拔汗那稅甲稅馬以充軍用者，但往年虔瓘已曾與忠節擅入拔汗那稅甲稅馬，臣在疏勒具訪，不聞得一甲入軍，拔汗那胡不勝侵擾，南勾吐蕃，即將俀子重擾四鎮。又虔瓘往入之際，拔汗那四面無賊可勾，恣意侵吞，如獨行無人之境，猶引俀子爲蔽。今若有娑葛強寇，知虔瓘等西行，必請相救，胡人則內堅城壘，突厥則外伺邀遮。必知虔瓘等不能更如往年得恣其吞噬，內外受敵，自陷危道，徒與賊結隙，令四鎮不安。臣愚揣之，亦非爲計。"疏奏不省。

楚客等既受闕啜之賂，乃建議遣攝御史中丞馮嘉賓持節安撫闕啜，御史呂守素處置四鎮，持璽書便報元振。除牛師獎爲安西副都護，便領甘、涼已西兵募，兼徵吐蕃，以討娑葛。娑葛進馬使臕知楚客計，馳還報娑葛。娑葛是日發兵五千騎出安西，五千騎出撥換，五千騎出焉耆，五千騎出疏勒。時元振在疏勒，於河口柵不敢動。闕啜在計舒河口候見嘉賓，娑葛兵掩至，生擒闕啜，殺嘉賓等。呂守素至僻城亦見害。又殺牛師獎於火燒城，乃陷安西，四鎮路絕。

楚客又奏請周以悌代元振統衆，徵元振，將陷之。使阿史那獻爲十姓可汗，置軍焉者以取娑葛。娑葛遺元振書曰："與漢本來無惡，只讎於闕啜。而宗尙書取闕啜金，枉擬破奴部落，馮中丞、牛都護相次而來，奴等豈坐受死！又聞史獻欲來，徒擾亂軍州，恐未有寧日，乞大使商量處置。"

元振奏娑葛狀。楚客怒，奏言元振有異圖。元振使其子鴻間道奏其狀，以悌竟得罪，流於白州。復以元振代以悌，赦娑葛罪冊爲十四姓可汗。元振奏稱西土未寧，事資安撫，逗遛不敢歸京師。

會楚客等被誅，睿宗卽位，徵拜太僕卿，加銀青光祿大夫。……

卷九十八
《杜暹傳》

開元四年(716)，遷監察御史，仍往磧西覆屯。會安西副都護郭虔瓘與西突厥可汗史獻，鎮守使劉遐慶等不叶，更相執奏，詔暹按其事實。時暹已廻至涼州，承詔復往磧西，因入突騎施，以究虔瓘等犯狀。蕃人齎金以遺，暹固辭不受，左右曰："公遠使絕域，不可失蕃人情。"暹不得已受之，埋幕下，既去出境，乃移牒令收取之。蕃人大驚，度磧追之，不及而止。……十二年(724)，安西都護張孝嵩遷爲太原尹，或薦暹往使安西，蕃人伏其清愼，深思慕之，乃奪情擢拜黃門侍郎，兼安西副大都護。暹單騎赴職。明年(725)，于闐王尉遲眺陰結突厥及諸蕃國圖爲叛亂，暹密知其謀，發兵捕而斬之，並誅其黨與五十餘人，更立君長，于闐遂安。暹以功特加光祿大夫。暹在安西四年，綏撫將士，不憚勤苦，甚得夷夏之心。

十四年(726)，詔暹同中書門下平章事，仍遣中使往迎之。

卷一百三
《郭虔瓘傳附張嵩傳》

郭虔瓘，齊州歷城人也。開元(713～741)初，累遷右驍衛將軍，兼北庭都護。二年(714)春，突厥默啜遣其子移涅可汗及同俄特勒率精騎圍逼北庭……虔瓘以破賊之功，拜冠軍大將軍，行右驍衛大將軍。……進封太原郡開國公，……。

虔瓘俄轉安西副大都護、攝御史大夫、四鎮經略安撫使，進封潞國公，賜實封一百戶。虔瓘乃奏請募關中兵一萬人往安西討擊，皆給公乘，兼供熟食，敕許之。將作大匠韋湊上疏曰：

"臣聞兵者凶器，不獲已而用之。今西域諸蕃，莫不順軌。縱鼠竊狗盜，有戍卒鎮兵，足宜式遏之威，非降赫斯之怒。此師之出，未見其名。……今關輔戶口，積久逋逃，承前先虛，見猶未實。屬北虜犯塞，西戎駭邊，凡在丁壯，征行略盡。豈宜更募驍勇，遠資荒服，又一萬行人，詣六千餘里，咸給遞馱，並供熟食，道次州縣，將何以供？秦、隴之西，人戶漸少，涼州已去，沙磧悠然。遣彼居人，如何得濟？又萬人賞賜，費用極多；萬里資糧，破損尤廣。縱令必克，其獲幾何？儻稽天誅，無乃甚損！請令計議所用所得，校其多少，卽知利害。況用者必賞，獲者未量，何要此行，頓空幾旬。……惟陛下圖之。"

虔瓘竟無克獲之功。尋遷右威衛大將軍，以疾卒。

其後，又以張嵩爲安西都護以代虔瓘。嵩……初進士舉，常以邊任自許。及在安西，務農重戰，安西府庫，遂爲充實。十年(722)，轉太原尹，卒官。俄又以黃門侍郎杜暹代嵩爲安西都護。

卷一百四
《高仙芝傳》

高仙芝，本高麗人也。父舍鷄，初從河西軍，累勞至四鎮十將、諸衛將軍。仙芝美姿容，善騎射，勇決驍果。少隨父至安西，以父有功授遊擊將軍。年二十餘卽拜將軍，與父同班秩。事節度使田仁琬、蓋嘉運，未甚任用，後夫蒙靈詧累拔擢之。開元(713～741)末，爲安西副都護、四鎮都知兵馬使。

小勃律國王爲吐蕃所招，妻以公主，西北二十餘國皆爲吐蕃所制，貢獻不通。後節度使田仁琬、蓋嘉運並靈詧累討之，不捷，玄宗特敕仙芝以馬步萬人爲行營節度使往討之。時步軍皆有私馬，自安西行十五日至撥換城，又十餘日至握瑟德，又十餘日至疏勒，又二十餘日至葱嶺守捉，又行二十餘日至播密川，又二十餘日至特勒滿川，卽五識匿國也。仙芝乃分爲三軍：使疏勒守捉使趙崇玭統三千騎趣吐蕃連雲堡，自北谷入；使撥換守捉使賈崇瓘自赤佛堂路入；仙芝與中使邊令誠密國入，約七月十三日辰時會於吐蕃連雲堡。……大破之。……

……仙芝留令誠等以羸病厄弱三千餘人守其城，仙芝遂進。……

天寶六載(747)八月，仙芝虜勃律王及公主趣赤佛堂路班師。九月，復至婆勒川連雲堡，與邊令誠等相見。其月末，還播密川，令劉單草告捷書，遣中使判官王廷芳告捷。仙芝軍還至河西，夫蒙靈詧都不使人迎勞，罵仙芝曰："啖狗腸高麗奴！啖狗屎高麗奴！于闐使誰與汝奏得？"仙芝曰："中丞。""焉者鎮守使誰邊得？"曰："中丞。""安西副都使誰邊護得？"曰："中丞。""安西都知兵馬使誰邊得？"曰："中丞。"靈詧曰："此既皆我所奏，安得不待我處分懸奏捷書！據高麗奴此罪，合當斬，但緣新立大功，不欲處置。"又謂劉單曰："聞爾能作捷書。"單恐懼請罪。令誠具奏其狀曰："仙芝立奇功，令將憂死。"其年六月[二]，制授仙芝鴻臚卿、攝御史中丞，代夫蒙靈詧爲四鎮節度使，徵靈詧入朝。靈詧大懼，仙芝每日見之，趨走如故，靈詧益不自安。將軍程千里時爲副都護，大將軍畢思琛爲靈詧押衙，並行官王滔、康懷順、陳奉忠等，嘗構譖仙芝於靈詧。仙芝既領節度事，謂程千里曰："公面似男兒，心如婦人，何也？"又謂思琛曰："此胡敢來！我城東一千石種子莊被汝將去，憶之乎？"對曰："此是中丞知思琛辛苦見乞。"仙芝曰："吾此時懼汝作威福，豈是憐汝與之！我欲不言，恐汝懷憂，言了無事矣。"又呼王滔等至，捽下將笞，良久皆釋之，由是軍情不懼。

八載(749)，入朝，加特進，兼左金吾衛大將軍同正員，仍與一子五品官。

《封常清傳》

封常清，蒲州猗氏人也。外祖犯罪流安西効力，守胡城南門，頗讀書每坐常清於城門樓上，教其讀書，多所歷覽。外祖死，常清孤貧，年三十餘，屬夫蒙靈詧爲四鎮節度使，將軍高仙芝爲都知兵馬使……補爲傔。

開元(713~741)末，會達奚部落背叛，自黑山北向，西趣碎葉，玄宗敕靈詧邀擊之。靈詧使仙芝以二千騎自副城向北至綾嶺下，遇賊擊之。達奚行遠，人馬皆疲，斬殺略盡。常清於幕中潛作捷書，具言次舍井泉，遇賊形勢，克獲謀略，事頗精審。仙芝所欲言，無不周悉，仙芝大駭異之。仙芝軍廻，靈詧賞勞，仙芝去奴袜帶刀見。判官劉眺、獨孤峻等逆問之曰："前者捷書，誰之所作？副大使幕下何得有如此人？"仙芝曰："卽仙芝傔人封常清。"眺等揖仙芝，命常清進坐，與語如舊相識，衆人乃異之。以破達奚功，授疊州地下戍主，便以爲判官。累以軍功授鎮將、果毅、折衝。

天寶六年(747)，從仙芝破小勃律。十二月，仙芝代夫蒙靈詧爲安西節度使，便奏常清慶王府錄事參軍，充節度判官，賜紫金魚袋。尋加朝散大夫，專知四鎮倉庫、屯田、甲仗、支度、營田事。仙芝每出征討，常令常清知留後事。常清有才學，果決。……於是軍中股慄。

十載(751)，仙芝改河西節度使，奏常清爲判官。王正見爲安西節度，奏常清爲四鎮支度營田副使、行軍司馬。十一載(752)，正見死，乃以常清爲安西副大都護，攝御史中丞，持節充安西四鎮節度、經略、支度、營田副大使，知節度事。十三載(754)入朝，攝御史大夫，仍與一子五品官，賜第一區，亡父母皆贈封爵。俄而北庭都護程千里入爲右金吾大將軍，仍令常清權知北庭都護，持節充伊西節度等使。

原校勘記〔二〕 其年六月 按本卷下文《封常清傳》載仙芝於天寶六載十二月代夫蒙靈詧爲安西節度使，《通鑑》卷二一六亦作十二月。

卷一百七 《玄宗諸子傳》

《延王玢傳》

延王玢，玄宗第二十子也，初名洄。……開元……十五年(727)，遙領安西大都護、磧西節度大使。

《豐王珙傳》

豐王珙，玄宗第二十六子也。……天寶十五年(756)六月，玄宗幸蜀，至扶風郡，授珙武威郡都督，仍領河西隴

右安西北庭等路節度支度採訪使；……珙竟不行。

卷一百九

《阿史那社尒傳》

阿史那社尒，突厥處羅可汗子也。……

貞觀……九年(635)，率衆內屬……二十一年(647)，爲崑丘道行軍大總管，徵龜茲。明年(648)，軍次西突厥，擊處密，大破之，餘衆悉降。又下龜茲大撥換城，虜龜茲王白訶黎布失畢及大臣那利等百餘人而還。屬太宗崩，請以身殉葬，高宗遣使喻以先旨，不許。遷右衛大將軍。

《契苾何力傳》

契苾何力，其先鐵勒別部之酋長也。父葛，隋大業(605~618)中繼爲莫賀咄特勤，以地逼吐谷渾，所居隘狹，又多瘴癘，遂入龜茲，居於熱海之上。特勤死，何力時年九歲，降號大俟利發。至貞觀六年(632)，隨其母率衆千餘家詣沙州，奉表內附，太宗置其部落於甘、涼二州。何力至京，授左領軍將軍。

……二十二年(648)，爲崑丘道總管，擊龜茲，獲其王訶黎布失畢及諸首領等。

《李嗣業傳》

李嗣業，京兆高陵人也。身長七尺，壯勇絕倫。天寶(742~756)初，隨募至安西，頻經戰鬪。於時諸軍初用陌刀，咸推嗣業爲能。每爲隊頭，所向必陷。節度使馬靈察知其勇健，每出師，令嗣業與焉。累遷至中郎將。

天寶七載(748)，安西都知兵馬使高仙芝奉詔總軍，專征勃律，選嗣業與郎將田珍爲左右陌刀將。……由此拜右威衛將軍。

十載(751)，又從平石國，及破九國胡並背叛突騎施，以跳盪加特進，兼本官。初，仙芝紿石國王約爲和好，乃將兵襲破之，殺其老弱，虜其丁壯，取金寶瑟瑟駝馬等，國人號哭，因掠石國王東獻之于闕下。其子逃難奔走，告於諸胡國。羣胡忿之，與大食連謀，將欲攻四鎮。仙芝懼，領兵二萬深入胡地，與大食戰，仙芝大敗。……

及祿山反，兩京陷，上在靈武，詔嗣業赴行在。嗣業自安西統衆萬里，威令肅然，所過郡縣，秋毫不犯。至鳳翔謁見，上曰："今日得卿，勝數萬衆，事之濟否，實在卿也。"遂與郭子儀、僕固懷恩等常犄角爲先鋒將。……

……至德二年(757)九月，嗣業從廣平王收復京城，與賊大戰於香積寺北，西拒澧水，東臨大川，十里間軍容不斷。嗣業時爲鎮西、北庭支度行營節度使，爲前軍，朔方右行營節度使郭子儀爲中軍，關內行營節度王思禮爲後軍。戈鋌鼓鞞，震曜山野，距賊軍數里，列長陣而待之。賊將李歸仁初以銳師數來挑戰，我師攢矢而逐之，賊軍大至，逼我追騎，突入我營，我師囂亂。……嗣業乃脫衣徒搏，執

278

長刀立於陣前大呼，當嗣業刀者，人馬俱碎，殺十數人，陣容方駐。前軍之士盡執長刀而出，如牆而進。嗣業先登奮命，所向摧靡。是時，賊先伏兵於營東，偵者知之，元帥廣平王分廻紇銳卒，令擊其伏兵，賊將大敗。嗣業出賊營之背，與廻紇合勢，表裏夾攻，自午及酉，斬首六萬級，填溝塹而死者十二三。賊帥張通儒、安守忠、李歸仁等收合殘卒，東走保陝郡。慶緒又命嚴莊率衆數萬，赴陝助通儒輩以拒官軍。廣平王、郭子儀、王思禮等大軍營於陝西。嗣業與子儀遇賊於新店，與之力戰，數合，我師初勝而後敗，嗣業逐急應接。廻紇從南山望見官軍敗，曳白旗而下，徑抵賊背，穿賊陣，賊陣西北角先陷。嗣業又率精騎前擊，表裏齊進，賊衆大敗，走河北。子儀遂收東都。嗣業以功加開府儀同三司、衞尉卿，封號國公，食實封二百戶。

《白孝德傳》

白孝德，安西胡人也，驍悍有膽力。乾元（758～760）中，事李光弼爲偏神。史思明攻河陽，使驍將劉龍仙率鐵騎五千臨城挑戰。龍仙捷勇自恃，舉右足加馬鬣上，嫚罵光弼。光弼登城望，顧諸將曰："孰可取者？"僕固懷恩請行，光弼曰："此非大將所爲。"歷選其次，左右曰："白孝德可。"光弼乃招孝德前，問曰："可乎？"曰："可。"光弼問："所要幾何兵？"孝德曰："可獨往耳。"光弼壯之。終問所欲，對曰："願選五十騎於軍門爲繼，兼請大軍鼓譟以增氣勢，他無所用。"光弼撫其背以遣之。孝德挾二矛，策馬截流而渡。半濟，懷恩賀曰："克矣。"光弼曰："未及，何知其克？"懷恩曰："觀其攬轡便辟，可萬全者。"龍仙見其獨來，甚易之，足不降鬣。稍近，將動，孝德搖手示之，若使其不動，龍仙不之測，乃止。孝德呼曰："侍中使余致辭，非他也。"龍仙去十步與之言，褻罵如初。孝德息馬伺便，因瞋目曰："賊識我乎？"龍仙曰："誰耶？"曰："我，國之大將白孝德也。"龍仙曰："是何猪狗！"孝德發聲㷀噉，持矛躍馬而搏之。城上鼓譟，五十騎繼進。龍仙矢不暇發，環走堤上。孝德追及，斬首，攜之而歸，賊徒大駭。其後，累戰功至安西北庭行營節度、鄜坊邠寧節度使，歷檢校刑部尚書，封昌化郡王。以家難去職，服闋復舊官。大曆十四年（779）九月，轉太子少傅，尋卒，時年六十六，贈太子太保①。

① 參見《新唐書》卷一百三十六《白孝德傳》。

卷一百一十四

《來瑱傳》

……開元十八年（730），爲鴻臚卿同正員、安西副都護、持節磧西副大使、四鎮節度使，後爲右領軍大將軍、仗內五坊等使，名著西陲。……

……天寶（742～756）初，四鎮從職。十一載（752），爲左贊善大夫、殿中侍御史，充伊西、北庭行軍司馬。

卷一百一十五

《衞伯玉傳》

衞伯玉，有膂力，幼習藝。天寶（742～756）中杖劍之安西，以邊功累遷至員外諸衞將軍。肅宗卽位，興師靖難，伯玉激憤，思立功名，自安西歸長安。初爲神策軍兵馬使出鎮。乾元二年（759）十月，逆賊史思明遣僞將李歸仁鐵騎三千來犯，伯玉以數百騎於疆子坂擊破之，積尸滿野……以功遷右羽林軍大將軍，知軍事。轉四鎮、北庭行營節度使。獻俘百餘人至闕下，詔解縛而赦之，遷伯玉神策軍節度。

卷一百一十八

《元載傳》

節度寄理於涇州〔一〕。大曆八年（773），蕃戎入邠寧之後，朝議以爲三輔已西，無襟帶之固，而涇州散地，不足爲守。載嘗爲西州刺史，知河西、隴右之要害，指畫於上前曰："今國家西境極於潘源，吐蕃防戍在摧沙堡，而原州界其間。原州當西塞之口，接隴山之固，草肥水甘，舊壘存焉。……平涼附其東，獨耕一縣，可以足食。請移京西軍戍原州，乘間築之，貯粟一年。……移子儀大軍居涇，以爲根本，分兵守石門、大峽、隴山之關。北抵於河，皆連山峻嶺，寇不可越。稍置鳴沙縣、豐安軍爲之羽翼，北帶靈武五城爲之形勢。然後舉隴右之地以至安西，是謂斷西戎之脛，朝廷可高枕矣。"兼圖其地形以獻。……檢校左僕射田神功沮之……上遲疑不決，會載得罪乃止。

原校勘記〔一〕 節度寄理於涇州 《新書》卷一四五《元載傳》作"初，四鎮北庭行營節度使寄治涇州。"

卷一百二十

《郭子儀傳附幼明子昕傳》

幼明，尙父子儀之母弟也。……

子昕，肅宗末爲四鎮留後。自關、隴陷蕃，爲虜所隔，其四鎮、北庭使額，李嗣業、荔非元禮皆遙領之。昕阻隔十五年，建中二年（781），與伊西北庭節度使李元忠俱遣使於朝，德宗嘉之。詔曰："四鎮、二庭，統任西夏五十七蕃十姓部落，國朝以來，相次率職。自關、隴失守，東西阻絕，忠義之徒，泣血相守，愼固封略，奉尊朝法，皆侯伯守將交修共理之所致也。伊西北庭節度使李元忠，可北庭大都護；四鎮節度留後郭昕，可安西大都護、四鎮節度使。其將吏已下敍官，可超七資。"

……時昕使自廻紇歷諸蕃部，方達於朝。

卷一百二十八

《段秀實傳》

279

段秀實字成公，隴州汧陽人也。……

天寶四載(745)，安西節度使馬靈察署爲別將，從討護蜜有功，授安西府別將。七載(748)，高仙芝代靈察，舉兵圍怛邏斯，黑衣救至，仙芝大衄，軍士相失。夜中聞都將李嗣業之聲，因大呼責之曰："軍敗而求免，非丈夫也。"嗣業甚慚，遂與秀實收合散卒，復得成軍。師還，嗣業請於仙芝，以秀實爲判官，授斥候府果毅。十二載(753)，封常清代仙芝，討大勃律，師次賀薩勞城，一戰而勝。常清逐之，秀實進曰："賊兵羸，餌我也，請備左右，搜其山林。"遂殲其伏，改綏德府折衝。

肅宗(756～762)即位於靈武，徵安西兵節度使梁宰，宰潛懷異圖。秀實謂嗣業曰："豈有天子告急，臣下晏然，信浮安之說，豈明公之意耶？"嗣業遂見宰，請發兵，從之。乃出步騎五千，令嗣業赴朔方，以秀實爲援，累有戰功。……

安慶緒奔鄴，嗣業與諸軍圍之，安西輜重委於河內。乃奏秀實爲懷州長史，知軍州，加節留後。諸軍進戰於愁思岡，嗣業爲流矢所中，卒於軍，衆推安西兵馬使荔非元禮代之。秀實聞嗣業之喪，乃遺先鋒將白孝德書，令發卒護嗣業喪送河內。……元禮多其義，奏試光祿少卿，依前節度判官。

邙山之敗，軍徙翼城，元禮爲麾下所殺，將佐亦多遇害，而秀實獨以智全。衆推白孝德爲節度使，人心稍定。又遷試光祿卿，爲孝德判官。孝德改鎮邠寧，奏秀實試太常卿、支度營田二副使。大軍西遷，所過掠奪。又以邠寧乏食，難於饋運，乃請軍於奉天。是時公廩亦竭，縣吏憂恐多逃匿，謺行剽盜，孝德不能禁。秀實私曰："使我爲軍候，當不如此。"軍司馬言之，遂以秀實爲都虞候，權知奉天行營事，號令嚴一，軍府安泰，代宗聞而嗟賞久之。兵還於邠寧，復爲都虞候，尋拜涇州刺史。

大曆元年(766)，馬璘奏加開府儀同三司。軍中有能引二十四弓而犯盜者，璘欲免之，秀實曰："將有私愛，則法令不一，雖韓、白復生，亦不能爲理。"璘善其議，竟使殺之。璘決事有不合理者，必固爭之，得璘引過乃已。璘城涇州，秀實掌留後，歸還，加御史中丞。璘既奉詔徙鎮涇州，其士衆嘗自四鎮、北庭赴難中原，僑居屢移，頗積勞怨。刀斧將王童之因人心動搖，導以爲亂。或告其事，且曰："候嚴，警鼓爲約矣。"秀實乃召鼓人，陽怒失節，且戒之曰："每更籌盡，必來報。"每白之，輒延數刻，四更畢而曙。既差互，童之亂不能作。明日，告者復曰："今夜將焚草場，期救火者同作亂。"秀實使嚴加警備。夜半火發，乃使令於軍中曰："救火者斬。"童之居外營，請入救火，不許。明日斬之，捕殺其黨凡十餘人以徇，曰："敢後徙者族！"於是遷涇州。既至其理所，人烟憂絕，兵無廩食。朝廷憂之，遂詔璘遙管鄭、潁二州，以贍涇原軍，俾秀實爲留後，二州甚理。璘思其績用，又奏行軍司馬，兼都知兵馬使。

八年(773)，吐蕃來寇，戰於鹽倉，我軍不利。璘爲寇戎所隔，逮暮未還，敗將潰兵爭道而入。……秀實乃悉驅城中士卒未出戰者，使驍將統之，東依古原，列奇兵示賊將戰，且以收合敗亡。蕃衆望之，不敢逼。及夜，璘方獲歸。

十一年(776)，璘疾甚，不能視事，請秀實攝節度副使兼左廂兵馬使。……都虞候史廷幹、裨將崔珍張景華謀作亂，秀實乃送廷幹於京師，徙珍及景華外鎮，軍中遂定，不戮一人。尋拜秀實涇州刺史、兼御史大夫，四鎮北庭行軍涇原鄭穎節度使。三四年間，吐蕃不敢犯塞，清約率易，遠近稱之。……

卷一百四十四

《尉遲勝傳》

尉遲勝，本于闐王珪之長子，少嗣位。天寶(742～756)中來朝，獻名馬、美玉，玄宗嘉之，妻以宗室女，授右威衛將軍、毗沙府都督還國。與安西節度使高仙芝同擊破薩毗播仙，以功加銀青光祿大夫、鴻臚卿，改光祿卿，皆同正。

至德(756～758)初，聞安祿山反，勝乃命弟曜行國事，自率兵五千赴難。……

卷一百五十二

《馬璘傳》

馬璘，扶風人也。祖正會，右威衛將軍。父晟，右司禦率府兵曹參軍。璘少孤，落拓不事生業。年二十餘，讀《馬援傳》至"大丈夫當死於邊野，以馬革裹尸而歸，"慨然歎曰："豈使吾祖勳業墜於地乎！"開元(713～741)末，杖劍從戎，自效於安西。以前後奇功，累遷至左金吾衛將軍同正。

至德(756～758)初，王室多難，璘統甲士三千，自二庭赴鳳翔。肅宗奇之，委以東討。……

永泰(765～766)初，拜四鎮行營節度，兼南道和蕃使，委之禁旅，俾清殘寇。俄遷四鎮、北庭行營節度及邠寧節度使、兼御史大夫，旋加檢校工部尙書。以犬戎浸驕，歲犯郊境，涇州最鄰戎虜，乃詔璘移鎮涇州，兼權知鳳翔隴右節度副使、涇原節度、涇州刺史，四鎮、北庭行營節度使如故，復以鄭、滑二州隸之。……

卷一百七十四

《李德裕傳》

【會昌】三年(843)二月，趙蕃奏黠戛斯攻安西、北庭都護府，宜出師應援。德裕奏曰：

"據地志，安西去京七千一百里，北庭去京五千二百里。承平時，向西路自河西、隴右出玉門關，迤邐是國家州縣，所在皆有重兵。其安西、北庭要兵，便於側近徵發。自艱難已後，河、隴盡陷吐蕃，若通安西、北庭，須取迴紇路去。今迴紇破滅，又不知的屬黠戛斯否。縱令救得，便須卻置都護，須以漢兵鎮守。每處不下萬人，萬人從何徵發？饋運取何道路？今天德、振武去京至近，兵力常苦不足，無事時貯糧不支得三年，朝廷力猶不及，況保七千里安西哉！臣所以謂縱令得之，實無用也。……國朝賢相狄仁傑亦請棄四鎮，立斛瑟羅爲可汗……蓋不欲貪外虛內，耗竭生靈。……臣恐蕃戎多計，知國力不及，僞且許之，邀求中國金帛，陛下不可中悔，此則將實費以換虛事，即是滅一迴紇而又生之，恐計非便。"

乃止。

卷一百八十五上　《良吏傳上》

《王方翼傳》

會吏部侍郎裴行儉西討遮匐，奏方翼爲副，兼檢校安西都護。又築碎葉鎭城，立四面十二門，皆屈曲作隱伏出沒之狀，五旬而畢。西域諸胡競來觀之，因獻方物。

永隆(680～681)，中〔三〕，車簿反叛，圍弓月城。方翼引兵救之，至伊麗河，賊前來拒，因縱擊，大破之，斬首千餘級。俄而三姓咽麪悉發衆十萬，與車簿合勢以拒。方翼屯兵熱海，與賊連戰，流矢貫臂，徐以佩刀截之，左右莫有覺者。既而所將蕃兵懷貳，謀執方翼以應賊，方翼密知之，悉召會議，佯作軍資以賜之。續續引去，便令斬之，會大風，又振金鼓以亂其聲，遂誅七千餘人。因遣裨將分道討襲咽麪等，賊旣無備，因是大潰，擒首領突騎施等三百人，西域遂定。以功遷夏州都督。

原校勘記〔三〕　永隆　本書卷五《高宗紀》、《通鑑》卷二○三作"永淳"。

卷一百八十七下　《忠義傳下》

《程千里傳》

程千里，京兆人。……本磧西募人，累以戎勳，官至安西副都護。天寶十一載(752)，授御史中丞。十二載(753)，兼北庭都護，充安西、北庭節度使。突厥首領阿布思先率衆內附，隷朔方軍，玄宗賜姓名曰李獻忠。李林甫遙領朔方節度，用獻忠爲副將。後有詔移獻忠部落隷幽州，獻忠素與祿山有隙，懼不奉詔，乃叛歸磧北，數爲邊患。玄宗憤之，命千里將兵討之。十二載十一月，千里兵至磧西，以書喻葛祿，令其相應。獻忠勢窮，歸葛祿部，葛祿縛獻忠並其妻子及帳下數千人，送之千里，飛表獻捷，天子壯之。十三載(754)三月，千里獻俘於勤政樓，斬之於朱雀街，以功授右金吾衞將軍同正，仍留知羽林軍。

卷一百九十四下

《突厥傳下》

西突厥本與北突厥同祖。初，木桿與沙鉢略可汗有隙，因分爲二。其國卽烏孫之故地，東至突厥國，西至雷翥海，南至疏勒，北至瀚海，在長安北七千里。自焉耆國西北七日行，至其南庭；又正北八日行，至其北庭。鐵勒、龜茲及西域諸胡國，皆歸附之。其人雜有都陸及弩失畢、歌邏祿、處月、處密、伊吾等諸種。……

……

……初，曷薩那之朝隋也，爲煬帝所拘，其國人遂立薩那之叔父，曰射匱可汗。

射匱可汗者，達頭可汗之孫也。旣立後，始開土宇，東至金山，西至海，自玉門已西諸國皆役屬之。遂與北突厥爲敵，乃建庭於龜茲北三彌山。尋卒。弟統葉護可汗代立。

統葉護可汗，勇而有謀，善攻戰。遂北並鐵勒，西拒波斯，南接罽賓，悉歸之，控弦數十萬，霸有西域，據舊烏孫之地。又移庭於石國北之千泉。其西域諸國王悉授頡利發，並遣吐屯一人監統之，督其征賦。西戎之盛，未之有也。

……

〔貞觀〕十二年(638)，西部竟立欲谷設爲乙毗咄陸可汗。乙毗咄陸可汗旣立，與咥利失大戰……因與咥利失中分，自伊列河已西屬咄陸，已東屬咥利失。咄陸可汗又建庭於鏃曷山西，謂爲北庭。……十三年(639)，咥利失爲其吐屯俟利發與欲谷設通謀作難，咥利失窮蹙，奔拔汗那而死。弩失畢部落酋帥迎咥利失弟伽那之子薄布特勤而立之，是爲乙毗沙鉢羅葉護可汗。

乙毗沙鉢羅葉護可汗旣立，建庭於睢合水北，謂之南庭。東以伊列河爲界，自龜茲、鄯善、且末、吐火羅、焉耆、石國、史國、何國、穆國、康國，皆受其節度。累遣使朝貢，太宗降璽書慰勉。貞觀十五年(641)，令左領軍將軍張大師往授焉，賜以鼓纛。於時咄陸可汗與葉護頻相攻擊。會咄陸遣使詣闕，太宗諭以敦睦之道。咄陸於時兵衆漸強，西域諸國復來歸附。未幾，咄陸遣石國吐屯攻葉護，擒之，送於咄陸，尋爲所殺。

咄陸可汗旣並其國，弩失畢諸姓心不服咄陸，皆叛之。咄陸復率兵擊吐火羅，破之。自恃其強，專擅西域。遣兵寇伊州，安西都護郭恪率輕騎二千自烏骨邀擊，敗之。咄陸又遣處月、處密等圍天山縣，郭恪又擊走之。恪乘勝進拔處月俟斤所居之城，追奔及於遏索山，斬首千餘級，降其處密之衆而還。咄陸初以泥孰啜自擅取所部物，斬之以徇；尋爲泥孰啜部將胡祿居所襲，衆多亡逸，其國大亂。貞觀十五年(641)，部下屋利啜等謀欲廢咄陸，各遣使詣闕，請立可汗。太宗遣使齎璽書立莫賀咄乙毗可汗之子，是爲乙毗射匱可汗。

乙毗射匱可汗立，乃發弩失畢兵就白水擊咄陸。自知不爲衆所附〔二〕，乃西走吐火羅國。中國使人先爲咄陸所拘者，射匱悉以禮資送歸長安，復遣使貢方物，請賜婚。太宗許之，詔令割龜茲、于闐、疏勒、朱俱波、葱嶺等五國爲聘禮。及太宗崩，賀魯反叛，射匱部落爲其所並。

阿史那賀魯者，曳步利設射匱特勤之子也。初，阿史那步眞既來歸國，咄陸可汗乃立賀魯爲葉護，以繼步眞，居於多邏斯川，在西州直北一千五百里，統處密、處月、姑蘇、歌邏祿、弩失畢五姓之衆。其後，咄陸西走吐火羅國，射匱可汗遣兵迫逐，賀魯不常厥居。貞觀二十二年(648)，乃率其部落內屬，詔居庭州。尋授左驍衛將軍、瑤池都督。高宗即位，進拜左驍衛大將軍，瑤池都督如故。

永徽二年(651)，與其子咥運率衆西遁，據咄陸可汗之地，總有西域諸郡，建牙子雙河及千泉，自號沙鉢羅可汗，統攝咄陸、弩失畢十姓。……各有所部，勝兵數十萬，並羈屬賀魯。西域諸國，亦多附隸焉。

……

顯慶二年(657)，遣右屯衛將軍蘇定方……等率師討擊……

……俘賀魯至京師……分其種落置崑陵、濛池二都護府，其所役屬諸國，皆分置州府，西盡於波斯，並隸安西都護府。……

阿史那彌射者，室點密可汗五代孫也。……彌射在本蕃爲莫賀咄葉護。貞觀六年(632)，詔遣鴻臚少卿劉善因就蕃立爲奚利邲咄陸可汗，賜以鼓纛、綵帛萬段。其族兄步眞欲自立爲可汗，遂謀殺彌射弟姪二十餘人。彌射既與步眞有隙，以貞觀十三年(639)率所部處月、處密部落入朝，授右監門大將軍。其後步眞遂自立爲咄陸葉護，其部落多不服，委之遁去。步眞復攜家屬入朝，授左屯衛大將軍。

……

龍朔(661~663)中，又令彌射、步眞率所部從繭海道大總管蘇海政討龜茲。步眞嘗欲並彌射部落，遂密告海政云："彌射欲謀反，請以計誅之。"時海政兵纔數千，懸師在彌射境內，遂集軍吏而謀曰："彌射若反，我輩即無噍類。今宜先舉事，則可克捷。"乃僞稱有敕，令大總管齎物數百萬段分賜可汗及諸首領。由是彌射率其麾下，隨例請物，海政盡收斬之。……

則天臨朝，十姓無主數年，部落多散失。垂拱(685~688)初，遂擢授彌射子左豹韜衛翊府中郎將元慶爲左玉鈐衛將軍兼崑陵都護，令襲興昔亡可汗，押五咄六部落；步眞子斛瑟羅爲右玉鈐衛將軍兼濛池都護，押五弩失畢部

落。……

……

襲繼往絕可汗……。

……

蘇祿者，突騎施別種也。頗善綏撫，十姓部落漸歸附之，衆二十萬，遂雄西域之地，尋遣使來朝。開元三年(715)，制授蘇祿爲左羽林軍大將軍、金方道經略大使，進爲特勤，遣侍御史解忠順齎璽書册立爲忠順可汗。自是每年遣使朝獻，上乃立史懷道女爲金河公主以妻之。

時杜暹爲安西都護，公主遣牙官齎馬千疋詣安西互市，使者宣公主教與暹，暹怒曰："阿史那氏女，豈合宣教與吾節度耶！"杖其使者，留而不遣，其馬經雪寒，死並盡。蘇祿大怒，發兵分寇四鎮。會杜暹入知政事，趙頤貞代爲安西都護，城守久之，由是四鎮貯積及人畜並爲蘇祿所掠，安西僅全。蘇祿既聞杜暹入相，稍引退，俄又遣使入朝獻方物。……

原校勘記〔二〕　自知不爲衆所附　《通典》卷一九九、《寰宇記》卷一九七，"自"上有"大敗之咄陸"五字。

卷一百九十五
《迴紇傳》
開元(713~741)中，迴鶻漸盛，殺涼州都督王君㚟，斷安西諸國入長安路，玄宗命郭知運等討逐，退保烏德健山山……。

……

貞元六年(790)……吐蕃陷北庭都護府。

初，北庭、安西既假道於迴紇以朝奏，因附庸焉。迴紇徵求無厭，北庭差近，凡事之資，必強取之。又有沙陀部落六千餘帳，與北庭相依，亦屬於迴紇，肆行抄奪，尤所厭苦。……因吐蕃厚賂見誘，遂附之。於是吐蕃率葛祿、白服之衆去多寇北庭，迴紇大相頡干迦斯率衆禦之，頻敗。吐蕃急攻之，北庭之人既苦迴紇，乃舉城降焉，沙陀部落亦降。節度使、檢校工部尙書楊襲古將麾下二千餘衆出奔西州，頡干利亦還。六年秋，悉其國丁壯五萬人，召襲古，將復焉，俄爲所敗，死者大半。頡干利收合餘燼，晨夜奔還。襲古餘衆僅百六十，將復入西州，頡干迦斯紿之曰："第與我同至牙帳，當送君歸本朝。"既及牙帳，留而不遣，竟殺之。自是安西阻絕，莫知存亡，唯西州之人，猶固守焉。……

……

長慶元年(821)……五月，迴鶻宰相、都督、公主、摩尼等五百七十三人入朝迎公主……敕：太和公主出降迴鶻爲可敦……吐蕃犯青塞堡，以迴紇和親故也。鹽州刺史李文悅發兵擊退之。迴鶻奏："以一萬騎出北庭，一萬騎出安西，拓吐蕃以迎太和公主歸國。"……

……

……開成（836～840）初，其相有安允合者，與特勤柴革欲簒薩特勤可汗，薩特勤可汗覺，殺柴革及安允合。又有迴鶻相掘羅勿者，擁兵在外，怨誅柴革、安允合，又殺薩特勤可汗，以厖馺特勤爲可汗。有將軍句錄末賀恨掘羅勿，走引黠戞斯領十萬騎破迴鶻城，殺厖馺，斬掘羅勿，燒蕩殆盡，迴鶻散奔諸蕃。有迴鶻相馺職者，擁外甥厖特勤及男鹿並遏粉等兄弟五人、一十五部西奔葛邏祿，一支投吐蕃，一支投安西。又有近可汗牙十三部，以特勤烏介爲可汗，南來附漢。

……

大中元年（847）春，張仲武大破奚衆，其迴鶻無所取給，日有耗散。至二年（848）春，唯存名王貴臣五百人已下，依室韋。張仲武因賀正室韋經過幽州，仲武卻令還蕃，遣送遏捻等來向幽州。遏捻等懼，是夜與妻葛祿、子特勤毒斯等九騎西走，餘衆奔之不及，迴鶻諸相達官老幼大哭。室韋分迴鶻餘衆爲七分，七姓室韋各占一分。經三宿，黠戞斯相阿播領諸蕃兵稱七萬，從西南天德北界來取遏捻及諸迴鶻，大敗室韋。迴鶻在室韋者，阿播皆收歸磧北。在外猶數帳，散藏諸山深林，盜刧諸蕃，皆西向傾心望安西厖勒之到。厖勒已自稱可汗，有磧西諸城。其後嗣君弱臣強，居甘州，無復昔時之盛。……

卷一百九十六上 《吐蕃傳上》

……儀鳳三年（678）……秋，敬玄與工部尙書劉審禮率兵與吐蕃戰於靑海，官軍敗績……。時吐蕃盡收羊同、黨項及諸羌之地，東與涼、松、茂、嶲等州相接，南至婆羅門，西又攻陷龜茲、疏勒等四鎮，北抵突厥，地方萬餘里，自漢、魏已來，西戎之盛，未之有也。

……

則天臨朝，命文昌右相韋待價爲安息道大總管，安西大都護閻溫古爲副。永昌元年（689），率兵往征吐蕃，遲留不進，待價坐流繡州，溫古處斬。……長壽元年（692），武威軍總管王孝傑大破吐蕃之衆，克復龜茲、于闐、疏勒、碎葉等四鎮，乃於龜茲置安西都護府，發兵以鎮守之。萬歲登封元年（696），孝傑復爲肅邊道大總管，率副總管婁師德與吐蕃將論欽陵、贊婆戰於素羅汗山，官軍敗績，孝傑坐免官。……

……聖曆二年（699），其贊普器弩悉弄手自漸長，乃與其大臣論巖等密圖之。……發使召欽陵、贊婆等，欽陵……自殺……。贊婆……等來降……。尋卒，贈特進、安西大都護。

……

睿宗（710～712）卽位……時張玄表爲安西都護，又與吐蕃比境，互相攻掠，吐蕃內雖怨怒，外敦和好。……

卷一百九十六下 《吐蕃傳下》

興元元年（784）二月，以右散騎常侍兼御史大夫於頎往涇州已來宣慰吐蕃，仍與州府計會頓遞。時吐蕃款塞請以兵助平國難，故遣使焉。四月，命太常少卿、兼御史中丞沈房爲入蕃計會及安西、北庭宣慰使。……

卷一百九十八 《西戎傳》

《焉耆國傳》

焉耆國，在京師西四千三百里，東接高昌，西鄰龜茲，卽漢時故也。其王姓龍氏，名突騎支。勝兵二千餘人，常役屬於西突厥。其地良沃，多蒲萄，頗有魚鹽之利。

貞觀六年（632），突騎支遣使貢方物，復請開大磧路以便行李，太宗許之。自隋末擾亂，磧路遂閉，西域朝貢者皆由高昌。及是，高昌大怒，遂與焉耆結怨，遣兵襲焉耆，大掠而去。西突厥莫賀設與咄陸、弩失畢不協，奔於焉耆，咄陸復來攻之。六年（632），遣使言狀，並貢名馬。時西突厥國亂，太宗遣中郎將桑孝彥領左右胃曹韋弘機往安撫之，仍册立咥利失可汗。可汗旣立，素善焉耆，令與焉耆爲援。十二年（638），處月、處密與高昌攻陷焉耆五城，掠男女一千五百人，焚其廬舍而去。十四年（640），侯君集討高昌，遣使與之相結，焉耆王大喜，請爲聲援。及破高昌，其王詣軍門稱謁。焉耆人先爲高昌所虜者，悉歸之。由是遣使謝恩，並貢方物。

其年，西突厥重臣屈利啜爲其弟娶焉耆王女，由是相爲脣齒，朝貢遂闕。安西都護郭孝恪請擊之，太宗許焉。會焉耆王弟頡鼻葉護兄弟三人來至西州，孝恪選步騎三千出銀山道，以頡鼻弟栗婆準爲鄕導。焉耆所都城，四面有水，自恃險固，不虞於我。孝恪倍道兼行，夜至城下，潛遣將士浮水而渡，至曉，一時攀堞，鼓角齊震，城中大擾。孝恪縱兵擊之，虜其王突騎支，首虜千餘級。以栗婆準導軍有功，留攝國事而還。時駕幸洛陽宮，孝恪鎖突騎支並其妻子送行在所，詔宥之。

初，西突厥屈利啜將兵來援焉耆，孝恪還師三日，屈利啜乃囚栗婆準，而西突厥處般啜令其吐屯來攝焉耆，遣使朝貢。太宗數之曰："焉耆者，我兵擊得，汝何人，輒來統攝。"吐屯懼而返國。焉耆又立栗婆準從父兄薛婆阿那支爲王。處般啜乃執栗婆準送於龜茲，爲所殺。薛婆阿那支旣得處般啜爲援，遂有國。及阿史那社爾之討龜茲，阿那支大懼，遂奔龜茲，保其東城，以禦官軍，社爾擊擒之，數其罪而斬焉。求得阿那支從父弟先那準立爲王，以修職貢。……

《龜茲國傳》

龜茲國，卽漢西域舊地也，在京師西七千五百里。其王姓白氏。有城郭屋宇，耕田畜牧爲業。男女皆翦髮，垂

283

與項齊，唯王不翦髮。學胡書及婆羅門書、算計之事，尤重佛法。其王以錦蒙項，著錦袍金寶帶，坐金獅子牀。有良馬、封牛。饒蒲萄酒，富室至數百石。

高祖卽位，其主蘇伐勃駃遣使來朝。勃駃尋卒，子蘇伐疊代立，號時健莫賀俟利發。貞觀四年(630)，又遣使獻馬，太宗賜以璽書，撫慰甚厚，由此歲貢不絕，然臣於西突厥。安西都護郭孝恪來伐焉者，龜茲遣兵援助，自是職貢頗闕。

伐疊死，其弟訶黎布失畢代立，漸失藩臣禮。二十年(646)，太宗遣左驍衛大將軍阿史那社爾爲崑山道行軍大總管，與安西都護郭孝恪、司農卿楊弘禮率五將軍，又發鐵勒十三部兵十餘萬騎，以伐龜茲。社爾旣破西蕃處月、處密，乃進師趨其北境，出其不意，西突厥所署焉者王棄城而遁，社爾遣輕騎追擒之。龜茲大震，守將多棄城而走。社爾進屯磧石，去其都城三百里。遣伊州刺史韓威率千餘騎爲前鋒，右驍衛將軍曹繼叔次之。西至多褐城，與龜茲王相遇，及其相那利、將羯獵顚等，有衆五萬，逆拒王師。威乃僞遁而引之，其王俟利發見威兵少，悉衆而至。威退行三十里，與繼叔軍會，合擊大破之。其王退保都城，社爾進軍逼之，王乃輕騎而走，遂下其城，令孝恪守之。遣沙州刺史蘇海政、尙輦奉御薛萬備以精騎逼之，行六百里，其王窘急，退保於撥換城。社爾等進軍圍之，擒其王及大將羯獵顚等。其相那利僅以身免，潛引西突厥之衆並其國兵萬餘人，來襲孝恪，殺之，官軍大擾。倉部郎中崔義起與曹繼叔、韓威等擊之，那利敗走。尋爲龜茲人所執以詣軍。前後破其大城五所，虜男女數萬口。社爾因立其王之弟葉護爲王，勒石紀功而旋。俘其王訶黎布失畢及那利、羯獵顚等獻於社廟。尋以訶黎布失畢爲左武翊衛中郎將，那利已下授官各有差。太宗之葬昭陵，乃刻石像其形，列於玄闕之前。永徽元年(650)，又以訶黎布失畢爲右驍衛大將軍，尋放還蕃，撫其餘衆，依舊爲龜茲王，賜物一千段。

先是，太宗旣破龜茲，移置安西都護府於其國城，以郭孝恪爲都護，兼統于闐、疏勒、碎葉，謂之「四鎮」。高宗嗣位，不欲廣地勞人，復命有司棄龜茲等四鎮，移安西依舊於西州。其後吐蕃大入，焉者已西四鎮城堡，並爲賊所陷。則天臨朝，長壽元年(692)，武威軍總管王孝傑、阿史那忠節大破吐蕃，克復龜茲、于闐等四鎮，自此復於龜茲置安西都護府，用漢兵三萬人以鎮之。旣徵發內地精兵，遠逾沙磧，並資遣衣糧等，甚爲百姓所苦。言事者多請棄之，則天不許。其安西都護，則天時有田揚名，中宗時有郭元振，開元初則張孝嵩、杜暹，皆有政績，爲夷人所伏。

《于闐國傳》

于闐國，西南帶葱嶺，與龜茲接，在京師西九千七百里。勝兵四千人。其國出美玉。俗多機巧，好事祅神，崇佛

敎。先臣於西突厥。其王姓尉遲氏，名屈密。……及阿史那社爾伐龜茲，其王伏闍信大懼，使其子以駝萬三百匹饋軍。及將旋師，行軍長史薛萬備請社爾曰：「今者旣破龜茲，國威已振，請因此機，願以輕騎羈取于闐之王。」社爾乃遣萬備率五十騎抵于闐之國，萬備陳國威靈，勸其入見天子，伏闍信於是隨萬備來朝。……

……乾元三年(760)，以于闐王尉遲勝弟守左監門衛率葉護曋爲太僕員外卿，仍同四鎮節度副使，權知本國事。以勝至德(756〜758)初領兵赴國難，因堅請留宿衛，故有是命。事在勝傳。

《新唐書》 〔宋〕歐陽修 宋祁撰 中華書局1975年版

卷二 《太宗紀》

〔貞觀十八年(644)〕

八月壬子，安西都護郭孝恪爲西州道行軍總管，以伐焉者。

〔貞觀二十二年(648)〕

十月……己巳，阿史那社爾及龜茲戰，敗之。

卷三 《高宗紀》

〔永徽二年(651)〕

二年正月……乙卯，瑤池都督阿史那賀魯叛。

〔顯慶元年(656)〕

是歲，龜茲大將羯獵顚附於賀魯，左屯衛大將軍楊冑伐之。

〔顯慶二年(657)〕

十二月……丁巳，蘇定方敗賀魯於金牙山，執之。

〔顯慶三年(658)〕

三年正月戊申，楊冑及龜茲羯獵顚戰於泥師城，敗之。

〔龍朔二年(662)〕

是歲，右衛將軍蘇海政爲颷海道行軍總管，以伐龜茲。海政殺崑陵都護阿史那彌射。

〔龍朔三年(663)〕

十二月……壬寅，安西都護高賢爲行軍總管，以伐弓月。

〔儀鳳二年(677)〕

是歲，西突厥及吐蕃寇安西。

卷四 《則天皇后・中宗紀》

《則天皇后紀》

〔垂拱三年(687)〕

十二月壬辰，韋待價爲安息道行軍大總管，安西大都護閻溫古副之，以擊吐蕃。

〔永昌元年(689)〕

七月……丙子，流韋待價於繡州，殺閻溫古。

《中宗紀》

〔景龍二年(708)〕

十一月庚申，西突厥寇邊，御史中丞馮嘉賓使於突厥，死之。……癸未，安西都護牛師獎及西突厥戰於火燒城，死之。

卷五　《睿宗・玄宗紀》

《玄宗紀》〔開元八年(720)〕

三月甲子，免水旱州逋負，給復四鎮行人家一年。

〔開元十四年(726)〕

九月己丑，磧西節度使杜暹檢校黃門侍郎、同中書門下平章事。

〔開元二十七年(739)〕

八月乙亥，磧西節度使蓋嘉運敗突騎施於賀邏嶺，執其可汗吐火仙。……

〔天寶六載(747)〕

是歲，安西副都護高仙芝及小勃律國戰，敗之。

〔天寶十載(751)〕

十載正月……戊申，安西四鎮節度使高仙芝執突騎施可汗及石國王。

七月，高仙芝及大食戰於恆邏斯城，敗績。

〔天寶十四載(755)〕

十一月，安祿山反，陷河北諸郡。……壬申，伊西節度使封常清爲范陽、平盧節度使，以討安祿山。……

卷六　《肅宗・代宗紀》

《肅宗紀》

肅宗……玄宗第三子也。……初名嗣昇，封陝王。

開元四年(716)，爲安西大都護。……

〔至德二載(757)〕

八月……閏月……丁卯，廣平郡王俶爲天下兵馬元帥，郭子儀副之，以朔方、安西、回紇、南蠻、大食兵討安慶緒。……

十一月丙子，張鎬率四鎮伊西北庭行營兵馬使李嗣業、陝西節度使來瑱、河南都知兵馬使嗣異王祗克河南郡縣。……

《代宗紀》

代宗……肅宗長子也。……初名俶，封廣平郡王。……

……肅宗在岐，至德二載(757)九月，以廣平郡王爲天下兵馬元帥，率朔方、安西、回紇、南蠻、大食等兵二十萬以進討……以安西、北庭行營節度使李嗣業爲前軍，朔方、河西、隴右節度使郭子儀爲中軍，關內行營節度使王思禮爲後軍，屯於香積寺。敗賊將安守忠，斬首六萬級。賊將張通儒守長安，聞守忠敗，棄城走，遂克京城，乃留思

禮屯於苑中，代宗率大軍以東。安慶緒遣其將嚴莊拒於陝州，代宗及子儀、嗣業戰陝西，大敗之，慶緒奔於河北，遂克東都。肅宗還京師。……

〔廣德二年(764)〕

八月……癸巳，吐蕃寇邠州，邠寧節度使白孝德敗之於宜祿。

卷二十一　《禮樂志十一》

燕樂。高祖卽位，仍隋製設九部樂：《燕樂伎》……《清商伎》……《西涼伎》……《天竺伎》①……《高麗伎》……《龜茲伎》，有彈箏、竪箜篌、琵琶、五絃、橫笛、笙、簫、觱篥、答臘鼓、毛員鼓、都曇鼓、侯提鼓、雞婁鼓、腰鼓、齊鼓、檐鼓、貝，皆一；銅鈸二。舞者四人。設五方師子，高丈餘，飾以方色。每師子有十二人，畫衣，執紅拂，首加紅袜，謂之師子郎，《安國伎》……《疏勒伎》……《康國伎》……。

……及平高昌，收其樂。……自是初有十部樂。

①《通典》一四六同此。《唐會要》三三《雅樂下》《讌樂》作"扶南"樂，無"天竺樂"。

卷二十二　《禮樂志十二》

周、隋管絃雜曲數百，皆西涼樂也。鼓舞曲，皆龜茲樂也。唯琴工猶傳楚、漢舊聲及《清調》，蔡邕五弄、楚調四弄，謂之九弄。

……

立部伎八：一《安舞》，二《太平樂》，三《破陣樂》，四《慶善樂》，五《大定樂》，六《上元樂》，七《聖壽樂》，八《光聖樂》。《安舞》、《太平樂》，周、隋遺音也。《破陣樂》以下皆用大鼓，雜以龜茲樂，其聲震厲。《大定樂》又加金鉦。《慶善舞》顓用西涼樂，聲頗閑雅。每享郊廟，則《破陣》、《上元》、《慶善》三舞皆用之。

坐部伎六：一《燕樂》，二《長壽樂》，三《天授樂》，四《鳥歌萬歲樂》，五《龍池樂》，六《小破陣樂》。《天授》、《鳥歌》，皆武后作也。天授，年名。鳥歌者，有鳥能人言萬歲，因以製樂。自《長壽樂》以下，用龜茲舞，唯《龍池樂》則否。

……

……玄宗既知音律，又酷愛法曲……。

帝又好羯鼓，而寧王善吹橫笛，達官大臣慕之，皆喜言音律。帝常稱："羯鼓，八音之領袖，諸樂不可方也。"蓋本戎羯之樂，其音太簇一均，龜茲、高昌、疏勒、天竺部皆用之，其聲焦殺，特異眾樂。

……

周、隋與北齊、陳接壤，故歌舞雜有四方之樂。至唐，東夷樂有高麗、百濟，北狄有鮮卑、吐谷渾、部落稽，南蠻有扶南、天竺、南詔、驃國，西戎有高昌、龜茲、疏勒、

康國、安國，凡十四國之樂，而八國之伎，列於十部樂。
……

……有新聲自河西至者，號胡音，龜茲散樂皆爲之少息。

卷四十三下　《地理志七下》
《羈縻州》
……突厥、回紇、黨項、吐谷渾之別部及龜茲、于闐、焉耆、疏勒、河西內屬諸胡、西域十六國隸隴右者，爲府五十一，州百九十八。
四鎭都督府，州三十四。咸亨元年(670)吐蕃陷安西，因罷四鎭，長壽二年(693)復置。
龜茲都督府，貞觀二十年(646)平龜茲置。領州九。闕。
毗沙都督府，本于闐國，貞觀二十二年(648)，內附，初置五，高宗上元二年(675)置府，析州爲十。
焉耆都督府，貞觀十八年(644)滅焉耆置。有碎葉城，調露元年(679)，都護玏翼築，四面十二門，爲屈曲隱出伏沒之狀云。
疏勒都督府，貞觀九年(635)疏勒內附置。　領州十五。闕。
……
西域府十六，州七十二。
……

右隸安西都護府

……天寶(742～755)中，玄宗問諸蕃國遠近，鴻臚卿王忠嗣以《西域圖》對，纔十數國。其後貞元(785～805)宰相賈耽考方域道里之數最詳，從邊州入四夷，通譯於鴻臚者，莫不畢紀。其入四夷之路與關戍走集最要者七：……五曰安西入西域道……。
……

安西西出柘厥關，渡白馬河，百八十里西入俱毗羅磧。經苦井，百二十里至俱毗羅城。又六十里至阿悉言城。又六十里至撥換城，一曰威戎城，曰姑墨州，南臨思渾河。乃西北渡撥換河、中河，距思渾河百二十里，至小石。又二十里至于闐境之胡蘆河。又六十里至大石城，一曰于祝，曰溫肅州。又西北三十里至粟樓烽。又四十里度拔達嶺。又五十里至頓多城，烏孫所治赤山城也。又三十里渡眞珠河，又西北度乏驛嶺，五十里渡雪海，又三十里至碎卜戍，傍碎卜水五十里至熱海。又四十里至凍城，又百一十里至賀獵城，又三十里至葉支城，出谷至碎葉川口，八十里至裴羅將軍城。又西二十里至碎葉城，城北有碎葉水，水北四十里有羯丹山，十姓可汗毒立君長於此。自碎葉西十里至米國城，又三十里至新城，又六十里至頓建城，又五十里至阿史不來城，又七十里至俱蘭城，又十里至稅建城，又五十里至怛羅斯城。

自撥換、碎葉西南渡渾河，百八十里有濟濁館，故和

平鋪也。又經故達幹城，百二十里至謁者館。又六十里至據史德城，龜茲境也，一曰鬱頭州，在赤河北岸孤石山。渡赤河，經岐山，三百四十里至葭蘆館。又經達漫城，百四十里至疏勒鎭，南北東三面皆有山，城在水中。城東又有漢城，亦在灘上。赤河來自疏勒西葛羅嶺，至城西分流，合於城東北，入據史德界。自撥換南而東，經崑崗，渡赤河，又西南經神山、睢陽、鹹泊，又南經疎樹，九百三十里至于闐鎭城。

……自疏勒西南入劍末谷、青山嶺、青嶺、不忍嶺，六百里至葱嶺守捉，故羯盤陀國，開元(713～741)中置守捉，安西極邊之戍。有寧彌故城，一曰達德力城，曰汗彌國，曰拘彌城。……自焉耆西五十里過鐵門關，又二十里至于術守捉城，又二百里至榆林守捉，又五十里至龍泉守捉，又六十里至東夷僻守捉，又七十里至西夷僻守捉，又六十里至赤岸守捉，又百二十里至安西都護府。

卷六十七
《方鎭表四》

景雲元年(710)	安西	安西都護四鎭經略大使〔一〕。
開元四年(716)	安西	安西大都護領四鎭諸蕃落大使。
開元六年(718)	安西	安西都護領四鎭節度、支度經略使，副大都護領磧西節度、支度、經略等使，治西州。
開元十九年(731)	安西	合伊西、北庭二節度爲安西四鎭北庭經略、節度使。
開元二十九年(741)	安西	復分置安西四鎭節度，治安西都護府。北庭伊西節度使，治北庭都護府。
天寶十三載(754)	安西	安西四鎭復兼北庭節度。是年，復置二節度。
至德二載(757)	安西	更安西曰鎭西。
大曆二年(767)	安西	鎭西復爲安西，其後增領五十七蕃使。
貞元六年(790)	安西	涇原節度使兼領安西四鎭、北庭節度。

原校勘記〔一〕　安西都護四鎭經略大使　《考異》卷四八云：" '都護' 下當有 '領' 字。"

卷一百一十　《諸夷蕃將傳》
《阿史那社尒傳》
阿史那社尒，突厥處羅可汗之次子。……
貞觀……二十一年(647)，以崑丘道行軍大總管與契苾何力、郭孝恪、楊弘禮、李海岸等五將軍發鐵勒十三部及突厥騎十萬討龜茲。師次西突厥，擊處蜜、處月，敗之。入自焉耆西，兵出不意，龜茲震恐。進屯磧石，伊州刺史韓威以千騎先進，右驍騎將軍曹繼叔次之。至多褐城，其王

率衆五萬拒戰。威陽卻，王悉兵逐北，威與繼叔合，殊死戰，大破之。社尒因拔都城，王輕騎遁。社尒留孝恪守，自率精騎追躡，行六百里。王據大撥換城，嬰險自固。社厥攻凡四十日，入之，禽其王，並下五大城。遣左衛郎將權祗甫徇諸酋長，示禍福，降者七十餘城，宣諭威信，莫不歡服。刻石紀功而還。因說于闐王入朝，王獻馬畜三百餉軍。西突厥、焉耆、安國皆爭犒師。……

卷一百一十一
《王方翼傳》

裴行儉討遮匐，奏爲副，兼檢校安西都護，徙故都護杜懷寶爲庭州刺史。方翼築碎葉城，面三門，紆還多趣以詭出入，五旬畢。西域胡縱觀，莫測其方略，悉獻珍貨。未幾，徙方翼庭州刺史，而懷寶自金山都護更鎮安西，遂失蕃戎之和。永淳（682～683）初，十姓阿史那車簿啜叛，圍弓月城，方翼引軍戰伊麗河，敗之，斬首千級。俄而三姓咽麪兵十萬踵至，方翼次熱海，進戰……禽首領突騎施等三百人，西戎震服。……

西域平，以功遷夏州都督。……

卷一百三十三
《郭虔瓘傳》

郭虔瓘，齊州歷城人。開元（713～741）初，錄軍閥，遷累右驍衛將軍，兼北庭都護、金山道副大總管。明年，突厥默啜子同俄特勒圍北庭，虔瓘飭壘自守。……虔瓘以功授冠軍大將軍、安西副大都護，封潞國公。建募關中兵萬人擊餘寇，遂前功，有詔募士給公乘，在所續食。將作大匠韋湊上言："漢徙豪族以實關中，今畿輔戶口逋耗，異時戎虜入盜，丁壯悉行，不宜更募驍勇，以空京甸，資荒服。萬人所過，遞馱熟饗，互六千里，州縣安所供億？秦、隴以西，多沙磧，少居人，若何而濟？縱有克獲，其補幾何？儻稽天誅，則誚大事。"不省。既而虔瓘果不見虜，還，遷涼州刺史、河西節度大使，進右威衛大將軍。四年（716），奏家奴八人有戰功，求爲遊擊將軍，宰相劾其恃功亂綱紀，不可聽，罷之。

陝王爲安西都護，詔虔瓘爲副。虔瓘與安撫招慰十姓可汗使阿史那獻持異，交訴諸朝。玄宗遣左衛中郎將王惠持齎詔書諭解曰："朕聞師克在和，不在衆，以虔瓘、獻宿將，當捨嫌窒隙，戮力國家。自開西鎮，列諸軍，戍有定區，軍有常額，卿等所統，蕃漢雜之，在乎善用，何必加募？或雲突騎施圍石城，獻所致也；葛邏祿稱兵，虔瓘所沮也。大將不協，小人以逞，何功可圖？昔相如能詘廉頗，寇恂不吝賈復，宜各曠然，終承朕命。今賜帛二千段及他珍器，俾諒朕意。"虔瓘奉詔。久之，卒軍中。以張孝嵩爲安西副都護。

孝嵩，偉姿貌，及進士第，而慷慨好兵。在安西勸田訓士，府庫盈饒。徙太原尹，卒。以黃門侍郎杜暹代。

卷一百三十五
《哥舒翰傳》

哥舒翰，其先蓋突騎施酋長哥舒部之裔。父道元，爲安西都護將軍、赤水軍使，故仍世居安西。翰少補效轂府果毅，家富於財，任俠重然諾，縱蒲酒長安市。年四十餘，遭父喪，不歸①。不爲長安尉所禮，慨然發憤，遊河西，事節度使王倕。倕攻新城，使翰經略，稍知名。又事王忠嗣，署衙將。翰能讀《左氏春秋》、《漢書》，通大義。疏財，多施預，故士歸心。

……

……翰母，于闐王女也。……

①《舊唐書》卷一百四《哥舒翰傳》作"遭父喪，三年客居京師"。

卷一百三十六
《荔非元禮傳》

荔非元禮起裨將，累兼御史中丞。光弼守河陽……使元禮守羊馬城……以功累遷驃騎大將軍、懷州刺史，知鎮西、北庭行營節度使。上元二年（675），光弼進收洛陽，軍敗，元禮徙軍翼成，爲麾下所害。

卷二百一十五下
《突厥傳下》

……咄陸之走吐火羅也，乙毗射匱以兵迫逐，賀魯無常居，部多散亡。有執舍地、處木昆、婆鼻三種者，以賀魯無罪，往請可汗，可汗怒，欲誅執舍地等，三種乃舉所部數千帳，與賀魯皆內屬，帝優撫之。會討龜茲，請先馳爲向導詔授崑丘道行軍總管……擢累左驍衛將軍、瑤池都督，處其部於庭州莫賀城……。

……

……龍朔二年（662），彌射、步眞以兵從颷海道總管蘇海政討龜茲，步眞怨彌射，且欲並其部，乃誣以謀反。海政不能察，即集軍吏計議先發誅之，因稱詔發所齎賜可汗首領，彌射以麾下至，悉收斬之。其部鼠尼施、拔塞幹叛走，海政追平之。……

咸亨二年（671），以西突厥部酋阿史那都支爲左驍衛大將軍兼匐延都督，以安輯其衆。儀鳳（676—679）中，都支自號十姓可汗，與吐蕃連和，寇安西，詔吏部侍郎裴行儉討之。行儉請毋發兵，可以計取。即詔行儉冊送波斯王子，拜安撫大食，若道兩蕃者。都支果不疑，率子弟上謁，遂禽之，召執諸部渠長，降別帥李遮匐以歸，調露元年（679）也。

……

長安（701～704）中，以阿史那獻爲右驍衛大將軍，襲

287

興昔亡可汗,安撫招慰十姓大使、北庭大都護。四年(704),以懷道爲十姓可汗兼濛池都護。未幾,擢獻磧西節度使。十姓部落都擔叛,獻擊斬之,傳首闕下,收碎葉以西帳落三萬內屬,璽書嘉慰。葛邏祿、胡屋、鼠尼施三姓已內屬,爲默啜侵掠,以獻爲定遠道大總管,與北庭都護湯嘉惠等掎角。於是突騎施陰幸邊隙,故獻乞益師,身入朝,玄宗不許。詔左武衛中郎將王惠持節安慰。方册拜突騎施都督車鼻施啜蘇祿爲順國公,而突騎施已圍撥換、大石城,將取四鎮。會嘉惠拜安西副大都護,即發三姓葛邏祿兵與獻共擊之。……

……

突騎施別種車鼻施啜蘇祿者,衰拾餘衆,自爲可汗。蘇祿善撫循其下,部種稍合,衆至二十萬,於是復雄西域。開元五年(717),始來朝,授右武衛大將軍、突騎施都督,卻所獻不受。以武衛中郎將王惠持節拜蘇祿左羽林大將軍、順國公,賜錦袍、鈿帶、魚袋七事,爲金方道經略大使。然詭猾,不純臣於唐,天子羈係之,進號忠順可汗。其後閒一二歲,使者納贄,帝以阿史那懷道女爲交河公主妻之。是歲,突騎施鬻馬於安西,使者致公主教於都護杜暹,暹怒曰:"阿史那女敢宣教邪?"笞其使,不報。蘇祿怒,陰結吐蕃舉兵掠四鎮,圍安西城。暹方入當國,而趙頤貞代爲都護,乘城久之,出戰又敗。蘇祿略人畜,發囷貯,徐聞暹已宰相,乃引去;即遣首領葉支阿布思來朝,玄宗召見,饗之。……

卷二百一十六上

《吐蕃傳上》

咸亨元年(670),入殘羈縻十八州,牽于闐取龜茲撥換城,於是安西四鎮並廢。

……

吐蕃與西突厥連兵攻安西,復命中書令李敬玄爲洮河道行軍大總管、西河鎮撫大使、鄯州都督,代仁軌。

……

……永昌元年(689),詔文昌右相韋待價爲安息道大總管,安西大都護閻古溫副之,以討吐蕃,兵逗留,坐死、徙。

……

是歲〔天授二年〕(691),又詔右鷹揚衛將軍王孝傑爲武威道行軍總管,率西州都督唐休璟、左武衛大將軍阿史那忠節擊吐蕃,大破其衆,復取四鎮,更置安西都護府於龜茲,以兵鎮守。議者請廢四鎮勿有也。右史崔融獻議曰:"……太宗文皇帝踐漢舊跡,並南山抵葱嶺,剖裂府鎮,煙火相望,吐蕃不敢內侮。高宗時,有司無狀,棄四鎮不能有,而吐蕃遂張,入焉耆之西,長鼓右驅,踰高昌,歷車師,鈔常樂,絕莫賀延磧,以臨燉煌。今孝傑一舉而取四鎮,還先帝舊封,若又棄之,是自毀成功而破完策也。夫四鎮無守,胡兵必臨西域,西域震則威憺南羌,南羌連衡,

河西必危。且莫賀延磧袤二千里,無水草,若北接虜,唐兵不可度而北,則伊西、北庭、安西諸蕃悉亡。"議乃格。

於是首領勃論贊與突厥僞可汗阿史那俀子南侵,與孝傑戰冷泉,敗走。碎葉鎮守使韓思忠破泥熟沒斯城。證聖元年(695),欽陵、贊婆攻臨洮,孝傑以肅邊道大總管戰素羅汗山,虜敗還。又攻涼州,殺都督。遣使者請和,約罷四鎮兵,求分十姓地。武后詔通泉尉郭元振往使,道與欽陵遇。元振曰:"東贊事朝廷,誓好無窮,今猥自絕,歲擾邊,父通之,子絕之,孝乎?父事之,子叛之,忠乎?"欽陵曰:"然!然天子許和,得罷兩國戍,使十姓突厥、四鎮各建君長,俾其國自守若何?"元振曰:"唐以十姓、四鎮撫西土,爲列國主,道非有它,且諸部與吐蕃異,久爲唐編人矣。"欽陵曰:"使者意我規削諸部爲唐邊患邪?我若貪土地財賦,彼青海、湟川近矣,今捨不爭何哉?突厥諸部磧漠廣莽,去中國遠甚,安有爭地萬里外邪?且四夷唐皆臣並之,雖海外地際,靡不磨滅,吐蕃適獨在者,徒以兄弟小心,得相保耳。十姓五咄陸近安西,於吐蕃遠,俟斥距我裁一磧,騎士騰突,不易旬至,是以爲憂也。烏海、黃河,關源阻奧,多瘴毒,唐必不能入;則弱甲孱將易以爲蕃患,故我欲得之,非闚諸部也。甘、涼距積石道二千里,其廣不數百,狹纔百里,我若出張掖、玉門,使大國春不耕,秋不穫,不五六年,可斷其右。今棄不爲,亦無虞於我矣。青海之役,黃仁素約和,邊守不戒,崔知辯徑俟斥掠我牛羊萬計,是以求之。"使使者固請,元振固言不可許,後從之。

……

……明年〔中宗景龍三年(709)〕,吐蕃更遣使者納貢,祖母可敦又遣宗俄請昏。帝以雍王守禮女爲金城公主妻之,吐蕃遣尙贊咄名悉臘等逆公主。帝念主幼,賜錦繒別數萬,雜伎諸工悉從,給龜茲樂。詔左衛大將軍楊矩持節送。

……

玄宗〔開元〕十年(722),攻小勃律國,其王沒謹忙詣書北庭節度使張孝嵩曰:"勃律,唐西門。失之,則西方諸國皆墮吐蕃,都護圖之。"孝嵩聽許,遣疏勒副使張思禮以步騎四千晝夜馳,與謹忙兵夾擊吐蕃,死者數萬,多取鎧仗馬羊,復九城故地。始勃律王來朝,父事帝。還國,置綏遠軍以扞吐蕃,故歲常戰。吐蕃每曰:"我非利若國,我假道攻四鎮爾。"及是,累歲不出兵。

於是隴右節度使王君㚟請深入取償。十二年(724)破吐蕃,獻俘。後二年,悉諾邏兵入大斗拔谷,遂攻甘州,火鄉聚。王君㚟勒兵避其銳,不戰。會大雪,吐蕃……趨西道以歸。……留輜重疲弱瀕海,君㚟縱兵俘以旋。時中書令張說以吐蕃出入數十年,勝負略相當,甘、涼、河、鄯之人奉調發困甚,願聽其和。帝方寵君㚟,不聽。

未幾，悉諾邏恭祿、燭龍莽布支入陷瓜州，毀其城，執刺史田元獻及君奐父，遂攻玉門軍，圍常樂，不能拔，回寇安西，副都護趙頤貞擊卻之。會君奐爲回紇所殺，功不遂。……

……

〔天寶〕十載，安西節度使高仙芝俘大酋以獻。……

卷二百一十七上
《回鶻傳上》

初，安西、北庭自天寶（742～756）末失關、隴，朝貢道隔。伊西北庭節度使李元忠、四鎮節度留後郭昕數遣使奉表，皆不至。貞元二年（786），元忠等所遣假道回鶻，乃得至長安。帝進元忠爲北庭大都護，昕爲安西大都護。自是，道雖通，而虜求取無涘。……

卷二百一十七下 《回鶻傳下》

武宗（840～846）卽位，以嗣澤王溶臨告，乃知其國亂。俄而渠長句錄莫賀與黠戛斯合騎十萬攻回鶻城，殺可汗，誅掘羅勿，焚其牙，諸部潰，其相馺職與厖特勒十五部奔葛邏祿，殘衆入吐蕃、安西。……

……

黠戛斯，古堅昆國也。地當伊吾之西，焉者北，白山之旁。……其種雜丁零，乃匈奴西鄙也。……

……

其君曰“阿熱”，遂姓阿熱氏……。服貴貂、豽，阿熱冬帽貂，夏帽金鈿，銳頂而卷末，諸下皆帽白氈，喜佩刀礪，賤者衣皮不帽，女衣㲲氈、錦、罽、綾，蓋安西、北庭、大食所貿售也。……

卷二百二十一上 《西域傳上》
《焉耆國傳》

焉耆國直京師西七千里而贏，橫六百里，縱四百里，東高昌，西龜茲，南尉犁，北烏孫。逗渠溉田，土宜黍、蒲陶，有魚鹽利。俗祝髮氈衣。戶四千，勝兵二千，常役屬西突厥。俗尚娛遨，二月朏出野祀，四月望日遊林，七月七日祀生祖，十月望日王始出遊，至歲盡止。

太宗貞觀六年（632），其王龍突騎支始遣使來朝。自隋亂，磧路閉，故西域朝貢皆道高昌。突騎支請開大磧道以便行人，帝許之。高昌怒，大掠其邊。西突厥莫賀設與咄陸弩失畢作難，來奔，咄陸弩失畢復攻之，遣使言狀，幷貢名馬。咥利失可汗立，素善焉者，故倚爲援。十二年（638）處月、處蜜與高昌攻陷其五城，掠千五百人，焚廬舍。侯君集討高昌，遣使與相聞，突騎支喜，引兵佐唐。高昌破，歸向所俘及城，遣使者入謝。

西突厥臣屈利啜爲弟娶突騎支女，遂相約爲輔車勢，不

朝貢，安西都護郭孝恪請討之。會王弟頡鼻、栗婆準葉護等三人來降，帝卽命孝恪爲西州道總管，率兵出銀山道，以栗婆準等爲鄉導。初，焉耆所部都周三十里，四面大山，海水繚其外，故持不爲虞。孝恪倍道絕水，夜傅堞，遲曙譟而登，鼓角轟哄，唐兵縱，國人擾敗，斬千餘級，執突騎支，更以栗婆準攝國事。始，帝語近臣曰：“孝恪以八月十一日詣焉者，閱二旬可至，當以二十二日破之，使者今至矣！”俄而遽人以捷布聞。囚突騎支及妻子送洛陽，有詔赦罪。

屈利啜以兵救焉者，而孝恪還三日矣。屈利啜囚栗婆準，更使吐屯攝王，遣使以告。帝曰：“焉者我所下，爾乃王之邪？”吐屯懼，不敢王。焉者立栗婆準，而從兄薛婆阿那支自爲王，號瞎干，執栗婆準獻龜茲，殺之。阿史那社爾討龜茲，阿那支奔之，壁東境抗王師，爲社爾所禽，數其罪，斬以徇。立突騎支弟婆伽利爲王，以其地爲焉者都督府。

婆伽利死，國人請還前王突騎支，高宗許之，拜左衛大將軍，歸國。死，龍嬾突立。武后長安（701～704）時，以其國小人寡，過使客不堪其勞，詔四鎮經略使禁止僦使私馬、無品者肉食。開元七年（719），龍嬾突死，焉吐拂延立。於是十姓可汗請居碎葉，安西節度使湯嘉惠表以焉者備四鎮。詔焉者、龜茲、疏勒、于闐征西域賈，各食其征，由北道者輪臺征之。訖天寶常朝賀。

《龜茲國傳》

龜茲，一曰丘茲，一曰屈茲，東距京師七千里而贏，自焉者西南步二百里，度小山，經大河二，又步七百里乃至。橫千里，縱六百里。土宜麻、麥、秔稻、蒲陶，出黃金。俗善歌樂，旁行書，貴浮圖法。產子以木厭首。俗斷髮齊頂，惟君不翦髮。姓白氏。居伊邏盧城，北倚阿羯田山，亦曰白山，常有火。王以錦冒頂，錦袍、寶帶。歲朔，鬭羊馬橐它七日，觀勝負以卜歲盈耗云。葱嶺以東俗喜淫，龜茲、于闐置女肆，征其錢。

高祖（618～626）受禪，王蘇伐勃駃遣使入朝。會死，子蘇伐疊立，號時健莫賀俟利發。貞觀四年（630）獻馬，太宗賜璽書，撫慰加等。後臣西突厥。郭孝恪伐焉者，乃遣兵與焉者影援，自是不朝貢。

蘇伐疊死，弟訶黎布失畢立。二十一年（647），兩遣使朝貢，然帝怒其佐焉者叛，議討之。是夜月食昴，詔曰：“月陰精，用刑兆也；星胡分，數且終。”乃以阿史那社爾爲崑丘道行軍大總管，契苾何力副之，率安西都護郭孝恪、司農卿楊弘禮、左武衛將軍李海岸等發鐵勒十三部兵十萬討之。社爾分五軍掠其北，執焉者王阿那支，龜茲大恐，酋長皆棄城走。社爾次磧石，去王城三百里。先遣伊州刺史韓威以千騎居前，右驍衛將軍曹繼叔次之，至多褐，與王

遇，其將羯獵顛兵五萬合戰。威僞北，王見威兵少，麾而進，威退與繼叔合，還戰，大破之，追奔八十里。王嬰城，社尔將圍之，王引突騎西走，城遂拔，孝恪居守。沙州刺史蘇海政、行軍長史薛萬備以精騎窮躡六百里，王計窮，保撥換城，社尔圍之。閱月，執王及羯獵顛。其相那利夜逸，以西突厥並國人萬騎來戰，孝恪及子死之。王師擾，倉部郎中崔義起募兵戰城中，繼叔、威助擊之，斬首三千級。那利敗，衰亡散復振，還襲王師，繼叔乘之，斬八千級。那利走，或執以詣軍。社尔凡破五大城，男女數萬，遣使者諭降小城七百餘，西域震懼，西突厥、安兩國歸軍饟焉。社尔立王弟葉護爲王其國，勒石紀功。

書聞，帝喜，見羣臣從容曰："夫樂有幾，朕嘗言之：土城竹馬，童兒樂也；飭金翠羅紈，婦人樂也；貿遷有無，商賈樂也；高官厚秩，士大夫樂也；戰無前敵，將帥樂也；四海寧一，帝王樂也。朕今樂矣！"遂徧觴之。初，孝恪之擊焉者也，龜茲有浮屠善數，歎曰："唐家終有西域，不數年吾國亦亡。"社尔執訶黎布失畢、那利、羯獵顛獻太廟，帝受俘紫微殿。帝責謂，君臣皆頓首伏，詔赦罪，改館鴻臚寺，拜布失畢左武衛中郎將。始徙安西都護於其都，統于闐、碎葉、疏勒，號"四鎮"。

高宗（650～683）復封訶黎布失畢爲龜茲王，與那利、羯獵顛還國。久之，王來朝。那利烝其妻阿史那，王不能禁，左右請殺之，由是更猜忌。使者言狀，帝並召至京師，囚那利，護遣王還。羯獵顛拒不內，遣使降賀魯，王不敢進，悒悒死。詔左屯衛大將軍楊胄發兵禽羯獵顛，窮誅部黨，以其地爲龜茲都督府，更立子素稽爲王，授右驍衛大將軍，爲都督。是歲，徙安西都護府於其國，以故安西爲西州都督府，卽拜左驍衛大將軍兼安西都護麴智湛爲都督。西域平。帝遣使者分行諸國風俗物產，詔許敬宗與史官譔《西域圖志》。

上元（674～676）中，素稽獻銀頗羅、名馬。天授三年（692），王延田跌來朝。始儀鳳（676～679）時，吐蕃攻焉者以西，四鎮皆沒。長壽元年（692），武威道總管王孝傑破吐蕃，復四鎮地，置安西都護府於龜茲，以兵三萬鎮守。於是沙磧荒絕，民供貲糧苦甚，議者請棄之，武后不聽。都護以政績稱華狄者，田揚名、郭元振、張孝嵩、杜暹雲。開元七年（719），王白莫苾死，子多市立，改名孝節。十八年（730），遣弟孝義來朝。

《跋祿迦傳》

自龜茲贏六百里，踰小沙磧，有跋祿迦，小國也，一曰亟墨，卽漢姑墨國，橫六百里，縱三百里。風俗文字與龜茲同，言語少異。出細氎褐。……

《于闐國傳》

初，德宗（779～805）卽位，遣內給事朱如玉之安西，求玉於闐。……及還，詐言假道回紇爲所奪。久之事泄，得所市，流死恩州。

卷二百二十一下　《西域傳下》

《康國傳》

有碎葉者，出安西西北千里所，得勃達嶺……。繇勃達嶺北行贏千里，得細葉川。……西有碎葉城，天寶七載（748），北庭節度使王正見伐安西，毀之。

《舊五代史》　〔宋〕薛居正等撰　中華書局1976年版
卷一百三十八　《外國傳》

《吐蕃傳》

周世宗（954～959）時，又以元忠爲歸義軍節度使，元恭爲瓜州團練使。其所貢碙砂、羚羊角、波斯錦、安西白氎、金星礬、大鵬砂、毧褐、玉團，皆因其來者以名見，而其卒立，世次，史皆失其紀。

《宋史》　〔元〕脱脱等撰　　中華書局1977年版
卷二　《太祖紀二》

〔乾德四年（966）〕

三月……癸未，僧行勤等一百五十七人，各賜錢三萬，遊西域。

卷六　《眞宗紀一》

〔咸平四年（1001）〕

是歲，龜茲、丹眉流、宜高上溪撫水州蠻來貢。……

卷七　《眞宗紀二》

〔景德元年（1004）〕

是歲，交州、西涼府、西高豐甘沙州、占城、大食、蒲端、龜茲國來貢。……

〔大中祥符三年（1010）〕

是歲，龜茲、占城、交州來貢。……

卷八　《眞宗紀三》

〔大中祥符六年（1013）〕

是歲，西蕃、高州蠻、龜茲來貢。

〔天禧元年（1017）〕

六月……乙酉……龜茲國使張復延等貢玉勒鞍馬，令給其值。……

……

是歲，三佛齊、龜茲國來貢。

〔天禧四年（1020）〕

十二月……丁亥，龜茲、甘州回鶻遣使來貢。……

卷九　《仁宗紀一》
　　〔天聖二年(1024)〕
　　是歲，龜茲、甘肅來貢〔一〕。
　　〔天聖三年(1025)〕
　　是歲，龜茲、甘州、于闐來貢。……
　　〔天聖七年(1029)〕
　　是歲……龜茲、下溪州黔州蠻來貢。
　　〔天聖九年(1031)〕
　　是歲……龜茲、沙州來貢。

原校勘記〔一〕　是歲龜茲甘肅來貢　據《宋會要·蕃夷》七之二
二、《長編》卷一○二所載，是年來貢者只有甘州，沒有肅州。疑當
作"甘州"。

卷十　《仁宗紀二》
　　〔景祐四年(1037)〕
　　是歲……喁厮囉、龜茲、沙州來貢。

卷十五　《神宗紀二》
　　〔熙寧五年(1072)〕
　　二月壬子，龜茲來貢。……

卷十八　《哲宗紀二》
　　〔紹聖三年(1096)〕
　　是歲，于闐、大食、龜茲師王國、西南蕃龍氏羅氏入
貢。……

卷一百四十二　《樂志十七》
　　《鈞容直》
　　鈞容直，亦軍樂也。
　　……大中祥符五年(1012)，因鼓工溫用之請，增《龜茲》
部，如教坊。……

卷四百九十　《外國傳六》
　　《天竺國傳》
　　乾德三年(965)，滄州僧道圓自西域還，得佛舍利一水
晶器、貝葉梵經四十夾來獻。道圓晉天福(936～944)中詣
西域，在塗十二年，往五印度凡六年，五印度即天竺也；還
經于闐，與其使偕至。太祖召問所歷風俗山川道里，一一
能記。四年(966)，僧行勤等一百五十七人詣闕上言，願至
西域求佛書，許之。以其所歷甘、沙、伊、肅等州，焉耆、
龜茲、于闐、割祿等國，又歷布路沙、加濕彌羅等國，並
詔諭其國，令人引導之。

　　《回鶻傳》

……會昌(841～846)中，其國衰亂，其相馺識者擁外
甥將龐勒西奔安西。既而回鶻為幽州張仲武所破，龐勒乃
自稱可汗，居甘、沙、西州，無復昔時之盛矣。
　　……
　　〔大中祥符〕三年(1010)……是年，龜茲國王可汗遣使
李延福、副使安福、監使翟進夾進香藥、花蕊布、名馬、獨
峯駝、大尾羊、玉鞍勒、琥珀、碙石等。……
　　六年(1013)，龜茲進奉使李延慶等三十六人對於長春
殿，獻名馬、弓箭、鞍勒、團玉、香藥等，優詔答之。
　　……
　　天禧二年(1018)，夜落隔歸化，遣都督安信等來朝。四
年(1020)，又遣使同龜茲國可汗王智海使來獻大尾羊。……

　　《龜茲傳》
　　龜茲本回鶻別種。其國王自稱師子王，衣黃衣，寶冠，
與宰相九人同治國事。國城有市井而無錢貨，以花蕊布博
易。有米麥瓜果。西至大食國行六十日，東至夏州九十日。
或稱西州回鶻，或稱西州龜茲，又稱龜茲回鶻。
　　自天聖(1023～1032)至景祐四年(1037)，入貢者五，最
後賜以佛經一藏。熙寧四年(1071)，使李延慶、曹福入貢。
五年(1072)，又使盧大明、篤都入貢。紹聖三年(1096)，使
大首領阿連撒羅等三人以表章及玉佛至洮西。熙河經略史
以其罕通史，請定於熙、秦州博買，而估所齎物價答賜遣
還，從之。

《遼史》　〔元〕脫脫等撰　中華書局　1974年版
卷五十四　《樂志》
　　《大樂》
　　……自隋以來，樂府取其聲，四旦二十八調為大樂。
　　婆陁力旦：
　　　正宮，
　　　高宮，
　　　中呂宮，
　　　道調宮，
　　　南呂宮，
　　　仙呂宮，
　　　黃鍾宮。
　　雞識旦：
　　　越調，
　　　大食調，
　　　高大食調，
　　　雙調，
　　　小食調，
　　　歇指調，
　　　林鍾商調。

沙識旦：

　　大食角，

　　高大食角，

　　雙角，

　　小食角，

　　歇指角，

　　林鍾角，

　　越角。

般涉旦：

　　中呂調，

　　正平調，

　　高平調，

　　仙呂調，

　　黄鍾調，

　　般涉調，

　　高般涉調。

　　右四旦二十八調，不用黍律，以琵琶絃叶之。皆從濁至清，迭更其聲，下益濁，上益清。七七四十九調，餘二十一調失其傳。蓋出《九部》樂之《龜茲部》云。

《元史》〔明〕宋濂等撰　　中華書局　1976版

卷十二　《世祖本紀九》

　　〔至元〕十九年(1282)……十一月……癸酉，分元帥綦公直軍戍曲先。……

　　二十年(1283)……三月……乙亥，……遣阿塔海戍曲先，漢都魯迷失帥甘州新附軍往斡端。……

卷十八　《成宗本紀一》

　　元貞元年(1295)春正月……壬申，……立曲先塔林都元帥府，以霽都察爲都元帥，佩虎符。

卷十九　《成宗本紀二》

　　大德元年(1297)……秋七月……辛未……罷蒙古軍萬戶府入曲先塔林都元帥府。

卷六十三　《地理志六》

　　《西北地附錄》

畏兀兒地至元二十年(1283)，立畏吾兒四處站及交鈔庫

　　……

　　(若)〔苦〕又

　　……

卷九十一　《百官志七》

　　元帥府，都元帥二員，副元帥二員，經歷、知事各一員。

……曲先塔林都元帥三員。……

卷一三三　《脫力世官傳》

　　脫力世官，畏吾人也。……父帖哥术探花愛忽赤，憲宗(1251～1260)命長渴密里及曲先諸宗藩之地。

卷一百八十　《耶律希亮傳》

　　耶律希亮字明甫，楚材之孫，鑄之子也。……

　　……

　　先是，鑄嘗言於世祖(1260～1294)："臣之妻子皆在北邊。"至是，世祖遣不華出至二王所，因以璽書召希亮，馳驛赴闕。六月，由苦先城至哈剌火州，出伊州，涉大漠以還。

克孜尔石窟　第1卷

著者

宿白（北京大学教授）

丁明夷（中国社会科学院世界宗教研究所副研究员）

马世长（北京大学副教授）

雄西（文物出版社副编审）

许宛音（复旦大学讲师）

摄影

文物出版社：陈志安　张仲清

测图

张宁（拜城县克孜尔千佛洞文物保管所）

插图

白朴　杨华

装帧

仇德虎

责任编辑

文物出版社：黄逖

平凡社：山本恭一

再版编辑　王　戈
责任印制　张道奇

图书在版编目（CIP）数据

克孜尔石窟 . 1/新疆维吾尔自治区文物管理委员会，
拜城县克孜尔千佛洞文物保管所，北京大学考古系编 . —
北京：文物出版社，1989. 12（2021. 9 重印）
ISBN 978 - 7 - 5010 - 0061 - 6

Ⅰ. ①克… 　Ⅱ. ①新… ②拜… ③北… 　Ⅲ. ①克孜尔
石窟—壁画—图集　Ⅳ. ①K879. 412

中国版本图书馆 CIP 数据核字（2016）第 016020 号

中国石窟

克孜尔石窟

第 一 卷

编　者	新疆维吾尔自治区	文物管理委员会
	拜城县克孜尔千佛洞	文物保管所
	北京大学考古系	

出版发行　文　物　出　版　社
（北京东直门内北小街 2 号楼）
邮政编码　100007
http：//www. wenwu. com
E-mail：web@ wenwu. com
图版印刷　文　物　印　刷　厂
文字印刷　河北鹏润印刷有限公司
经　销　新　华　书　店

开本 965×1270　1/16　印张 18.5
1989 年 12 月第 1 版
2021 年 9 月第 4 次印刷
ISBN 978 - 7 - 5010 - 0061 - 6　定价：380. 00 元